古典文獻研究輯刊

三六編

潘美月・杜潔祥 主編

第27冊

《正蒙》清代四家注研究

張瑞元 著

國家圖書館出版品預行編目資料

《正蒙》清代四家注研究／張瑞元 著 -- 初版 -- 新北市：花
木蘭文化事業有限公司，2023〔民112〕
目 4+224 面；19×26 公分
（古典文獻研究輯刊 三六編；第 27 冊）
ISBN 978-626-344-285-6（精裝）
1.CST：正蒙 2.CST：理學 3.CST：研究考訂 4.CST：清代
011.08   111022059

ISBN-978-626-344-285-6

古典文獻研究輯刊
三六編　第二七冊　　　　　　　ISBN：978-626-344-285-6

《正蒙》清代四家注研究

作　　者　張瑞元
主　　編　潘美月、杜潔祥
總 編 輯　杜潔祥
副總編輯　楊嘉樂
編輯主任　許郁翎
編　　輯　張雅淋、潘玟靜　美術編輯　陳逸婷
出　　版　花木蘭文化事業有限公司
發 行 人　高小娟
聯絡地址　235 新北市中和區中安街七二號十三樓
　　　　　電話：02-2923-1455／傳真：02-2923-1452
網　　址　http://www.huamulan.tw 信箱 service@huamulans.com
印　　刷　普羅文化出版廣告事業
初　　版　2023 年 3 月
定　　價　三六編 52 冊（精裝）新台幣 140,000 元　　版權所有・請勿翻印

《正蒙》清代四家注研究

張瑞元　著

作者簡介

張瑞元，男，陝西省扶風縣人，1984 年 10 月生，2004 年 9 月至 2014 年 6 月就讀於陝西師範大學哲學系，先後獲得哲學學士、哲學博士學位。2015 年 7 月至 2019 年 12 月在華東師範大學哲學系在職從事博士後研究。2014 年 7 月至今任西安石油大學講師。點校出版李光地《注解正蒙》、張棠、周芳《正蒙注》、華希閔《正蒙輯釋》（中華書局 2020 年版），發表學術論文 10 餘篇，主持或參與張載關學研究相關項目多項。主要研究張載關學與宋元明清理學。

提　　要

　　張載所著《正蒙》是其一生的學術總結，也是理學經典著作。宋元明清歷代都有為《正蒙》作注者。《正蒙》清代注主要出現在理學發達的康熙朝和道光末年、咸豐時期，屬於清代理學的組成部分。

　　十六種《正蒙》清代注，散佚五種，現存十一種。現存的十一種注為：王夫之《張子正蒙注》、李光地《注解正蒙》、張伯行《正蒙》注、華希閔《正蒙輯釋》、王植《正蒙初義》、冉覲祖《正蒙補訓》、張棠、周芳《正蒙注》、李文炤《正蒙集解》、楊方達《正蒙集說》、李元春《正蒙釋要》、方潛《正蒙分目解按》。總體上看，這些注本大都以程朱理學為宗。

　　李光地、張伯行、華希閔、王植等四家注本，是《正蒙》清代注的重要代表。張載的宇宙論、人性論、工夫論等方面，是清代注者關注的焦點。李光地的《注解正蒙》，表現出了「以程朱解釋張載」的傾向。張伯行在福建刊刻《張橫渠集》時，對《正蒙》作過注釋，這些注和王植《正蒙初義》所引內容一致。無錫華希閔的《正蒙輯釋》是為了使高攀龍的《正蒙集注》流傳更廣泛。王植曾受學於李光地的弟子楊名時。王植的《正蒙初義》共彙集了明清九種《正蒙》注本，是《正蒙》注在古代匯集注本最多的著作。清代是《正蒙》注的總結期，具體表現在注本數量多、集注體例多兩個方面。以朱子學為標準詮釋和評價張載哲學，是《正蒙》清代注最顯著的特點。

國家哲學社會科學基金重大項目
「宋明清關學思想通論（七卷本）」
（項目編號：19ZDA029）階段性成果

教育部人文社會科學研究青年基金項目
「儒林視域下的北宋儒學史研究」
（項目編號：21YJC720021）階段性成果

教育部人文社會科學研究青年基金項目
「清代《正蒙》注研究」
（項目編號：15YJC720032）結項成果

目次

第一章 緒　論 …………………………………… 1
　第一節 研究緣起 ………………………………… 1
　第二節 研究綜述 ………………………………… 5
　第三節 研究方法 ……………………………… 18
　第四節 研究思路 ……………………………… 20
　第五節 重要術語界定 ………………………… 22
第二章 《正蒙》清代注的學術背景 ……………… 25
　第一節 崇文右道：清政府對理學的提倡 ……… 25
　　一、休戚與共：張載之學的興衰與宋元明
　　　　程朱理學的興衰之關係 ………………… 25
　　二、清代的學術分期及理學的兩個興盛期 …… 27
　第二節 升朱子為十哲之次：康熙帝對朱子學的
　　　　尊崇 ……………………………………… 31
　　一、康熙對朱子學的推崇 ………………… 33
　　二、康熙對陸王心學的批判 ……………… 34
　　三、《張子全書》與程朱理學著作的大量
　　　　刊刻 …………………………………… 37
　　四、《正蒙》注釋與清代科舉功令 ………… 38
　第三節 以理學家為核心的《正蒙》注者群體 … 43

第三章 《正蒙》清代注概覽 …………………… 49
　第一節 《正蒙》清代注亡佚五種 ……………… 49
　　一、胡宗緒《正蒙解》 ………………………… 49
　　二、湯儼《正蒙注解》 ………………………… 53
　　三、劉繩武《正蒙管見》 ……………………… 54
　　四、朱久括《正蒙句解》 ……………………… 55
　　五、吳士品《正蒙集注》 ……………………… 58
　第二節 《正蒙》清代注存世十一種 …………… 59
　　一、冉覲祖及其《正蒙補訓》 ………………… 60
　　二、張棠周芳合注《正蒙注》 ………………… 65
　　三、楊方達及其《正蒙集說》 ………………… 73
　　四、李元春及其《正蒙釋要》 ………………… 80
　　五、方潛及其《正蒙分目解按》 ……………… 87
　　六、李文炤及其《正蒙集解》 ………………… 93
　　七、選擇李光地等四家注作個案研究的說明 ‥ 98
第四章 李光地《注解正蒙》研究 ……………… 101
　第一節 李光地學思歷程及其《注解正蒙》 …… 101
　第二節 「虛者，其本體」的天道論 …………… 107
　　一、「以和言道」 ……………………………… 107
　　二、「太虛」與「太極」 ……………………… 109
　　三、「性者，理之總名」 ……………………… 112
　第三節 「性出於天」的心性論 ………………… 115
　　一、「誠者，天德也」 ………………………… 116
　　二、「仁智一而聖人之事備」 ………………… 117
　　三、「性出於天」 ……………………………… 119
　　四、「人心皆化為道心」 ……………………… 120
　　五、「安死順命」 ……………………………… 121
　第四節 「養而完之，以復其初」的修養工夫論 ‥ 122
　　一、立志與守禮 ………………………………… 123
　　二、「學」以去蔽而復吾之良能 ……………… 124
　　三、「養而完之，以復其初」和「以德
　　　　勝氣」 …………………………………… 125
　　四、誠敬和樂以養其德性 ……………………… 126

　　　五、對《東銘》修養工夫的詮釋：進學本於
　　　　　誠與持重改過……………………………… 126
　　第五節　不可「恃法制禁令」的社會政治論…… 127
　　　一、不可「恃法制禁令」………………………… 128
　　　二、勸善沮不善…………………………………… 129
　　　三、潛見與出處之宜……………………………… 130
第五章　張伯行《正蒙注》研究……………………… 133
　　第一節　張伯行及其《正蒙注》………………… 133
　　　一、張伯行學行述略……………………………… 133
　　　二、張伯行「編釋」過《正蒙》………………… 135
　　　三、張伯行《正蒙注》及其《濂洛關閩書》
　　　　　中對《正蒙》的注釋………………………… 136
　　第二節　以理氣觀解讀張載的宇宙論哲學……… 138
　　第三節　「天命我以性，必待修道之教而後有
　　　　　　復性之功」……………………………… 141
　　第四節　「在明誠分上，『窮』與『盡』字煞有
　　　　　　工夫」…………………………………… 143
　　第五節　以程朱解張載…………………………… 146
第六章　華希閔《正蒙輯釋》研究………………… 151
　　第一節　華希閔的學思歷程及其著述…………… 151
　　　一、華希閔的家學淵源與師承 ………………… 152
　　　二、華希閔與高攀龍的淵源及其注解
　　　　　《正蒙》的動因…………………………… 153
　　　三、華希閔與張伯行的交往 …………………… 154
　　　四、華希閔的學術宗旨 ………………………… 155
　　　五、華希閔的著述 ……………………………… 158
　　第二節　「氣有聚散，而太虛之體無聚散」…… 158
　　　一、《正蒙》「與（周敦頤）《太極圖》相
　　　　　表裏」……………………………………… 158
　　　二、「氣是形而下，道是形而上」…………… 159
　　第三節　「變化氣質，則不離乎氣質而天地之性
　　　　　　全矣」…………………………………… 163
　　第四節　「除惡為復性之基，省察又其先務」…… 165

一、工夫的「學者、大人、聖人」三層次 … 165

二、學者工夫 ……………………………… 166

三、聖人「窮神知化、存神過化」工夫 …… 167

四、「復性」工夫 ………………………… 168

五、工夫論的篤實特色 …………………… 169

第五節　尊朱傾向 …………………………… 170

第七章　王植《正蒙初義》研究 ……………… 173

第一節　王植其人其學 ……………………… 173

第二節　太虛「宜以三層概之」……………… 177

一、氣之本體──太虛第一層涵義 ……… 178

二、氣化之道──太虛第二層涵義 ……… 183

三、物散為氣──太虛第三層涵義 ……… 186

第三節　窮理盡性與存理遏欲 ……………… 190

一、「離氣以言性，與即氣以為性，皆不知
性也」…………………………………… 190

二、「充道心而遏人心者，惟恃乎學而已
矣」…………………………………… 194

第四節　「吾黨解書必以考亭為不易」──尊朱
的注釋取向 ………………………… 196

第八章　《正蒙》清代注的地位、特點與價值 … 201

第一節　清代是《正蒙》注的總結期 ………… 201

第二節　《正蒙》清代注的特點 ……………… 203

第三節　《正蒙》清代注的價值 ……………… 208

參考文獻 ………………………………………… 209

附　錄 …………………………………………… 219

後　記 …………………………………………… 221

第一章 緒 論

第一節 研究緣起

《正蒙》是張載晚年完成的總結一生學思的定論性論著。此書歷來號稱難讀，南宋以後為之注解者頗多，以明清兩代注解最為繁盛。通過目前對書目文獻資料的梳理可知，《正蒙》明代注本有二十六種，現存九種，清代注本有十六種，現存十一種。如此龐大的文獻資料，形成了對《正蒙》的注釋系統。通過對這些《正蒙》注釋的研讀，可以深化對張載哲學的研究。鑒於《正蒙》明代注已有相關研究成果，本書以《正蒙》清代注為研究對象。

研究《正蒙》清代注解，價值有二。第一，能夠通過清人對《正蒙》的理解，增進我們對《正蒙》的正讀、正解，推進現代學術界在張載哲學研究中的討論深度。因為古人所生活的時代境況大約相似，精神心理積習大約相同，用語習慣有更大的相似性，故而古代注解中所包含信息的巨大價值是不言而喻的。第二，能夠通過清代注解者思想與《正蒙》文本之間的差異性，反映出不同時代的儒者所面臨的不同的時代課題，故而關注的重點和理論興趣的焦點不同。從中，我們可以勾勒出從宋代到清代思想的變化軌跡。

張載之學及其《正蒙》等著作的命運，與程朱之學的興衰密切相關。朝廷禁止伊川偽學、朱子偽學，則同時禁《正蒙》。朱子之學立為官學，則張載及《正蒙》亦受到廣泛研究和重視。二程貶低《正蒙》卻極力推崇其中的《西銘》。朱子作《西銘解》，節錄《正蒙》二十八章編入《近思錄》，平日與學生討論中大量涉及《正蒙》內容。朱子在鬼神觀、天地之性與氣質之性、天理人慾與道

心人心之辨、心統性情等哲學思想和範疇方面對張載有所吸收。朱子在《近思錄》和《伊洛淵源錄》中所確立的道學傳承譜系，把張載看作二程輔翼。元仁宗皇慶二年（1313 年）下詔以四書五經為國家科舉取士的標準，次年又規定朱子《四書章句集注》等為欽定注釋。朱子學自此成為官學，張載被看作程朱輔翼而受到廣泛關注，《正蒙》得到廣泛流傳。明代繼續立朱子學為官學，官方頒布的《性理大全》全文收錄《正蒙》。由於官方的重視以及科舉的需要，明清兩代為《正蒙》作注釋者極多。

有清一朝，女真以夷族定鼎中原、統治華夏。在政治方面，清廷對漢人「懷柔」與「高壓」〔註1〕並施。在文化方面，滿清傚仿明朝，繼續以朱子學為科舉之標準。為籠絡中土士大夫之心，清廷十分重視儒家文化。滿族君臣積極地學習儒家文化，以便拉近與漢族知識分子的心理距離，鞏固其統治。順治二年（1645 年）世祖順治帝尊孔子為「大成至聖文宣先師」。康熙皇帝崇文右儒，親自拜謁闕里，特別尊崇朱子學，以「朱子發明聖道軌於至正」，把朱子升配「十哲」之次。張載及其《正蒙》也因為程朱理學的興盛而興盛。康熙賜「學達性天」匾額給濂洛關閩道學諸子的祠堂，張載祠也得到一幅。雍正二年（1724 年）祀張子之父張迪入崇聖祠。

《正蒙》清代注釋的興衰與程朱理學在清代的命運緊密相關。《正蒙》清代注主要集中在康熙一朝，另外一少部分出現在晚清理學中興時期。康熙時期，朝野以尊朱子學為尚，張子之學因為朱子的緣故而興盛。《正蒙》清代注大部分都集中出現在康熙時期。康熙年間規定，把《正蒙》納入童生入學和鄉試、會試的考試範圍。「儒童入學考試，初用《四書》文、《孝經》論各一，《孝經》題少，又以《性理》、《太極圖說》、《通書》、《西銘》、《正蒙》命題。」此一規定直到雍正元年（1723 年）才廢除。

有清一代的《正蒙》注本十六家，現存十一家。從時間上看，這些注本主要出現在康熙時期和道光、咸豐時期。這兩個時期，前者是清代理學興盛時期，後者是理學中興時期。從學派歸屬看，絕大部分屬朱子學派。從注者地域看，主要分布在江南、直隸等文化發達的地區，以及福建、湖南、河南、陝西等有理學傳統的地區。在這個意義上來說，《正蒙》清代注的研究，可以從一個側面，反映出清代理學在時間上的興衰、學派分布、空間分布等方面的情形。

〔註1〕錢穆：《國史大綱》（下），北京：中華書局，1996 年，第 830 頁。

（一）時期分布

康熙朝的《正蒙》注解本，有如下十一種，現存八種，亡佚三種。王夫之《張子正蒙注》，1687 年撰成，1690 年改定。冉覲祖《正蒙補訓》（1702 刻本）。李光地《注解正蒙》（1700 年完成，有榕村全書本、四庫全書本），張伯行《張橫渠先生文集》（正誼堂全書本）對其中《正蒙》有注解，又編寫《濂洛關閩書》（正誼堂全書本），選錄《正蒙》共五十八章，予以注解。張棠、周芳《張子正蒙》（寶翰堂藏板本，刻於 1707 年）。華希閔《正蒙輯釋》（1708 年刊本，上海圖書館藏本）。王植《正蒙初義》（雍正元年 1723 年刊本，四庫全書本），該注本完成於康熙朝。李文炤《正蒙集解》。另外，吳士品《正蒙集注》，胡宗緒《正蒙解》，湯儼《正蒙注解》，這三種撰於康熙年間的《正蒙》注本皆亡佚。

雍正朝注本唯有楊方達的《正蒙集說》（1732 年撰就，續修四庫全書本第951 冊）。

晚清理學中興時，《正蒙》注本共四種，現存兩種，亡佚兩種，且注釋比較簡略。現存兩種是，李元春（1769～1854）《張子釋要》中之《正蒙釋要》（1832 刊本），方潛（1809～1868）《正蒙分目解按》（1889 刊本）。劉繩武《正蒙管見》、朱久括《正蒙句解》兩注本，亡佚。這一時期的《正蒙》注本不如康熙朝之精當。這些都可以看出《正蒙》注解與理學興衰密切相關。

（二）學派歸屬

如果以注解者的學派來看，除王夫之外，其餘注者均是朱子學者。事實上，從這些現存注解中，也都貫穿和表現出注釋者明確的朱子學學派意識。王夫之《張子正蒙注》，以濂溪、張子為歸，修正程朱，嚴屬批判的對象是佛老、陽明以及陽明後學，總體上仍不出朱子學的範圍。《張子正蒙注》在推重「張橫渠之正學」的宗旨下，對程朱總體是肯定的，批判的不多。因此，王夫之《正蒙》注仍可以看作廣義的朱子學。那麼，以朱子為標準評判張載《正蒙》的優劣得失，即「以朱解張」就成為《正蒙》清代注的一個顯著特色。

（三）地域分布

《正蒙》清代注者的地域分布，顯示出這些注者大都來自文化繁榮的江南、直隸地區，或者濂洛關閩等有理學傳統的地方。注者的地域空間（以注者籍貫劃分）分布如下：

江南地區：

華希閔《正蒙輯釋》（1708 年刊本）

張棠、周芳《張子正蒙》（寶翰堂藏板本，刻於 1707 年）

楊方達《正蒙集說》（1732 年撰就，續修四庫全書本第 951 冊）

胡宗緒《正蒙解》

吳士品《正蒙集注》

湯儼《正蒙注解》

方潛《正蒙分目解按》（1889 刊本）

直隸地區：

王植《正蒙初義》（雍正元年 1723 年刊本）

湖南地區：

王夫之《張子正蒙注》（1687 年撰成，1690 年改定）、李文炤《正蒙集解》。

河南地區：

冉覲祖《正蒙補訓》（1702 刻本）。張伯行《正蒙》注（正誼堂全書《張橫渠先生文集》中對《正蒙》的注解），又編寫《濂洛關閩書》（正誼堂全書本），選錄《正蒙》共五十八章，予以注解。

關中地區：

劉繩武《正蒙管見》、朱久括《正蒙句解》、李元春《張子釋要》中之《正蒙釋要》（1832 刊本）。

福建地區：

李光地《注解正蒙》（有榕村全書本、四庫全書本）。

需要指出的是，有少部分的《正蒙》注不是撰者在籍貫地完成的。福建李光地的《注解正蒙》在直隸完成。河南張伯行的《正蒙》注則在福建完成。安徽桐城學派方潛的《正蒙分目解按》在山東完成。還有一些，比如胡宗緒的《正蒙解》等，無法判斷注者是否在其籍貫地完成。但筆者仍然認為，強調注者的地域（籍貫）分布是有一定意義的。李光地、張伯行都從小生活在有濃厚理學氛圍的理學鄉邦之地。所以，他們在外地出仕的官職任內，提倡理學，注解《正蒙》等理學典籍，都與從小受到鄉邦之地理學傳統的影響分不開。總體上看，注者地域主要分布在江南、直隸等文化發達的地區，以及福建、湖南、河南、

陝西等有理學傳統的地區。《正蒙》注釋者的地域，正好是文化發達和具有理學傳統的地域。這兩者之間有必然聯繫，絕非巧合。

　　總之，通過以上對《正蒙》清代注本的研究，對推進和深化張載哲學研究以及拓展清代理學，都有重要意義。首先，過去的張載宇宙論哲學研究存在不少爭論，通過梳理諸多《正蒙》清代注本對「太虛」、「太和」、「神」等範疇的解讀，可以深化對張載宇宙論哲學的研究。其次，諸多《正蒙》清代注，可以從一個側面反映出有清一代理學的狀況，尤其是康熙時期理學的發展狀況。再次，還可以通過注本思想與《正蒙》思想間的共同性和差異性，考察宋代與清代思想之間的繼承與發展關係。需要說明的是，通過對《正蒙》清代注本的解讀，深化和推進《正蒙》以及張載哲學研究，是本研究最主要的目標。

第二節　研究綜述

　　對古代經典的注釋作研究，學術界已經有不少成功的範例。目前，針對中華文明軸心時期的《周易》、《老子》、《論語》、《孟子》等經典之注釋的研究，無論是個案研究，還是通史、斷代史、詮釋史的研究，已有不少成果。但是針對宋明理學中重要典籍的注釋的研究，才剛剛起步。陳榮捷的《近思錄詳注集評》〔註2〕、《王陽明傳習錄詳注集評》〔註3〕，是這一領域較早的研究。此類研究晚近的成果有，程水龍《近思錄集校集注集評》〔註4〕。這些研究的重點在於注釋成果，為《近思錄》、《傳習錄》等理學重要典籍的研究，提供更豐富的注釋文獻。所以，此類著作還停留在文獻整理的層面，未能進一步深入到文獻整理與思想研究相結合的層面。

（一）《正蒙》清代注總體研究綜述

　　學界近來從《近思錄》、《傳習錄》等理學重要典籍的研究，擴展到更早的

〔註2〕陳榮捷：《近思錄詳注集評》，上海：華東師範大學出版社，2007 年。此書英文本《〈近思錄〉——新儒家文選》則由哥倫比亞大學出版社 1967 年出版。Chan, Wing-tsit:Reflections on Things at Hand: The Neo-Confucian anthology compiled by Chu Hsi and Lü Tsu-Ch'ien, Columbia University Press, 1967.

〔註3〕陳榮捷：《王陽明傳習錄詳注集評》，臺北：學生書局，1983 年。另有華東師範大學出版社 2006 年版。

〔註4〕程水龍：《近思錄集校集注集評》，上海：上海古籍出版社，2012 年。

理學典籍《正蒙》。針對張載《正蒙》，業師林樂昌《正蒙合校集釋》在對歷代《正蒙》注釋文獻整理的基礎上，對《正蒙》歷代注釋作了研究，創立了文獻整理與思想研究相結合的新典範。但是，限於該書的篇幅以及《正蒙》歷代注釋的繁多，「按語」部分有待更全面的呈現。業師林樂昌在《20 世紀張載哲學研究的主要趨向反思》一文中指出，張載哲學研究的一個新方向是「對張載代表作《正蒙》一書歷代注釋的整理和研究」，「重視《正蒙》注釋系統的整理、研究和使用，一定會有益於張載哲學研究的深化。」〔註5〕在《正蒙合校集釋·後記》中，他提出，「通過瞭解歷史上詮釋《正蒙》的不同觀點，可以激發今人的深度思考。」〔註6〕這意味著，對《正蒙》歷代注的研究，既有重要的學術價值和意義，又有相當大的研究空間。

截至目前，學術界對《正蒙》清代注的研究，絕大部分集中在王夫之《張子正蒙注》。對其他的《正蒙》清代注，雖然偶而也有研究者涉及，但是幾乎都沒有作深入研究。並且，學術界還沒有對《正蒙》清代注作全面研究的著作。

1977 年張岱年在《關於張載的思想和著作》一文中說：「《正蒙》艱深難懂，初學須看注解。王夫之的《張子正蒙注》最有名，但他的注也不易懂。比較淺顯易懂而且也比較完備的注解，有王植的《正蒙初義》（乾隆刊本），可以參閱。此外還有明劉璣的《正蒙會稿》（明刊本，清刊本），明高攀龍、徐必達的《正蒙釋》（明刊本），清李光地的《正蒙注》（康熙刊本），楊方達的《正蒙集說》（雍正刊本）等。但這些注解都有曲解誤釋之處，這也需要注意鑒別。」〔註7〕這裡提到《正蒙》的明清注本共六種，為以後的研究者按圖索驥作深入研究，提供了重要線索。稍後，張岱年在 1982 年出版的《中國哲學史史料學》中，介紹「張載的《正蒙》、《易說》」時，再次提到以上六種《正蒙》注本。他還說：「王夫之的注解比較深刻，王植的注解比較完備。」〔註8〕但是，此後的很長一段時間，《正蒙》注對張載《正蒙》以及張載研究的重要價值，並沒

〔註5〕林樂昌：《20 世紀張載哲學研究的主要趨向反思》，載《哲學研究》2004 年第 12 期。

〔註6〕林樂昌：《正蒙合校集釋·後記》，北京：中華書局，2012 年，第 1013 頁。

〔註7〕張岱年：《關於張載的思想和著作》，載《張載集》，北京：中華書局，1978 年，書前第 17 頁。此文收入《張岱年全集》第五卷，石家莊：河北人民出版社，1996 年，第 142～157 頁。此處引文在 156～157 頁。

〔註8〕張岱年：《中國哲學史史料學》，《張岱年全集》第四卷，石家莊：河北人民出版社，1996 年，第 415 頁。

有引起張載研究學者的注意。〔註9〕

喻博文《正蒙注譯》是一部對張載《正蒙》全文作注釋和今譯的著作。該書附錄第二部分收錄「宋、明、清學者對《正蒙》及其中某些篇章的評述」。〔註10〕這些內容，既包括蘇昞、范育的《正蒙》序、朱熹《西銘解》等，也包括了明代劉璣《正蒙會稿序》、清代王夫之《張子正蒙注·序論》、清代王植《正蒙初義·臆說》。喻博文在注釋中，引用了劉璣注、王夫之注、王植注〔註11〕，在每一篇篇末引用王植《正蒙初義》對該篇的提要。但是，限於體例，《正蒙注譯》並未對《正蒙》注作研究。

胡元玲的《張載易學與道學：以〈橫渠易說〉及〈正蒙〉為主之探討》〔註12〕，是由其2003年畢業於北京大學中文系古文獻學專業的博士論文修改而成。該書附錄二「《正蒙》注本考」〔註13〕，既列舉了宋元明清「現存有關《正蒙》注釋」共24種（其中包括了對《西銘》的注解）；同時也列舉了宋元明清「已佚或未見的《正蒙》注釋」共25種（其中包括了對《西銘》的注本）。胡元玲「《正蒙》注本考」，所列舉的現存和已佚（或未見）的《正蒙》注本（包括《西銘》注本）總共49種，囊括了絕大部分歷代《正蒙》注本（包括《西銘》注本）。胡元玲的研究，對現存的24種《正蒙》注釋（《西銘》注），都有一個或多個版本的介紹，對研究者按圖索驥作文獻考察具有重要的參考價值。胡元玲所列舉的《正蒙》清代注（不包括《西銘》注），有王夫之、冉覲祖、張棠（與周芳）、李光地、張伯行、王植（2種）、楊方達、李元春、

〔註9〕 姜國柱《張載的哲學思想》（1982年遼寧人民出版社），陳俊民《張載哲學思想及關學學派》（1986年人民出版社），程宜山《張載哲學的系統分析》（1989年學林出版社），龔傑《張載評傳》（1996年南京大學出版社），丁為祥《虛氣相即：張載哲學體系及其定位》（2000年人民出版社），楊立華《氣本與神化：張載哲學述論》（2008年北京大學出版社），李曉春《張載哲學與中國古代思維方式研究》（2012年中華書局）等研究張載的著作，陳、楊二著未參考任何《正蒙》注，姜、程、龔、丁等四著作，只引用了王夫之注，李著只參考了王夫之注和王植注。可見，《正蒙》注對《正蒙》及張載哲學研究的意義，並未引起大多數張載研究學者的重視。

〔註10〕喻博文：《正蒙注譯》，蘭州：蘭州大學出版社，1990年，《序例》第4頁。

〔註11〕喻博文：《正蒙注譯》，蘭州：蘭州大學出版社，1990年。

〔註12〕胡元玲：《張載易學與道學：以〈橫渠易說〉及〈正蒙〉為主之探討》，臺北：學生書局，2004年。

〔註13〕胡元玲：《〈正蒙〉注本考》，《張載易學與道學：以〈橫渠易說〉及〈正蒙〉為主之探討》，臺北：學生書局，2004年，第245～252頁。

陳廣甹、方潛等共 11 家注。〔註 14〕此外，胡元玲還羅列了《四庫存目》著錄而她未見到的李文炤《正蒙集解》九卷。胡元玲對《正蒙》清代注文獻的搜羅可謂近乎完備。〔註 15〕胡元玲的著作，作為文獻學專業的著作，包括文獻學考察和哲學研究兩部分。文獻學部分，胡元玲主要考察了張載晚年著作《正蒙》對《橫渠易說》的採用情況。在哲學研究部分，胡元玲研究了《橫渠易說》解《易》的體例以及特點、張載關於道體與為學的道學思想、張載哲學「從易學到道學的義理脈絡」。該書文獻功底紮實，哲學研究平實。但是，在實際的研究中，胡元玲並沒有使用他所羅列的 49 種《正蒙》注（包括《西銘》注）的任何一種。

業師林樂昌 1993 年開始了以「張載《正蒙》集釋」為題的研究。2002 年，「張載《正蒙》集釋及其研究」獲得國家社科基金資助，2010 年 3 月結項。該項目結項成果《正蒙合校集釋》入選 2010 年度《國家哲學社會科學成果文庫》。《正蒙合校集釋》一書 2012 年由中華書局出版。〔註 16〕據該書附錄一可知，該書所選輯的歷代《正蒙》注本達到 19 種，分別是：宋代朱熹、熊剛大等 2 種，明代吳訥、劉璣、呂柟、韓邦奇、余本、劉儓、高攀龍（與徐必達）等 7 種，清代王夫之、冉覲祖、李光地、黃百家、張伯行、張棠（與周芳）、華希閔、王植、楊方達、方潛等 10 種。該書所選輯的歷代《西銘》注本則達 12 種，對《正蒙》歷代注本資料搜集之宏富，遠邁前代。該書在「集釋」部分的按語中，對《正蒙》歷代注本的部分內容，有詮釋性的按語。由於《正蒙》歷代注本內容十分豐富，而該書的重點主要在《正蒙》歷代注的文本整理上，所以，對《正蒙》歷代注的思想研究還有相當大的研究空間可供開拓。

以上所述是研究《正蒙》的幾本著作的情況，下面介紹幾篇關於《正蒙》

〔註 14〕實際上，應該是 9 家注。因為在胡元玲所列的 11 家注本中，把王植的《正蒙初義》和《濂關三書》看作兩種，實際上，《濂洛三書》中所包括的《正蒙初義》，與王植單行本《正蒙初義》，只是不同的版本而已，並非兩種書。胡元玲提到的陳廣甹《正蒙軌物口義》（清光緒八年伍肇齡成都《陳氏叢書》刻本，現藏北京國家圖書館），筆者閱讀了該書，發現該書分為明學、誠明、性命、充達、養氣、四教、六謂、三皇等八目，雖然也是理學類著作，但與張載《正蒙》無關，並非對《正蒙》的注釋。

〔註 15〕筆者在此基礎上發現，還有胡宗緒等清代數人《正蒙》注。詳見第三章《概覽》。

〔註 16〕林樂昌：《正蒙合校集釋·後記》，北京：中華書局，2012 年，第 1013～1017 頁。

清代注的學術論文。

丁為祥《張載太虛三解》（2002）一文認為，「太虛是張載哲學中的一個基本概念。在理學的發展中，它一共經歷了三次大的詮釋，從而也就形成了『形上道體』、『空間』與『氣』三種不同的涵義。這三種不同涵義雖由對張載太虛的詮釋而形成，但其所表現的卻首先是詮釋者的不同視角，是理學由理本論向心本論和氣本論的遞進與過渡。所以，太虛涵義的三解，正是理學的發展及其探索重心不斷嬗遞的產物和表現。」〔註17〕宋代的二程和朱子「對張載的太虛作了形上本體式的詮釋」，卻批評「太虛」作為「形上本體的不夠純粹、不夠標準」。明代王陽明既認為張載的太虛「有超越的涵義，又有虛空空間的指謂」。明代的王廷相則對張載太虛作了「徹底空間化」的解讀。〔註18〕文章引用了明代劉璣的《正蒙會稿》和清代李光地的《注解正蒙》，認為二者都對張載「太虛」作了空間化的解讀。王夫之《張子正蒙注》對「太虛」作了「空間」和「太虛與氣不可分割」太虛本身就是氣，這樣兩種解釋。王植《正蒙初義》對「太虛」三層涵義的解釋，分別是「元氣、元氣流行及其歸宿」，王植認為太虛的第一層涵義是「混淪未形、陰陽未判的元氣」。〔註19〕該文認為，張載「太虛涵義的演變，其先後詮釋視角之間的對立，正是理學內在矛盾從萌芽走向激化的表現；而太虛三種詮釋之間的遞進與過渡，又是理學從形成、發展、轉向到其矛盾再爆發的一部縮影。」〔註20〕該文對我們的啟發是，外在思想環境會對思想文本解讀產生影響。宋代、明代、清代的理學家，由於其思想關注側重不同，他們對「太虛」的解釋才有所不同。《正蒙》清代注雖然可以作為研究張載思想的參考，但其中也加入了清代注者的思想，因此，不能以之逆推而作為對《正蒙》理解的定論。

劉笑敢《天人合一：學術、學說和信仰》一文，在詮釋張載《正蒙·乾稱篇》「天人合一」一語時，引用了明代劉璣、高攀龍、徐必達以及清代王夫之、李光地、楊方達等人的《正蒙》注對「天人合一」的注釋。該文認為，「對張載『天人合一』一語的解說，以王夫之之注最為直接精要，有些注本似乎在重複原文，只是將原文暗引、縮引的原文展開，有的則完全不涉及『天人合一』

〔註17〕丁為祥：《張載太虛三解》，《孔子研究》2002 年第 6 期。

〔註18〕丁為祥：《張載太虛三解》，《孔子研究》2002 年第 6 期。

〔註19〕丁為祥：《張載太虛三解》，《孔子研究》2002 年第 6 期。

〔註20〕丁為祥：《張載太虛三解》，《孔子研究》2002 年第 6 期。

一語。」〔註21〕該文評價楊方達《正蒙集說》對「天人合一」的看法時說，「此注之新意在於引入窮理與盡性解釋明與誠，並將原文省略的《繫辭》文句補全，此外無多新意。」〔註22〕實際上，劉笑敢所引的楊方達這段注解，是楊方達一字不差地抄襲自李光地。劉笑敢也引用了李光地《注解正蒙》。不知為何，該文只注意並讚賞時間靠後的楊方達注，對時間更早的李光地注同樣使用窮理和盡性卻視而不見。這可能是對《正蒙》注沒有作系統研究的緣故。

魏濤《清代〈正蒙〉詮釋發微》一文認為，「《正蒙》清代注，包括《宋元學案》、王夫之、李光地、王植、楊方達、張伯行、李元春等，注解特點各異，思想傾向亦各有不同。通過對該時期數種典型注本特點的分析不難看到，學界有關明清時期《正蒙》注解多為程朱化之解的說法是不成立的。自北宋以來程朱化張載詮釋的傾向雖至清代有所強化，但並沒有影響此間主要通過對《正蒙》的詮釋為主要方式的張載哲學研究的獨立而多元化的展開。」〔註23〕該文共涉及7家《正蒙》清代注，在一定程度上展示了《正蒙》清代注的總體輪廓。但是，未能全面介紹十餘種《正蒙》清代注。

魏文不認同《正蒙》注大多數為程朱化注解的說法。這是針對陳來《詮釋與重建》中觀點的反駁。陳來指出，「一般來說，明清學者為《正蒙》作注者多是朱子學者」〔註24〕。筆者認為，綜觀十餘種《正蒙》清代注，陳來的觀點是成立的。在「《宋元學案》、王夫之、李光地、王植、楊方達、張伯行、李元春」等七種注中，魏文明確認同李光地、張伯行注是尊朱子學。剩餘五種，為《宋元學案》中《正蒙》作了數十條注的黃百家，可以認為他的思想承繼其父黃宗羲為心學家。王植、楊方達均為朱子學者。關中學者李元春，也是朱子學者。即使王夫之，這個在《正蒙》清代注的作者中思想傾向比較特殊的學者，他也可以算是廣義的朱子學者。清代為《正蒙》作注的，絕大多數是朱子學者，〔註25〕這個結論是成立的。

〔註21〕劉笑敢：《天人合一：學術、學說和信仰——再論中國哲學之身份及研究取向的不同》，《南京大學學報（哲學·人文科學·社會科學版）》2011年第6期。

〔註22〕劉笑敢：《天人合一：學術、學說和信仰——再論中國哲學之身份及研究取向的不同》，《南京大學學報（哲學·人文科學·社會科學版）》2011年第6期。

〔註23〕魏濤：《清代〈正蒙〉詮釋發微》，《河北師範大學學報（哲學社會科學版）》2013年第2期。

〔註24〕陳來：《詮釋與重建——王船山哲學的精神》，北京：北京大學出版社2004年，第291頁。

〔註25〕參閱本書《概覽》一章以及本書最後一章相關部分。

（二）王夫之《張子正蒙注》研究綜述

在眾多的《正蒙》清代注中，王夫之的《張子正蒙注》最受學者重視。早在中國文史哲學術界逐漸建立起來的二十世紀初，梁啟超、熊十力、嵇文甫（1895～1963）、張西堂（1901～1960）、侯外廬（1903～1987）等學者在其關於王夫之的專門或相關研究中〔註26〕，就已經開始重視王夫之《張子正蒙注》，作為研究王夫之思想的文獻資料。建國後，受蘇聯唯物唯心對子結構研究模式的影響，「在哲學的主要原則上有了唯物論的進步內容」〔註27〕，「對於唯物論的發展曾有過卓越的貢獻」的「17 世紀中國的傑出的唯物論者」〔註28〕王夫之，其思想的各個方面都得到廣泛研究。《張子正蒙注》作為王夫之哲學思想的重要著作，受到學者的重視。尤其是由章錫琛完成的該書標點本於 1956 年在古籍出版社出版以後〔註29〕，文本的整理推動了研究的興盛。1962 年是王船山逝世 270 週年，在長沙舉辦了王船山學術討論會，多篇論文引用《張子正蒙注》作為研究王夫之的文獻資料。嵇文甫於該年出版的《王船山學術論叢》，也十分重視《張子正蒙注》。張豈之 1962 年發表了《論王夫之的〈張子正蒙注〉》一文。改革開放之初的第一批中國哲學史、中國思想史專業碩士研究生，有數量不少的以王夫之為題的碩士論文。〔註30〕以上這些研究，大多把《張子正蒙注》看作研究王夫之思想的文獻，很少有學者研究《張子正蒙注》對研究

〔註26〕梁啟超《中國近三百年學術史》第七章《兩畸儒》之王船山部分，引用《張子正蒙注》之《自序》，說明船山不同於顧亭林的排斥哲理，一面提倡實行，一面常要研究最高原理。又引用《注》卷三、卷四相關內容，說明船山排斥「唯覺主義」、責難「虛無主義」而「建設他的實有主義」。（北京：東方出版社，1996 年，第 85～93 頁。）熊十力《心書》、《十力語要》、《讀經示要》相關部分；嵇文甫 1935 年所寫《船山哲學》（嵇文甫：《王船山學術論叢》，北京：讀書‧生活‧新知三聯書店，1962 年版，1978 年第一次印刷，第 83～163 頁。其中第 110～112、116～117 頁，引用《張子正蒙注》）；在研究王夫之思想時，都引用王夫之《張子正蒙注》，作為研究王夫之思想的文獻。

〔註27〕侯外廬：《中國思想通史》（第五卷），北京：人民出版社，1956 年，第 57 頁。

〔註28〕張岱年：《王船山的唯物論思想》，《張岱年全集》第五卷，石家莊：河北人民出版社，1996 年，第 1 頁。（該文原載 1954 年 10 月 6 日《光明日報‧哲學研究專刊》）。

〔註29〕王夫之：《張子正蒙注》，章錫琛校點，北京：古籍出版社，1956 年。

〔註30〕據《一九八一年全國中國哲學史專業研究生畢業論文提要》（載《中國哲學》第 9 輯，生活‧讀書‧新知三聯書店，1983 年，第 414～440 頁），1981 年畢業的碩士研究生，共計有李申、李明友、鄭凱堂、賴永海、韋典華等 5 人，碩士論文以王夫之為題。

張載《正蒙》學術價值。

張岱之《論王夫之的〈張子正蒙注〉》認為，王夫之「《正蒙注》和《周易內傳》、《周易外傳》，在思想上也有緊密聯繫」〔註31〕。從此語得到啟發，研究王夫之對張載思想的繼承和改造，不能只限定在《張子正蒙注》。從《周易內傳》等王夫之的其他著作中，也可見王夫之對張載哲學的繼承問題。同時，還可以看到王夫之對張載思想接受繼承的早中晚期變化問題。張岱之說，《張子正蒙注》「不單純是對張載《正蒙》的文字注解，而是包含著王夫之自己的哲學觀點。」〔註32〕這意味著，不能只把王夫之的《正蒙注》理解為對《正蒙》的忠實注解。應該仔細辨析王夫之在哪些方面準確地對《正蒙》作了注解，在哪些方面違背了張載的原意而以「六經注我」的方式表達了自己的思想，這些思想和張載《正蒙》本義之間有什麼差別，王夫之如此注解的時代背景和個人原因分別是什麼。對之前不加分辨就以《張子正蒙注》作為研究王夫之思想的文獻的做法，這意味著需要辨析哪些思想只是對張載《正蒙》文意的解釋，不能以這部分內容作為研究王夫之思想的文獻。對本書而言，《張子正蒙注》對正解正讀張載《正蒙》有一定的作用。同時，王夫之的一些誤讀《正蒙》的地方，不能作為張載的原意來理解。〔註33〕當然，筆者也會探析王夫之誤讀《正蒙》的個人和時代原因。

專門對《張子正蒙注》進行研究的著作有兩種，碩士博士學位論文也有兩種，分別是：陳來《詮釋與重建：王船山的哲學精神》（2004）中四章（第十、十一、十二、十三章）、劉榮賢《王船山〈張子正蒙注〉研究》（2008年）；陳衛斌的碩士論文《天人相繼——王夫之〈張子正蒙注〉研究》（2009年）、米文科的博士論文《王船山〈張子正蒙注〉哲學思想研究》（2011）。另外，還有一些針對王夫之《張子正蒙注》的單篇論文。

陳來《詮釋與重建》一書中的四章，分別研究了《張子正蒙注》的思想宗

〔註31〕 張岱之：《論王夫之的〈張子正蒙注〉》，載《王船山學術討論集》，湖南湖北兩省哲學社會科學界合編，北京：中華書局，1965年，第267頁。（原文發表在1962年9月21日《光明日報》，討論集所收有補充。）

〔註32〕 張岱之：《論王夫之的〈張子正蒙注〉》，《王船山學術討論集》，湖南湖北兩省哲學社會科學界合編，北京：中華書局，1965年，第267頁。

〔註33〕 現代的一些張載研究著作，存在不加辨析地完全以王夫之《張子正蒙注》為《正蒙》原意的問題。例如，王夫之把太虛理解為氣，研究者完全接受王夫之的理解，不再去探究張載的原意。

旨、善惡生死觀、存神盡性的工夫論、絪縕神化的宇宙論等四個方面。該書認為，《張子正蒙注》的思想宗旨是「貞死生以盡人道」、「明人道以為實學」，王夫之對「存神」和「順化」的工夫特別重視。《善惡生死觀》一章，分別研究了王夫之《正蒙注》中安生安死、全生全歸及這些觀念的思想淵源。《存神盡性論》一章，討論了王夫之《正蒙注》中的心性論和工夫論。《絪縕神化論》一章，探討了王夫之《正蒙注》的太和本體論、陰陽氣化論，以及神、氣、理、誠等哲學範疇及其相互間的關係。〔註34〕

　　陳來的研究視角是，把《張子正蒙注》看作王夫之研究的思想文獻，因此很少注意《張子正蒙注》對張載研究的重要價值。而且，他較多地關注了王夫之的宇宙論哲學、人性論、修養工夫論，所引《張子正蒙注》的文獻，絕大部分集中在《序論》、《太和篇》、《參兩篇》、《神化篇》、《乾稱篇》（包括《可狀篇》）、《誠明篇》、《大心篇》。對《張子正蒙注》中所體現的王夫之政治哲學、道德哲學，研究較少。

　　陳來的研究，認為張載的「太虛」是指「氣的本然狀態」，張載是氣本論者。恰巧，王夫之《張子正蒙注》把張載的「太虛」理解為「氣」。所以，陳來的研究強調了王夫之對張載宇宙論哲學的繼承，卻忽視了張載和王夫之思想之間的差異性。

　　劉榮賢《王船山〈張子正蒙注〉研究》，《後記》中說該書「為作者一九八三年畢業於東海大學中文研究所的碩士論文」。全文共六章，除緒論、結論各一章外，主體部分有四章。作者考察了《張子正蒙注》的成書年代，並通過與王夫之晚年的另外一部著作《周易內傳》比較，得出《張子正蒙注》比《周易內傳》晚出的結論。劉榮賢在書的第二章認為，「《正蒙注》既然是船山在理學方面最後的著作，則其思想的最後取向自然應以此書為依據。」〔註35〕在第三章，作者考察了《張子正蒙注》中的太虛與氣、氣之聚散、氣之陰陽、神、義、誠、性與命、心知與志等重要問題和核心範疇。在第四章，作者比較了王夫之與張載思想的異同。作者認為，張載和王夫之思想相同的方面表現在，「皆落實於氣質論性」，「皆欲於傳統儒學中尋求可資對抗二氏的解釋」，都「以自涵

〔註34〕陳來：《詮釋與重建：王船山的哲學精神》，北京：北京大學出版社，2004年，第290～393頁。

〔註35〕劉榮賢：《王船山〈張子正蒙注〉研究》，臺北：花木蘭文化出版社，2008年，第16頁。

動靜性能之氣為首出」。〔註36〕同時也認為張載、王夫之二人對氣、性、心的理解均不同。劉榮賢注意到《張子正蒙注》所體現出的張載、王夫之兩人思想的不同之處，這一點是比較重要的，值得我們現在的研究者重視。在第五章，作者指出了王夫之推尊張載在理學發展史上的意義。結論平實可信。在第五章的結尾部分和第六章全書結論中，劉榮賢認為王夫之晚年講「心幾之感應」在思想取向上近於王陽明。〔註37〕筆者認為這個結論值得商榷。

陳衛斌的《天人相繼——王夫之〈張子正蒙注〉研究》，是其 2009 年完成於陝西師範大學的碩士論文，論文共四章。作者主要研究了王夫之《張子正蒙注》的宇宙論哲學和人性論，並認為天人相繼是王夫之注《正蒙》的思想主旨。作者考察了《張子正蒙注》的版本，並指出王夫之注《正蒙》的三個特點：以《易》解《正蒙》、《大學》「至善」觀的凸顯、「一而二、二而一」的方法論原則。作者認為，《張子正蒙注》並非氣本體論，而是太和本體論。氣、神、性是王注的三大基本範疇，「神」通天人，連接「氣」和「性」，神凝於人為性。〔註38〕

米文科的《王船山〈張子正蒙注〉哲學思想研究》，是其 2011 年完成於陝西師範大學的博士論文，論文主體部分分為五章。第一章《太和之道》，研究張載的宇宙論哲學。作者對王夫之《張子正蒙注》中的太和、太虛、太極、陰陽、神、氣等範疇作了討論。第二章「人性與氣質」研究人性論問題，探討了性與氣、才、命、心等範疇的關係。第三章「存神與盡性」研究修養工夫論問題，探討了志與學、志與意、存神與養氣、窮理、精義入神、盡心以盡性等問題。第四章「氣化、生死、善惡」，從安生安死、生死與善惡、全生全歸等三個方面，展示了王夫之的人生價值觀。第五章「船山對《西銘》與《東銘》的理解」，研究了王夫之對張載《西銘》和《東銘》的解釋及其相關問題。〔註39〕筆者認為，米文科對王夫之詮釋張載《西銘》和《東銘》的研究，比較有新意。

〔註36〕劉榮賢：《王船山〈張子正蒙注〉研究》，臺北：花木蘭文化出版社，2008 年，第 55 頁。

〔註37〕劉榮賢：《王船山〈張子正蒙注〉研究》，臺北：花木蘭文化出版社，2008 年，第 96～98 頁。

〔註38〕陳衛斌：《天人相繼——王夫之〈張子正蒙注〉研究》，西安：陝西師範大學，2009 年，碩士論文。

〔註39〕米文科：《王船山〈張子正蒙注〉哲學思想研究》，西安：陝西師範大學，2011 年，博士論文。

除以上對《張子正蒙注》的專門研究外，近年來一些王夫之的研究著作中，《張子正蒙注》也常被關注。曾昭旭的《王船山哲學》、張立文的《正學與開新——王船山哲學思想》、蕭萐父、許蘇民的《王夫之評傳》等著作，介紹王夫之的哲學思想時，引用並研究了許多《張子正蒙注》的文獻資料。

（三）李光地、張伯行、冉覲祖、李文炤研究綜述

學術界對王夫之《張子正蒙注》以外的《正蒙》清代注，幾乎未予關注。由於為《正蒙》作注的李光地、張伯行是清初的理學名臣，學術界對他們的理學思想已經做了不少研究。對冉覲祖、李文炤，學術界也有少量研究。現在可見的對這些思想家的研究，對於研究他們的《正蒙》注將有一定幫助。下面對學界關於李光地、張伯行、冉覲祖、李文炤等人理學思想的研究情況，略作介紹。

李光地研究簡介　侯外廬等主編的《宋明理學史》下卷第三十六章《李光地的理學思想》，首先介紹了李光地的生平和著作，接著介紹了他的理學思想，認為李光地是一位學宗程朱的理學家，但於《大學》則主古本，同於王陽明而與朱子異。在對《中庸》的詮釋上也與朱子迥異，與程朱在人性論的「明性」問題上有分歧。〔註40〕最後，還介紹了李光地「性大無外」的性論、「性為本氣為具」的性氣觀、「明善知性」的「格物致知」說、「天人同一性」的天道鬼神思想等等。其中，引用了李光地《正蒙注》的「性者，理之總名爾」的觀點，認為李光地主張「性」類似本性（本質），「理」只是本性的部分特徵，故「理是從屬「性」的，萬物都是「性一分殊」，而不是「理一分殊」。因而不贊同程朱「性即理」的命題。〔註41〕

林國標的《清初朱子學研究》（2004）對李光地的理學思想進行了概述。汪學群的《清初易學》（2004）對李光地主持編纂的《周易折中》的易學思想進行了研究。方小飛的碩士論文《李光地理學思想研究》，介紹了李光地理本氣具的理氣觀，性大無外的人性論，明性知善的工夫論，以及他的謹實學風和推崇發展朱子學的影響。〔註42〕

〔註40〕侯外廬等主編：《宋明理學史》（下），北京：人民出版社，1997年，第997頁。

〔註41〕侯外廬等主編：《宋明理學史》（下），北京：人民出版社，1997年，第1003頁。

〔註42〕方小飛：《李光地理學思想研究》，西安：陝西師範大學，2008年，碩士學位論文。

這些對李光地的研究，只有侯外廬主編的《宋明理學史》引用了李光地的《注解正蒙》，但並未做深入分析，其他研究都未涉及。

張伯行研究簡介　國內對張伯行學術思想的研究成果已有不少。其中有三本碩士論文對其理學思想作了研究。李燕的碩士論文《張伯行的理學傳播活動研究》，介紹了清初「尊程朱而抑陸王」的社會風氣之後，分析了張伯行致力於傳播理學的動機與目地，並介紹了張伯行刊刻《正誼堂全書》以及興建書院這兩種傳播理學的主要方式。〔註43〕傳播理學和刊刻性理書，這正是張伯行注解《正蒙》的外在原因之一。張伯行《正蒙注》就是他所刊刻的《正誼堂全書》之一種。韓秀錦的《張伯行學行述略》，介紹了清初尊朱黜王、理學走向務實、重視理學道統的時代背景之後，著重研究了張伯行篤守程朱正學，以身心性命為第一要務的理學思想，同時研究了張伯行的道統論。〔註44〕程分隊的碩士論文《清初理學名臣張伯行研究》，主要介紹了張伯行在性理學說、反對王陽明、重視主敬、排斥佛道、尊崇躬行等五個方面對理學的貢獻。〔註45〕

潘志鋒在《王船山道統論與張伯行道統論之簡要比較》一文中關於張伯行道統論的部分，介紹了張伯行《道統錄》一書所體現的道統觀念。「《道統錄》列出下列道統傳承者：伏羲、神農、黃帝、唐堯、虞舜、夏禹、商湯、文王、武王、周公、孔子、顏子、曾子、子思、孟子、周濂溪、程明道、程伊川、張橫渠、朱晦庵。在附錄中他又補充了楊龜山、羅豫章等15人。」〔註46〕張伯行的道統（除過附錄15人），在宋儒中比較推崇周程張朱五子。也就是在朱熹《近思錄》周張二程北宋四子的基礎上，增加了朱熹。這說明張伯行對張載是比較推崇的，這是他注解《正蒙》的內在動因之一。

這些對張伯行的研究，都未涉及張伯行的《正蒙注》。但是，這些對張伯行的理學活動以及道統觀的研究，都可以說明張伯行注《正蒙》的一些原因。

冉覲祖研究簡介　國內對冉覲祖的研究較少，張延青的碩士論文《清初河南儒學家冉覲祖研究》，第四章第一節簡略地介紹了冉覲祖的理學思想，從道

〔註43〕李燕：《張伯行的理學傳播活動研究》，上海：華東師範大學，2005 年，碩士學位論文。

〔註44〕韓秀錦：《張伯行學行述略》，石家莊：河北師範大學，2006 年，碩士學位論文。

〔註45〕程分隊：《清初理學名臣張伯行研究》，開封：河南大學，2010 年，碩士學位論文。

〔註46〕潘志鋒：《王船山道統論與張伯行道統論之簡要比較》，《高校理論戰線》2003 年第 9 期。

統論、辟異學、鬼神觀、性理與人的道德修養等方面進行了論述。另外有兩本關於冉覲祖的通俗讀物，冉守嶺的《巨儒冉覲祖》、婁繼周的《一代名儒冉覲祖》〔註47〕，兩書中對冉覲祖的生平、著述、人物交往等方面有詳細的論述，並收錄了冉覲祖的傳略、墓誌銘、墓表、年譜等文獻資料。從《年譜》可知，《正蒙補訓》完成於康熙四十一年（1702年）。冉守嶺〔註48〕和張延青〔註49〕提到冉覲祖的《正蒙補訓》時，均認為已經佚失，實際上該書尚有刊本存世。目前還沒有關於冉覲祖《正蒙補訓》的研究。北宋二程兄弟是理學的主要代表，自此以後河南一直是理學比較興盛的地區，形成了洛學這樣的理學學派。《洛學及其中州後學》下篇第五章《清代的中州後學》，把冉覲祖作為清代洛學人物，主要介紹了他對「命」的看法。〔註50〕

　　這些對冉覲祖的研究，只有冉守嶺和張延青提及《正蒙補訓》，但二人均未見到該書，以為已經佚失，而其他的研究者均未提及《正蒙補訓》。冉守嶺、婁繼周二人的著作所收集的冉覲祖的相關資料，以及張延青對冉覲祖理學思想的初步研究，都對冉覲祖《正蒙補訓》的研究有一定的參考價值。

　　李文炤研究簡介　學界以前對李文炤（1672～1735）的研究較少。近年來眾多湖湘文史學者傾力打造的《湖湘文庫》以整理湖湘文獻為宗旨，對湖湘人物的研究有重要貢獻。嶽麓書社2012年出版的趙載光點校的《李文炤集》，就是《湖湘文庫》之一種。《李文炤集》收錄了李文炤的《恒齋文集》，以及他的《周禮集傳》、《家禮拾遺》。《李文炤集》的點校者趙載光還指導楊旭撰寫了碩士論文《李文炤禮學思想研究》。該論文介紹了李文炤的生平和著作，對李文炤《周禮集傳》和《家禮拾遺》兩書的禮學思想作了初步研究。〔註51〕在《湖湘文庫》叢書中，由方克立、陳代湘主編的《湘學史》之第九章第二節為《李文炤的儒學思想》，該書介紹了李文炤理學、經學、教育和經世等思想。該書把李文炤的生年誤作1675年，〔註52〕實際當作1672年。

　　總之，學術界對《正蒙》清代注的研究，幾乎所有的注意力都集中在王夫

〔註47〕婁繼周：《一代名儒冉覲祖》，北京：中國文史出版社，2008年。

〔註48〕冉守嶺：《巨儒冉覲祖》，北京：中國文聯出版社，2008年，第221頁。

〔註49〕張延青：《清初河南儒學家冉覲祖研究》，鄭州：河南大學，2010年，碩士學位論文，第40頁。

〔註50〕盧廣森、盧連章主編：《洛學及其中州後學》，開封：河南大學出版社，1999年。

〔註51〕楊旭：《李文炤禮學思想研究》，湘潭：湘潭大學，2010年，碩士學位論文。

〔註52〕方克立、陳代湘主編：《湘學史》，長沙：湖南人民出版社，2008年。

之《張子正蒙注》上，且只把它看作研究王夫之思想的文獻，很少重視該注對張載哲學研究的價值。對李光地《注解正蒙》等少數注尚有論著作極有限的引用，卻沒有單獨的專門研究。可以說，學術界還沒有對《正蒙》清代注做全面綜合研究，對王夫之注之外的其他十餘種《正蒙》注，也都沒有分別作專門的個案研究。本書將是對「《正蒙》清代注研究」課題的首次全面研究。本書對李光地、華希閔、王植等人《正蒙》注的個案研究，也是學術界對該課題的首次研究嘗試。

第三節　研究方法

一般而言，中國哲學課題的研究，以問題意識為核心，以文獻為支撐，借鑒古今中西已有的研究方法，論證該課題所提出的學術觀點。本書主要採用的方法是文獻學和思想研究相結合的方法。在廣泛搜求文獻的基礎上，運用歷史考證法、中西哲學比較法、哲學詮釋學方法、歷史與邏輯相統一的方法。筆者希望，在熟讀《正蒙》清代注的文本以及其注者其他思想文獻的基礎上，批判性地借鑒和吸收學術界之前對此一課題的相關研究成果，撰寫出符合學術規範的論文，達到預定的研究目標，解決相關的學術問題。

第一、文獻學方法。本書借助《四庫全書總目》等目錄書、《清史稿・藝文志》以及各省地方志的《藝文志》等史志資料，並使用一些電子數據庫，同時參考了業師林樂昌《正蒙合校集釋》所收錄的《正蒙》清代注目錄、胡元玲《張載易學與道學》的附錄《〈正蒙〉注本考》，確定了《正蒙》清代注本的總數、版本、存佚等情況。這樣，便掌握了《正蒙》清代注研究課題的輪廓和總體狀況。通過精讀李光地《注解正蒙》、張伯行《正蒙注》等注本以及認真研讀王夫之《張子正蒙注》等現存注本，熟悉了所要重點研究的文獻資料。

第二、歷史考證法。十餘位《正蒙》清代注的撰者中，王夫之、李光地、張伯行等著名歷史人物的生平以及著述的歷史記載比較清楚，關於胡宗緒、張棠、周芳、楊方達等人的生平資料記載則較少。筆者通過閱讀他們的文集、詩集並結合其他相關記載，大致勾勒了他們的生平。康熙皇帝推崇理學，《正蒙》被納入童生入學考試的考題範圍。但是，《正蒙》被作為鄉試、會試等更高級別的考題內容，是由誰推動的呢？筆者通過閱讀李光地《榕村集》，大體上證實，這主要是由《注解正蒙》的作者李光地推動的。

　　第三、中西哲學比較法。中國固有學術分科，本無哲學一科。中國哲學學科，是參照西方哲學而建立的。胡適《中國哲學史大綱》和馮友蘭兩卷本《中國哲學史》，這兩部奠定中國哲學學科基礎的名著，均以西方哲學為參照。我們如今研究中國哲學，當然也要以西方哲學為參照。中西哲學比較法，是中國哲學研究的題中應有之義。我們今天研究張載等中國古人的思想，所使用的宇宙本體論、宇宙生成論、認識論、道德哲學、政治哲學等概念，來源於西方哲學。當然，在中國哲學界當下的研究語境中，學術界對借自西方哲學的概念和思想作了修正，可能跟這些概念在西方哲學中的本意稍有差異。所以，為了謹慎起見，我們在本章的第五節，對一些術語作了特別界定。胡適、馮友蘭以西方哲學的標準，挑選一些中國思想家和他們的一部分思想，作為中國古代的哲學家和哲學思想。這種方法在今天看來，也有值得反思的地方。

　　第四、哲學詮釋學方法。詮釋學（Hermeneutics）一詞來自西方。自伽達默爾出版《真理與方法》的 1960 年以來，詮釋學逐漸成為一門顯學。但是，正如西方歷史上很早就有《聖經》詮釋學傳統一樣，中國古代有非常豐富的詮釋學思想和詮釋學傳統。中國自漢代定儒學於一尊，設立五經博士，對《詩》、《書》、《禮》、《易》、《春秋》的注解非常繁多。歷代儒者以傳、記、說、解等形式對五經等儒家經典作注，加之道家對《老子》、《莊子》等經典的注釋，實際上形成了中國的詮釋學傳統。在古代中國，通過為經典作注，思想家們一方面傳承了古代的學術；另一方面，注釋者在注釋中也表達了自己的思想，注釋之作又成了新經典。例如作為宋元明清理學經典的《四書章句集注》，便是朱熹注釋儒家先秦經典《大學》、《中庸》、《論語》、《孟子》而成的儒家新經典。周敦頤《太極圖說》、《通書》和張載《西銘》，在朱熹之前已經成為理學的經典之作。朱熹的《太極圖說解》、《通書解》、《西銘解》後來也成了理學經典。雖然明清科舉考試以《四書章句集注》作為對四書的正解，但是，仍有不少思想家批駁朱熹《四書章句集注》注解是對四書原文的誤讀。這意味著，對四書的原意的理解是開放的，沒有人能夠壟斷最終的真理解釋權。任何人都不可避免地有「前理解」這樣一個思想背景，我們希望追求的「歷史真實」和「思想真實」實際上是得不到的。《四書章句集注》的權威性和對它的批駁，已經說明了這個道理。從這個意義上來講，《正蒙》清代注者和我們現代學者對張載《正蒙》的解讀，都只是一種歷史性的理解。每個清代注者和現代理解者，對《正蒙》的注釋和理解中，都不可避免地具有自己的「前理解」。在本書的研

究中，《正蒙》清代注和張載《正蒙》思想之間的差異性，既是時代變化的緣故，也有清代注者不可避免的「前理解」的緣故。而這些「前理解」，正是清代注者本人思想的體現。再進一步看，筆者在本書中判定一些清代注者的注解，比較符合或者不符合張載《正蒙》的本意。這些判斷的標準，不也正是作為研究者的筆者本人的不可避免的「前理解」嗎？詮釋學中「前理解」的不可避免以及詮釋文本的開放性，讓筆者對自己的研究不敢自以為是。當筆者的研究完成之時，它立刻變成一種筆者本人不再擁有最終解釋權的「歷史」。

第五、歷史與邏輯相統一的方法。在紛繁複雜的歷史史實中，總有一些經常出現的、有著一些相似性的歷史史實。有的學派稱之為歷史規律，維特根斯坦稱之為家族相似。眾多《正蒙》清代注的出現，不是一個孤立事件。從明代《性理大全》收錄《正蒙》，而《性理大全》被納入科舉考試命題範圍，《正蒙》明代注就非常繁盛。在清代，與《正蒙》一起作為科舉命題的《西銘》（清代常常把《西銘》從《正蒙》中分開單獨作為經典）、《太極圖說》、《通書》，其注本不比《正蒙》少。《正蒙》清代注大量出現在康熙朝，與清初理學的興盛有密切的關係。

通過交替使用以上方法，筆者希望能夠展現《正蒙》清代注的全貌以及部分注的特色，深化張載哲學的研究。本書力圖用符合學術規範的簡明概括的語言，陳述論證過程和結論。

第四節　研究思路

研究目標：通過細讀諸多《正蒙》清代注本文獻，首先，明確《正蒙》清代注釋的數量及其時空分布，揭示注釋者的思想背景以及他們注釋《正蒙》的原因，簡要概括《正蒙》清代注的特點及其歷史作用。其次，力圖準確表述清代諸注釋者對張載《正蒙》一書的總體理解和核心概念的把握，以增進我們今天對《正蒙》及張載思想的準確理解。再次，透過各個注本在注釋《正蒙》這一宋代理學文獻時所具有的共同性和關聯性，解讀出清代理學的興衰以及理學群體的學術偏向。最後，通過注釋者思想與《正蒙》文本之間的差異，揭示思想在時空中流變的規律以及不同時代思想特色的差異和學術關注點的變動性。

本書將重點解決以下問題：一，明確《正蒙》清代注的數量、注釋者情況。

二，說明《正蒙》清代注出現的思想背景以及注釋者注釋《正蒙》的原因。三，通過諸多《正蒙》注釋者對「太虛」、「理」、「神」、「氣」等概念範疇及其關係的理解，提出對張載哲學中「太虛」等概念範疇的定性問題的看法。四，通過《正蒙》清代注豐富的內容，展示張載及其哲學思想在清代理學論域中的地位、作用、影響。

研究內容：本書以《正蒙》清代注為研究對象，透過注釋者思想與《正蒙》之間的思想差異，主要研究這些清代注釋者的天道本體觀、人生價值觀、修養工夫觀、社會政治觀等內容；通過注釋者對《正蒙》中「太虛」、「太和」、「天」、「氣」、「理」、「道」等範疇的理解，為當下學術界對張載的「太虛」等哲學範疇的理解與定性問題，提供有啟發性的思考結論。通過對眾多注釋者為什麼注釋《正蒙》，注釋者本人對程朱理學與陸王心學的評價態度，以及當時社會主流價值觀的選擇與重建等問題的討論，描繪出清代尤其是清初程朱理學與陸王心學兩種思想相互競爭的一個側面。

研究思路：論文擬分為以下幾章：

第一章緒論，介紹《正蒙》清代注本概況。介紹注本數量、注釋者、注本的時空分布情況。綜述並評價《正蒙》清代注的以往研究成果，界定本書的研究範圍和研究方法。

第二章《正蒙》清代注的思想背景。首先，清政府對理學的提倡，對心學的貶斥。《正蒙》與其他理學著作受到重視。康熙時，包括張載在內的北宋五子受到重視。其次，《正蒙》和《西銘》在康熙時曾作為科舉考試的範圍持續數十年。再次，闡明《正蒙》注釋與程朱理學之間的興衰休戚相關。從明末清初理學的發展歷程及其趨勢，說明《正蒙》清代注在康熙末年極其繁盛的原因。道咸同光程朱理學中興時，出現了方潛、李元春等《正蒙》注釋。

第三章《正蒙》清代注概覽。全面介紹十餘種《正蒙》清代注的注者以及注本情況。勾勒出《正蒙》清代注的大致輪廓。在本章，對不納入後面章節作個案研究的現存《正蒙》清代注的詮釋特點、思想特色等將作比較詳細的說明。對已散佚《正蒙》清代注的注者，以及通過相關文獻可得知的注本情況，作簡單介紹。對能夠通過相關文獻資料輯佚部分注的情況，我們視情況作文獻輯佚，為將來的研究者提供研究的資料。

第四章至第七章，我們分四章選取《正蒙》清代注中思想研究價值較高的

李光地、張伯行、華希閔、王植等四人的注本，作個案研究。

第一至第三章為宏觀研究，第四章至第七章為微觀研究。通過以上七章，我們對《正蒙》清代注課題的宏觀和微觀兩方面都作了初步研究。最後，我們對該課題作一個總結性的回顧。

第八章《正蒙》清代注的特點及其意義。從注本數量多、注釋體例多元化且集解性質注解的增多、注釋時間集中分布等方面，說明清代是《正蒙》注的總結期，表現出的極力推尊朱子「以朱解張」的特點。同時，說明《正蒙》清代注對以往存在的《正蒙》注的引用和評價情況，《正蒙》清代注對《正蒙》繼承性，以及清代自身的學術風尚。

本書最大的特色體現在，對諸多《正蒙》清代注作全面綜合研究。之前的研究中有過對《正蒙》清代注本的單獨研究，把清代所有《正蒙》注本作為一個整體進行研究，尚屬首次。本研究成果的問世，將在清代《正蒙》注綜合研究這一領域的研究中具有開創性。

第五節　重要術語界定

在中國古代哲學史上，因為概念界定的不清晰，導致了一些不必要的爭論。鑒於此，提前對本書使用的「宇宙論哲學」、「宇宙本體論」、「宇宙生成論」等三個概念術語，作特別說明，給予清晰的界定。

張岱年《中國哲學大綱》第一部分為「宇宙論」，細分為「本根論」和「大化論」。〔註53〕近年來，學術界討論中國古代宇宙論相關學術問題時，對這一組概念有不少混淆的使用。本書則相應地稱為「宇宙論哲學」（或稱為「天道觀」、「天道論」，不簡稱為「宇宙論」）、「宇宙本體論」（簡稱為「本體論」）、「宇宙生成論」（簡稱為「生成論」，不簡稱為「宇宙論」），並對三個概念作嚴格界定。

本書所謂「宇宙論哲學」，是指關於宇宙的哲學學說。相當於中國古人所謂的「天道論」。因此，本書中有時二者互用，不作區分。「宇宙論哲學」包括兩個方面：宇宙本體論和宇宙生成論。即湯用彤所謂的「本體論」和「宇宙論」，張岱年所謂的「本根論」和「大化論」。

〔註53〕張岱年：《中國哲學大綱》，北京：中國社會科學出版社，1982年，第1~163頁。

　　本書所謂「宇宙本體論」，是指與「宇宙萬物和道德價值及其根源的哲理思考有關」，是「探究其終極本原和超越源頭的理論建構。」〔註54〕本書認為，在宋明理學中，程朱理學所謂的「天理」、「理」，是指宇宙的本體。探討此類問題的學問，本書稱為「宇宙本體論」。在本書行文中，有時會簡稱為「本體論」，但不會簡稱為「宇宙論」。

　　本書所謂「宇宙生成論」，「是關於天地萬物的生命成長條件、構成、根源、動力、變化過程及其秩序的學說。」〔註55〕莊子在《知北遊》中說：「人之生也，氣之聚也，聚則為生，散則為死。……故曰通天下一氣耳。」〔註56〕本書認為，在中國哲學中，凡是探討由氣或其他基本元素生成人以及天地萬物的學問，都稱為「宇宙生成論」。在本書行文中，有時會簡稱為「生成論」，但不會簡稱為「宇宙論」。湯用彤常用的「漢代元氣宇宙論」，就是指「宇宙生成論」；現代有許多研究者使用「宇宙論」一詞，指稱「宇宙生成論」。但是，為了避免語詞混用，本書不使用「宇宙論」一詞。

　　舉例說明如下。在張載宇宙論哲學（或稱為「天道觀」、「天道論」）中，「太虛」到底是不是「氣」？這關乎張載宇宙論哲學的定性問題。在這個問題上，現代學術界恰好有兩種對立的觀點。馮友蘭等人認為，太虛就是氣。作為氣的太虛，生成天地間的人和萬物。牟宗三等人認為，太虛不是氣，而是與氣異質的存在。太虛是人與世間萬物的本體。按照上文界定的概念，馮友蘭等人的觀點，稱為「宇宙生成論」（生成論）；牟宗三等人的觀點，稱為「宇宙本體論」（本體論）。馮友蘭把張載《正蒙·太和篇》的「太虛無形，氣之本體」〔註57〕，解釋為「極其細微的物質，散而不可見，好像是虛無，可以稱之為『太虛』。其實『太虛』並不是虛無，而是『氣之本體』。」〔註58〕張岱年認為，張載此句的「本體是本來恒常的狀況」〔註59〕。在《中國哲學大綱》中，張岱年解釋此句

〔註54〕林樂昌：《張載兩層結構的宇宙論哲學探微》，《中國哲學史》2008年第4期。第79頁。

〔註55〕林樂昌：《張載兩層結構的宇宙論哲學探微》，《中國哲學史》2008年第4期。第79頁。

〔註56〕陳鼓應注譯：《莊子今注今譯》，北京：中華書局，1983年，第559頁。

〔註57〕張載：《張載集》，北京：中華書局，1978年，第8頁。

〔註58〕馮友蘭：《中國哲學史新編》（下卷），北京：人民出版社，1999年，第143～144頁。

〔註59〕張岱年：《中國古典哲學範疇概念要論》之十一「體用、本體、實體」，《張岱年全集》（第四卷），石家莊：河北人民出版社，1996年，第520頁。

為，「氣之本然而恒常之狀態，乃是太虛」〔註60〕。張岱年將此一部分內容安排在「本根論」，也就是他所謂的「本體論」。按照上文的概念界定，在本書中，凡是將張載的「太虛」解釋為「氣」的，筆者認為他們討論的是「宇宙生成論」（生成論）問題，而不是「宇宙本體論」（本體論）問題。即使他們使用了張載本人使用的「本體」一詞，筆者依然將這一類的研究，稱為是對張載宇宙論哲學的「宇宙生成論」（生成論）解讀。

《正蒙》諸多清代注本，對張載「太虛」的理解，也類似以上兩種現代人的理解。在本書中，筆者按照他們對張載「太虛」的兩種解讀，分別稱為「宇宙本體論」的解讀和「宇宙生成論」的解讀。

按筆者的理解，張載本人並不把「太虛」理解為「氣」。那麼，從準確理解張載的宇宙論哲學，恢復張載本意的角度看，筆者認為，從古至今對「太虛」作「宇宙本體論」解讀的一派，他們的解釋無疑更接近張載思想的本意。然而，筆者也不忽視對「太虛」作「宇宙生成論」解讀的一派的觀點。《正蒙》諸多清代注本屬於這一派別，正反映了從宋代到清代思想家對宇宙論哲學興趣的逐漸減弱，宇宙論哲學問題逐漸變成一部分古代中國哲學家論域中不那麼重要的問題。相比之下，修養工夫論等哲學問題，則變得更加重要。

當下中國學術界所使用的「本體論」翻譯自西方哲學 Ontology，「宇宙論」翻譯自西方哲學 Cosmology。這些來自西方哲學的概念，在西方哲學的傳統中有它們固定的界定。把中國哲學「本體論」和西方哲學 Ontology 作對等翻譯，會出現「格義」、「反向格義」等詮釋學問題。限於本書的題旨，筆者對這些問題存而不論。本書只嚴格按照以上對「宇宙論哲學」、「宇宙本體論」、「宇宙生成論」三個概念的界定，對相關問題展開研討。

〔註60〕張岱年：《中國哲學大綱》，北京：中國社會科學出版社，1982 年，第 44 頁。

第二章 《正蒙》清代注的學術背景

　　清代繼承明代，以程朱理學為官方意識形態和主流思想。清代的科舉考試，同樣非常重視程朱理學。張載作為被朱熹納入《近思錄》和《伊洛淵源錄》道統的北宋五子之一，在整個清代都被看作理學宗師而得到尊崇。清代理學在清初和清末有兩個興盛期。清初從康熙年間到乾隆初年，理學發展得到了皇帝的支持。尤其是康熙對理學的推崇，對有清一代理學的發展具有重要作用。理學經過了乾嘉漢學的低谷之後，在清末的道光、咸豐、同治年間，又一次得到了興盛，這一次興盛遠不如康熙年間理學的繁榮。張載之學以及《正蒙》在清代的興衰，正如明代一樣，也與程朱理學的興衰一致。康熙年間理學興盛時，出現了十餘種《正蒙》注本；道光、咸豐、同治理學中興時期，出現四種《正蒙》注本。

第一節　崇文右道：清政府對理學的提倡

一、休戚與共：張載之學的興衰與宋元明程朱理學的興衰之關係

　　作為道學創建主要人物的張載，其思想學術在歷史上的命運，與程朱理學的命運緊密相聯、休戚與共。在朝廷對「伊川之學」禁止的時候，張載及其著作也未能幸免。

　　南宋紹興十四年（1144），朝廷學禁，「張載《正蒙》，劉子翬《聖傳論》均在被禁之列」。〔註1〕在同一年，反對道學的學者何若上奏摺說：

〔註1〕束景南：《朱熹年譜長編》，上海：華東師範大學出版社，2001年，第95頁。

惟是專門曲學，未能遽以盡革，臣請為陛下陳之。蓋始緣趙鼎
唱為伊川之學，高閌之徒從而和之，乃有橫渠《正蒙書》、《聖傳十
論》，大率務為好奇立異，流而入於乖僻之域、虛幻空寂之地，其去
聖人之道益遠矣。〔註2〕

張載《正蒙》也被看作「伊川之學」，被認為是「好奇立異」之作，離儒家聖人之道甚遠。程頤之學被認為是曲學，張載則被認為是附和程頤之學的高閌之徒。當然，《正蒙》的成書比二程著作成書要早。何若認為張載附和伊川之學，實際上並不準確。但是，張載和程頤這些道學家在反對者眼中，都被歸為一類，且以社會影響最大的程伊川來命名他們整個的學問——伊川之學，張載之學與程頤之學的密切聯繫，由此得以證明。

張載之學逐漸被認可，也是因為他被看作程朱理學學者同為理學群體，一同被認可的緣故。嘉定二年（1209年）朱熹被「賜諡文公」。此後周敦頤、二程也先後被賜諡。張載是在「嘉定十三年（1220），賜諡明公。淳祐元年封郿伯，從祀孔子廟庭」〔註3〕。顯然，張載是與整個道學整體一起被認可的。〔註4〕《濂溪先生周元公諡議》說：「（周敦頤）嘉定十三年賜諡元公。紹定末，李心傳乞以敦頤、司馬光、程顥、程頤、邵雍、張載、朱熹七人列於從祀。淳祐元年，詔封汝南伯從祀孔子廟庭。」〔註5〕「李仲貫乞下除學禁之詔，頒朱子《四書》，定周邵程張五先生從祀。」〔註6〕「自從南宋晚期，朱熹的學術地位受到政府的保護而且成為一門官學。」〔註7〕

元代蒙古人統治中原，元仁宗皇慶二年（1313年）下詔恢復科舉制，皇慶三年八月全國舉行鄉試，皇慶四年舉行會試。詔書規定，四書「用朱氏章句

〔註2〕（宋）李心傳：《道命錄》卷四，知不足齋叢書本。

〔註3〕（明）邵經邦：《弘簡錄》卷一百七十七，清康熙刻本。據《宋元學案》卷九十六，嘉定十六年博士議張載諡為「達」。禮部侍郎議諡於「明」、「誠」、「中」三字取一字用之。鶴山（魏了翁）擬用「誠」字，議者以為不可。馮雲濠按語曰：「鶴山入為太常少卿，定諡曰『明』，然最後定諡曰『獻』。」北京：中華書局，1986年，第3210～3212頁。關於道學團體的認定，還可參閱田浩：《朱熹的思維世界》，南京：江蘇人民出版社，2011年，第7～9頁。

〔註4〕參閱黃宗羲撰、全祖望補修：《宋元學案》卷九十六，北京：中華書局，1986年，第3210～3212頁。

〔註5〕（宋）李心傳：《道命錄》卷九，知不足齋叢書本。

〔註6〕（宋）李心傳：《道命錄》卷八，知不足齋叢書本。

〔註7〕黃進興：《李紱與清代陸王學派‧引言》，南京：江蘇教育出版社，2010年，第2頁。

集注」，即以朱子《四書章句集注》為標準。經義考試，士子各選一經，「《詩》以朱氏為主，《尚書》以蔡氏為主，《周易》以程氏、朱氏為主，以上三經，兼用古注疏，《春秋》許用《三傳》及胡氏傳，《禮記》用古注疏。」〔註8〕《詩經》以朱熹《詩集傳》為主，《尚書》以朱熹弟子蔡沈的《尚書集傳》為主，《周易》以程頤的《周易程氏傳》和朱熹的《周易本義》為主，《春秋》用三傳和道學家胡安國的《春秋胡氏傳》。《禮記》因為朱熹沒有為之作注，所以採用古代注疏。可見，作為科舉考試主要內容的四書五經，大都用了朱熹、程頤、朱熹弟子以及朱熹所認可的道學家的著述，作為對四書五經的注釋。又因為科舉考試以第一場四書考試最為重要，四書考試又以朱熹《四書章句集注》為標準，朱子學憑藉科舉考試的緣故，成為元代的主流思想和官方意識形態。「朱學從此登上了國家意識形態的舞臺，因為它已經成為科舉考試的法定教科書了；由此之後，尊信朱學，也就不再意味著終老鄉曲，而可以成為國家的棟樑之臣了。」〔註9〕朱子學成為元朝的國家意識形態後，程朱理學以及道學家張載，都因此得到了元代儒者的重視。元代大儒吳澄（1249～1333）對張載的氣質之性和天地之性的學說有所繼承和發展。〔註10〕許衡對張載的人性論有所繼承。〔註11〕朱子學成為官學之後，張載的地位與命運，連同整個道學群體的地位得到極大的提升。

　　明朝推翻元朝之後，對朱子學的尊崇有增無減，繼續把朱子學作為官方意識形態。科舉考試仍然十分重視朱熹的《四書章句集注》。明初永樂皇帝命人編纂《四書大全》、《五經大全》、《性理大全》。張載《正蒙》被《性理大全》全文收錄。由於官方的重視，以及理學家對《正蒙》的推崇與認可這個更為重要的原因，因此明代為《正蒙》作注釋者極多。

二、清代的學術分期及理學的兩個興盛期

　　一般的哲學史、思想史著作，通常用「清代樸學」或者「乾嘉漢學」來概括清代學術。這種概括實際上並不準確。清代繼承宋明理學，在理學理論上固

〔註8〕（明）宋濂等撰：《元史》卷八十一（第七冊），選舉一，北京：中華書局，1976年，第2019頁。

〔註9〕丁為祥：《學術性格與思想譜系——朱子的哲學視野及其歷史影響的發生學考察》，北京：人民出版社，2012年，第425頁。

〔註10〕黃宗羲：《宋元學案》，北京：中華書局，1986年，第3039～3040頁。

〔註11〕參閱林樂昌：《許衡對張載人性論的承接和詮釋》，《孔子研究》2006年第6期。

然沒有出現超越朱熹理學和王陽明心學的大家,但在理學的繼承、總結、發展方面,在清初也有李光地等一大批理學家。在整個清代,理學的生命力雖然從總體上看是向衰亡的方向發展,不過,作為國家意識形態和科舉功令的程朱理學,自始至終都有一定的地位和影響,有一批學者和大量為了考科舉的士子在研習程朱理學。從思想傳承的角度看,程朱理學在清代的發展,即使乾嘉漢學興盛時期,也從未斷絕。

錢穆的《清儒學案序》把清代學術史分為四個階段:晚明諸遺老、順康雍、乾嘉、道咸同光。〔註12〕程朱理學的兩個興盛分別是,順康雍時期和道咸同光時期。錢穆論述晚明諸遺老時期時說:

> 當明之末葉,王學發展已臻頂點,東林繼起,駸駸有由王返朱之勢。晚明諸老,無南無朔,莫不有聞於東林之傳響而起者。故其為學,或向朱,或向王,或調和折衷於斯二者,要皆先之以兼聽而並觀,博學而明辨,故其運思廣而取精宏,固已勝夫南宋以來之僅知有朱,與晚明以來之僅知有王矣。抑且孤臣孽子,操心危而慮患深,其所躬修之踐履,有異夫宋明平世之踐履。其所想望之治平,亦非宋明平世之治平。故其所講所學,有辨之益精,可以為理學舊公案作最後之論定者;有探之益深,可以自超於理學舊習套而別闢一嶄新之蹊徑者。〔註13〕

錢穆把王夫之、孫奇逢、黃宗羲、張履祥、陸世儀、顧炎武、李顒、顏元、陳確等人歸入此一時期。這些人物中,孫奇逢、黃宗羲、李顒學術宗尚偏於陸王心學,張履祥、陸世儀、王夫之學術宗尚偏於程朱理學。顧炎武、顏元、陳確對陸王和程朱都有微詞,甚至激烈批判。鑒於明朝滅亡的教訓,此期的學者比較注重對學術的反思與總結,因此此一時期也是一個學術上的反思期和總結期。孫奇逢的《理學宗傳》、黃宗羲的《明儒學案》與《宋元學案》都是宋明以來道學學術的總結。位列北宋五子的張載,在《理學宗傳》、《宋元學案》中都佔有重要地位。王夫之為張載《正蒙》作注,反映出張載在此期人物心目中的重要地位。錢穆在《中國近三百年學術史·自序》中說:「明清之際,諸家

〔註12〕錢穆:《清儒學案序》,載《中國學術思想史論叢(八)》,合肥:安徽教育出版社,2004年,第357～378頁。

〔註13〕錢穆:《清儒學案序》,載《中國學術思想史論叢(八)》,合肥:安徽教育出版社,2004年,第357～358頁。

治學，尚多東林遺緒。梨洲嗣軌陽明，船山接跡橫渠，亭林於心性不喜深談，習齋則兼斥宋明，然皆有聞於宋明之緒論者也。」〔註14〕這表明此一時期的思想家，即使是反理學者，對宋明理學也有深入的研究。

明諸遺老時期之後，是清初順康雍三朝的理學繁盛時期。錢穆把李光地、陸隴其、張伯行、楊名時等人歸入此一時期。錢穆認為，順治、康熙、雍正三朝，清政府以程朱理學為正學，企圖籠絡中土士大夫之心。而漢族的士大夫也迎合朝廷，讚揚滿族的統治者實現了政統與道統合一。錢穆說：

> 遺民不世襲，中國士大夫既不能長守晚明諸遺老之志節，而建州諸酋乃亦唱導正學以牢籠當世之人心。於是理學道統，遂與朝廷之刀鋸鼎鑊更施迭使，以為壓束社會之利器。於斯時而自負為正學道統者，在野如陸隴其，居鄉里為一善人，當官職為一循吏，如是而止。在朝如李光地，則論學不免為鄉愿，論人不免為回邪。此亦一述朱，彼亦一述朱。往者楊園、語水諸人謹守程朱矩矱者，寧有此乎？〔註15〕

順康雍三朝的理學繁盛，尤其在康熙時期。康熙本人也可以算是一個理學家。理學的興盛與他對理學的提倡有極大的關係。李光地、張伯行等理學家在康熙時都擔任高官。謹守程朱，攻擊王學甚烈的陸隴其，也因為李光地等人的推薦而升任御史。李光地門下尊崇程朱理學的弟子也大都身居要職。康熙又下令編纂了《性理精義》、《朱子全書》等程朱理學的著作。康熙朝理學的興盛，為理學在整個清代始終占有一定的地位發揮了重要影響。清末理學中興時期，官方和民間理學學者對康熙時期理學的興盛，還津津樂道。〔註16〕康熙時程朱理學的興盛，使得科舉考試中理學的內容也有所增加。張載的《正蒙》、《西銘》納入科舉考試範圍，在一定程度上也促進了《正蒙》注的大量出現。當然，科舉制之於《正蒙》的影響到底有多大，尚需更為細緻的考察。

乾嘉漢學興盛時期，考據學、經學成為學術主流。此時，程朱理學雖然成為支流，但並未完全斷絕。錢穆說：

> 理學道統之說，既不足饜真儒而服豪傑，於是聰明才智旁逸橫

〔註14〕錢穆：《中國近三百年學術史·自序》，北京：商務印書館，1997 年，第 1 頁。

〔註15〕錢穆：《清儒學案序》，載《中國學術思想史論叢（八）》，合肥：安徽教育出版社，2004 年，第 358 頁。

〔註16〕參閱史革新：《晚清理學研究》，北京：商務印書館，2007 年，第 25 頁、第 6頁。

軼，群湊於經籍考訂之途。而宋明以來相傳八百年理學道統，其精
光浩氣，仍自不可掩，一時學人終亦不忍捨置而不道。故當乾嘉考
據極盛之際，而理學舊公案之討究亦復起。徽、歙之間，以朱子故
里，又承明末東林傳緒，學者守先待後，尚宋尊朱之風，數世不輟。
通經而篤古，博學而知服，其素所蘊蓄則然也。〔註17〕

安徽桐城學派，自從清初方苞以來，雖都以文學著稱，但他們在主張文以載道
思想的同時，在思想義理方面都尊崇程朱理學。乾嘉漢學興盛時期，程朱理學
在此一區域仍然有很大影響。正是全國多地像桐城學派這樣的理學群體對理
學的傳承，使得理學此後能夠代替乾嘉漢學而中興。到道光、咸豐理學中興時，
桐城學派的吳廷棟、方宗誠、方潛，在全國性的理學中興運動中，也是一股重
要力量。

還有一點需要說明，乾隆早年對理學也有一定興趣，直到乾隆二十一年以
後，他才對理學思想表現出質疑和厭惡，思想上傾向於支持漢學。〔註18〕因
此，在乾隆早期，理學也有一定的發展。

經歷了乾嘉漢學的興盛期之後，道光、咸豐、同治、光緒時期，理學又逐
漸復興。錢穆說：

此際也，建州治權已腐敗不可收拾，而西力東漸，海氛日惡。
學者怵於內憂外患，經籍考據不足安定其心神，而經世致用之志復
切，乃相率競及於理學家言，幾幾乎若將為有清一代理學之復興。
而考其所得，則較之明遺與乾嘉皆見遜色。〔註19〕

在咸豐、同治年間，倭仁、唐鑒、吳廷棟、何桂珍等宗主理學的士大夫集團，
和曾國藩、羅澤南、胡林翼、左宗棠等有理學背景湘軍將帥集團，兩者互通聲
氣，使得理學繼清初順康雍時期再度中興。〔註20〕不過，此一時期的學術取
向，是因為士大夫要求圖強而來的。所以，講求經世致用的成分更多，理學中
興畢竟無法跟順康雍時期的理學興盛相比。此期，湘軍集團的羅澤南針對張載

〔註17〕 錢穆：《清儒學案序》，載《中國學術思想史論叢（八）》，合肥：安徽教育出版
社，2004年，第358頁。
〔註18〕 參閱李帆：《清代理學史》（中），廣州：廣東教育出版社，2007年，第11～17
頁。
〔註19〕 錢穆：《清儒學案序》，載《中國學術思想史論叢（八）》，合肥：安徽教育出版
社，2004年，第359頁。
〔註20〕 參閱張昭軍：《清代理學史》（下），廣州：廣東教育出版社，2007年，第112
頁。

的《西銘》，著有《西銘講義》。為張載《正蒙》作注的，有桐城學派方潛的《正蒙分目解按》。關中地區，有劉繩武《正蒙管見》、朱久括《正蒙句解》，李元春《張子釋要》中之《正蒙釋要》。

第二節　升朱子為十哲之次：康熙帝對朱子學的尊崇

　　滿洲人作為偏居東北一隅的少數民族，定鼎中原，雖然是用武力佔領，但最終是用崇儒重道的文治策略讓社會安定下來。梁啟超說：「滿洲人雖僅用四十日工夫便奠定北京，卻須用四十年工夫才得有全中國。」〔註21〕他還把滿洲政府統治中國分為三個時期，「第一期，是順治元年至十年，約十年間，利用政策。第二期，是順治十一、二年至康熙十年，約十七八年間，高壓政策。第三期，康熙十一、二年以後，懷柔政策。」〔註22〕第一期是多爾袞攝政時代，第二期是順治親政時代。順治作為滿清入關後的第一位皇帝，雖然對漢族知識分子實行「文化高壓政策」，但同時也奉行「崇儒重道」的策略。他「尊崇孔子，提倡儒學」，順治九年九月親自到國子監孔廟祭拜孔子，後來頒布了《御注孝經》。〔註23〕不過，這只能算是一個開端。滿清政府「崇儒重道」的真正落實，要到康熙皇帝親政之後。這正是梁啟超所說的康熙康熙十一、二年以後的懷柔政策時期。儒學，尤其是理學，在有清一代得到尊崇，最大的功勞應該歸於康熙皇帝。徐世昌在《清儒學案序》中說：「至有清，聖祖仁皇帝以乾德之中，躬儒素之業，少而好學，至老不休。御經筵者四十年，成圖書者萬數千卷，觀摩朱子之言，擷其綱領，推其說以治天下，而天下治矣。」〔註24〕康熙自幼學習儒學，親政後又大力推動儒學的發展，使得儒學在有清一代受到尊崇，在康熙一朝更是如日中天。

　　康熙推崇的儒學主要是程朱理學，尤其是朱子學。這與他早年受到的教育密切相關。康熙親政後，重用講求理學的官員，推動刊刻理學書籍，這都促進了理學的發展。

〔註21〕梁啟超：《中國近三百年學術史》，北京：東方出版社，1996年，第15頁。

〔註22〕梁啟超：《中國近三百年學術史》，北京：東方出版社，1996年，第16頁。

〔註23〕史革新：《清代理學史》（上），廣州：廣東教育出版社，2007年，第32～39頁。

〔註24〕徐世昌撰：《清儒學案》，《序》，陳祖武點校，石家莊：河北人民出版社，2008年，第1頁。

　　康熙在早年的教育中，就開始研習儒學。康熙說：「朕自五齡即知讀書，八齡踐祚，輒以《學》、《庸》訓詁詢之左右，求得大意而後愉快。日所讀者必使字字成誦，從來不肯自欺。」〔註25〕康熙八歲即位，朝政一直被鼇拜把持。到康熙八年（1669）翦除鼇拜時，康熙十六歲，正是思想的逐漸形成期。順治朝僅僅舉行了一次的經筵日講制度，康熙真正地堅持了下來。通過經筵日講，他先後系統地學習了儒家的四書、五經以及《通鑑綱目》等史書。〔註26〕從康熙十年二月十七日（1671年3月27日）開始，至康熙十六年（1677）以前，日講內容主要是《論語》、《大學》、《中庸》、《孟子》，以及朱熹的《通鑑綱目》。康熙十七年（1678）以後，主要講《尚書》、《易經》、《詩經》，康熙對前兩者用力甚勤。〔註27〕到講完四書的康熙十六年，康熙二十四歲，可以說，他早年思想的形成主要就是受四書及日講官的影響。此期日講官主要是熊賜履、傅達禮等，其中對康熙影響最大的是理學家熊賜履。

　　熊賜履（1635～1709），字敬修，號青嶽，諡文端，湖北孝感人。著有《學統》五十六卷、《閑道錄》三卷、《下學堂劄記》三卷、《經義齋集》十八卷等。唐鑑概括熊賜履的為學宗旨為「尊朱子，辟陽明」。熊賜履曾謂「洙泗之統，惟朱子得其正；濂洛之學，惟朱子匯其全。」又謂：「自開闢以來，未有孔子；自秦漢以來，未有朱子；朱子乃三代以後絕無僅有之人」。〔註28〕熊賜履為學宗法朱子，反對王陽明「無善無惡」說與良知之說。在康熙正處於思想形成期的康熙十年至十六年，崇尚朱子的熊賜履作為主要的日講官，對康熙之後形成崇尚朱子的思想，影響巨大。《清儒學案》認為：「康熙一朝，宰輔中以理學名者，前有柏鄉，後有安溪。孝感則由詞臣致位樞衡，侍講筵獨久。本朱子正心誠意之說，竭誠啟沃，默契宸衷。聖祖之崇宋學，自孝感發之也。」〔註29〕柏

〔註25〕中國第一歷史檔案館整理：《康熙起居注》（第二冊），北京：中華書局，1984年，第1249～1250頁。

〔註26〕日講內容可見《聖祖仁皇帝實錄》及《康熙起居注》，其講解內容最後都刊印頒發全國。分別是《欽定日講四書解義》等，均被收入四庫全書。參閱劉家駒著：《儒家思想與康熙大帝》，臺北：學生書局，2002年。劉家駒通過《康熙起居注》詳細整理了康熙早年日講和經筵時每日的學習內容和日講官，以及聽講後活動。

〔註27〕史革新：《清代理學史》（上），廣州：廣東教育出版社，2007年，第51～52頁。

〔註28〕唐鑑：《國朝學案小識》卷六//唐鑑著：《唐鑑集》，李健美點校，長沙：嶽麓書社，2010年，第458頁。

〔註29〕徐世昌撰：《清儒學案》，陳祖武點校，石家莊：河北人民出版社，2008年，

鄉指魏裔介（1616～1686），安溪指李光地。正如《清儒學案》所指出的，熊賜履用朱子學啟發教育康熙。康熙崇尚宋學，尤其是朱子學，主要是因為熊賜履啟發的緣故。此後，因為康熙對理學的喜好，很大程度上促進了理學在此時期的繁榮。

一、康熙對朱子學的推崇

康熙因為受熊賜履等理學名臣的啟發，崇儒重道，重視理學，把濂洛關閩的性理之學看作正學。在濂洛關閩之中，康熙最推崇朱子。他說：「惟宋儒朱子注釋群經，闡發道理，凡所著作及編纂之書，皆明白準確，歸於大中至正，今經五百餘年，學者無敢訾議。朕以為孔、孟之後，有裨斯文者，朱子之功最為弘巨。」〔註30〕

康熙四十五年他命朝臣編纂《朱子全書》，康熙五十一年（1712）書成即頒行全國。同年，下詔升「先賢朱子於十哲之次」，把朱子從孔廟東廡「先賢」之列升配大成殿「十哲」之列。據李光地《年譜》康熙四十五年記載：「五月承修《朱子全書》。始都御史吳公涵承修是書，甫數月而吳公卒。值公入輔，因以命公。先是吳公已臚為門目，奏可矣，頗雜複，公請刪並數門，以省支離，又稍移易其前後，以清次第。雖規模體制有所循棄，不為盡出公意，然微言大義，醇乎其醇。每逐門纂畢，陸續奏進。上披閱不倦。其後群經以次修纂，皆自是書啟之。」〔註31〕到康熙五十一年（1712）七月，李光地完成了《朱子全書》的編纂，裝潢呈進給康熙。不久之後，康熙對李光地下旨：「朕閱《朱子全書》，粹然孔子之傳，宜躋位四配之次。」李光地奏曰：「朱子造詣，誠與四配伯仲，但時世相後千有餘載，一旦位先十哲，恐朱子心有未安。」〔註32〕於是，定朱子列祀於十哲之後，即「增補朱熹為第十一哲」〔註33〕。

在崇儒重道，尤其推尊朱子理學的氛圍中，張載之學相應地也受到尊崇。康熙二十五年（1686），康熙賜「學達性天」匾額給北宋五子及朱熹的祠堂，張載祠也在其列。據《皇清文獻通考》卷七十三載：「（康熙）二十五年……頒

第 1282 頁。

〔註30〕《聖祖仁皇帝實錄》卷二百四十九，《清實錄》第 6 冊，北京：中華書局，1985年，第 466 頁。

〔註31〕李清植：《李文貞公年譜》，「清康熙四十五年丙戌年，公六十五歲」條。

〔註32〕李清植：《李文貞公年譜》，「清康熙五十一年壬辰年，公七十一歲」條。

〔註33〕彭林：《中國古代禮儀文明》，北京：中華書局，2004 年，第 263 頁。

發御書『學達性天』四字匾額於宋儒周敦頤、張載、程顥、程頤、邵雍、朱熹
祠堂及白鹿洞書院、嶽麓書院，並頒日講解義經史諸書。」〔註34〕

受康熙尊崇理學的影響，雍正繼續「崇儒重道」、尊崇理學的政策。〔註35〕
雍正二年（1724年）祀張子之父張迪入崇聖祠。〔註36〕張伯行《正誼堂續集》
中，有他向朝廷建議讓張迪入祀的奏疏。張迪的入祀，應該是雍正採納了他所
尊重的「禮樂名臣」張伯行的建議。

二、康熙對陸王心學的批判

清初推尊程朱的理學家，大都嚴厲批判陸王心學，熊賜履、陸隴其、張伯
行等皆如此。康熙因為尊崇朱子學，所以批判陸王心學，對於宗心學的官員，
他有所排斥。康熙對待崔蔚林、以及他對待徘徊於程朱陸王之間的李光地的態
度，就能說明這點。

康熙十八年（1679）十月十六日，侍讀學士崔蔚林奉命向康熙奏進《大學
格物誠意辨》等作品。康熙閱覽完畢之後，兩人有一段對話。

> （康熙）問：「爾大意如何？」蔚林奏：「臣以格物之物，乃物
> 有本末之物，兼人己而言。身為本，家國天下為末。格物是格物之
> 本，乃窮吾心之理也。朱子解作天下之事物，未免太泛，於聖學不
> 切。」上曰：「朱子解意，字亦不差。」蔚林奏：「與臣所講不同。朱
> 子以意為心之所發，有善有惡。臣以意為心之大神明，大主宰，至
> 善無惡，即天所命之明德，至善也。格物是要反求諸身，識得此意。
> 《大學》以絜矩為平天下之要，矩乃人心同然之理，不格物如何能
> 認出此理？推而行之，以平天下。」上曰：「爾以朱子所講非耶？」
> 蔚林奏：「臣不敢以為非，但臣體認既久，一得之愚，微與朱子不合。
> 《大學》古本章末有：「此謂知本，此謂知之至也」二語，已釋明格
> 物致知之義，不須另補格物一傳。知本者，知誠意正心以修其身，
> 為齊家治國平天下之本也。」上曰：「王守仁之說何如？」蔚林奏：
> 「王守仁致良知三字亦不差。良知即明德，致，是推致，就篤行上
> 說，是王守仁用過學問思辨之功，認得良知真切，方能推致。若以

〔註34〕《皇朝（清）文獻通考》卷七十三，文淵閣四庫全書本。
〔註35〕史革新：《清代理學史》（上），廣州：廣東教育出版社，2007，第66頁。
〔註36〕趙爾巽：《清史稿》卷八十四，北京：中華書局，1976年，第2534～2535頁。

此解大學致知二字，卻解不去。《大學》致知，乃明善之義，是方去求認此良知。若以致知為致良知，則少明善一段工夫矣。」上曰：「據爾言，兩人之說俱非耶？」蔚林奏：「原與臣意不合。」上曰：「朱子所解四書如何？」蔚林奏：「所解四書大概皆是，不合者惟有數段。」上領之，曰：「性理深微，俟再細看。」〔註37〕

崔蔚林本人和常書兩位當日的起居注官，記錄了上述文字。崔蔚林顯然是學尊陽明的心學家。他認可《大學》古本，認為「不須另補格物一傳」，顯然對朱熹《大學章句》中的格物補傳不滿意。然而，年方二十五六歲的康熙皇帝，因為受程朱理學家熊賜履等人的影響，為學以朱子為尊。在問答中，他為朱熹辯護，認為朱熹對「格物」的解釋「字亦不差」。同時，他以天子的權威，追問崔蔚林「爾以朱子所講非耶？」「據爾言，兩人之說俱非耶？」「朱子所解四書如何？」崔蔚林堅持不認可朱熹對《大學》「格物」的解釋，因此，他對包括《大學章句》在內的朱熹《四書章句集注》的最終看法是，「不合者惟有數段」。康熙以「性理深微，俟再細看」結束談話，顯然他不滿意崔蔚林尊陽明批朱熹的做法。

這場討論發生十天之後的十月二十六日，康熙向理學家魏象樞徵詢對崔蔚林所奏進講義的看法。

上問：「前崔蔚林所進講義，爾曾見否？」象樞奏：「曾見副本。」上問：「所講如何？」象樞奏：「蔚林所講誠意，從源頭處說，謂意是神明，至善無惡，即明德也。自言費十年工夫，方體認及此，故以進呈。其言當否，皇上自有睿鑒。」上曰：「天命謂性，性即是理。人性本善，但意是心之所發，有善有惡，若不用存誠工夫，豈能一蹴而至？行遠自邇，登高自卑，學問原無躐等，蔚林所言太易。」象樞奏：「如物者人也一語，臣不能無疑。臣曾面詢之，蔚林謂兼人己而言，臣終不能解。」上曰：「朕觀天地間道理甚大，聖賢言語包蘊無窮，若止就數語翻駁，徒滋紛擾，反於學問無益。」象樞奏：「皇上聖學深邃，所見遠大。」上又問：「王守仁學問何如？」象樞奏：「守仁專言致良知，不及良能，是言知不言行。雖其意謂致即是行，然又非《大學》致知之意。」上曰：「蔚林所見與守仁

〔註37〕中國第一歷史檔案館整理：《康熙起居注》（第一冊），北京：中華書局，1984年，第446頁。

亦相近。」〔註38〕

康熙在反對王陽明的程朱理學家魏象樞面前，明確地表達了對崔蔚林的不滿。魏象樞也揣摩聖意，戰戰兢兢地一味附和，同時批評王陽明和崔蔚林。理學和心學在學術上歷來有爭論，如果限制在學術的範圍內，這無可厚非。當康熙皇帝以程朱理學家的身份介入學術問題的論爭時，歷史的天平明顯地傾斜了。明亡以後，學者對心學多有批判，學界已有從陸王心學返回程朱理學的思潮。此時朝廷推崇程朱理學，朝野互動，讓程朱理學影響更為深遠。

康熙和魏象樞談話之後的第二天，據《起居注》記載：「上曰：『著將魏象樞所薦高珩補用。』又吏部覆左都御史魏象樞遵旨舉廉事。上曰：『可俱照部議補用。原任知縣張沐、陸隴其係保舉廉能之員。如直隸之青縣、寶坻，江南之無錫等縣，最稱繁劇難治，必用之此等地方，庶其才可以表見。』」〔註39〕學術的取向，直接與能否得到重用聯繫在一起。魏象樞程朱理學的學術取向，既然與康熙相同，他所推薦的人選就得到了康熙的認可。為學尊陽明的心學家崔蔚林，康熙在這場爭論發生五年之後，表達了對他的厭惡。康熙二十三年二月初三，當時崔蔚林已經辭官，康熙說：「崔蔚林乃直隸極惡之人，在地方好生事端，干預詞訟。……詆先賢所釋經傳為差訛，自撰講章甚屬謬戾。」〔註40〕如果崔蔚林真的干預了地方官員的公正審判，固然應該受到批評。但是，崔蔚林成為康熙眼裏的「直隸極惡之人」，在很大程度上也與「自撰講章」、「詆先賢所釋經傳為差訛」有關係。官員的學術觀點與學術取向，因為皇帝本人的學術取向和學術好惡，成為皇帝判斷官員人品與道德的標準。實際上，這是康熙皇帝推崇程朱理學學者，打擊陽明心學的具體行動。

《注解正蒙》的作者李光地，早年學術宗尚陸王心學。他說：「予十八歲看完《四書》，十九歲看完本經，廿歲讀完《性理》，廿一至廿五歲，看陸子靜、王陽明集及諸雜書。」〔註41〕中進士入翰林院後，逐漸轉向程朱理學，但其學說中仍有陸王之學的影子。康熙曾說：「許三禮、湯斌、李光地俱言王守仁道

〔註38〕中國第一歷史檔案館整理：《康熙起居注》（第一冊），北京：中華書局，1984年，第 452～453 頁。

〔註39〕中國第一歷史檔案館整理：《康熙起居注》（第一冊），北京：中華書局，1984年，第 454 頁。

〔註40〕中國第一歷史檔案館整理：《康熙起居注》（第二冊），北京：中華書局，1984年，第 1134 頁。

〔註41〕李光地著，陳祖武點校：《榕村語錄·榕村續語錄》，北京：中華書局，1995年，第 773 頁。

學，熊賜履惟宗朱熹，伊等學問不同。」〔註42〕據陳祖武考證，李光地從二十
九歲到四十八歲，學術宗尚一直游移於程朱、陸王之間。從他五十一歲開始，
才堅定地站在程朱理學的立場上。〔註43〕在李光地五十九歲時，他完成的《注
解正蒙》，就是站在程朱理學的立場上的著述。李光地在上進《朱子全書》時
盛讚康熙皇帝，說他實現了道統與治統的合一。當知識分子把道統的權力交給
統治者的時候，擁有治統的康熙皇帝也就真的以為自己的學術宗尚是唯一真
理了。不再擁有道統的李光地等知識分子，將不再擁有以道抗勢的學術自尊。
道統和治統合一的康熙皇帝，於是就擁有了批評李光地等人為「偽道學」的權
力了。

三、《張子全書》與程朱理學著作的大量刊刻

在傳統社會，帝王的學術好惡對學術風氣轉移的作用是巨大的。康熙受到
理學家熊賜履等的啟發，尊崇朱子學，排斥陸王心學。他還通過刊印《朱子全
書》，提升朱子在孔廟中的位置等具體措施，推尊朱子，弘揚朱子學。這在客
觀上為朱子學的興盛，提供了外部條件。在當時尊崇程朱理學的氛圍中，張載
之學因為與程朱理學的密切關聯性，因此也得到了發展。

理學典籍是理學思想的載體。昭槤（1776～1833）在《理學盛衰》中論及
乾隆朝理學的衰落時說：「自乾隆中……所超擢者，皆急功近利之士。故習理
學者日少，至書賈不售理學諸書。」〔註44〕關於書商不售賣理學之書的說法，
肯定有誇張的成分在內。但是，乾隆朝漢學漸興，理學漸衰，則是不爭的事實。
反過來看，理學書籍在清初和清末的大量刊刻，從側面反映了理學在清初的興
盛和清末的中興。康熙時期，孫奇逢的《理學宗傳》、黃宗羲的《明儒學案》、
張夏的《洛閩淵源錄》、熊賜履的《學統》、竇克勤的《理學正宗》、張伯行的
《道統錄》、《道統原委》、《伊洛淵源續錄》等理學學術思想史著作大量問世。
〔註45〕除黃宗羲、孫奇逢等極少數學者宗主心學外，絕大部分都學宗程朱，排
斥陸王心學。在這些帶有反思和總結性的理學學術史著作中，張載的地位因為

〔註42〕中國第一歷史檔案館整理：《康熙起居注》（第三冊），北京：中華書局，1984
　　　　年，第 1902 頁。
〔註43〕陳祖武：《點校說明》，李光地著：《榕村語錄·榕村續語錄》，陳祖武點校，北
　　　　京：中華書局，1995 年，第 10 頁。
〔註44〕昭槤：《嘯亭續錄》卷四，《嘯亭雜錄》，北京：中華書局，1980 年，第 503 頁。
〔註45〕史革新：《清代理學史》（上），廣州：廣東教育出版社，2007，第 111～112 頁。

朱子在《伊洛淵源錄》和《近思錄》中早有論定，所以，張載之學也因此得到
尊崇。

　　張載的著作在清初理學興盛和清末理學中興時，和周敦頤、二程、朱子等
理學家的著作一樣，大量刊刻。《張子全書》最早的明代刊本是「明萬曆三十
四年（1606）徐必達所輯的《合刻周張兩先生全書》」，稍晚但流傳較廣的明刻
本是沈自彰「明萬曆四十六年鳳翔府《張子全書》官刻本」。〔註46〕根據現存
的《張子全書》序跋，我們可知其刊本有：順治癸巳（1653）喻三畏刻本、康
熙壬寅（1662）李月桂刻本、康熙四十七年（1708）張伯行刻本〔註47〕、康熙
五十八年（1719）朱軾刻本、嘉慶丙寅（1806）葉世倬刻本、道光壬寅（1842）
武澄刻本、同治九年（1870）李慎刻本。〔註48〕《張子全書》大量刊刻，主要
出現在清初康熙朝和清末理學中興時。這兩個時期，正是清代理學的繁榮期和
中興期。《正蒙》清代注也大都出現在這兩個時期。

四、《正蒙》注釋與清代科舉功令

　　科舉考試的內容是學術宗尚的風向標。列入科舉考試內容的學術文獻，
自然會受到應考士子的重視，為這些文獻作注釋的無疑也會增多。唐代科舉
考試增加《老子》科目後，《老子》的注疏就增多。《四書》自元代作為科舉
功令後，明清兩朝對《四書》（以《四書》為整體的，或單獨針對《論語》、
《孟子》、《大學》、《中庸》的，或針對其中兩種或三種的）的注解多到不可
勝數的地步。〔註49〕通過對比漢代到宋元和明清兩朝對《四書》注解的總量，
大致可以說明這個問題。這足以說明科舉對學術風向的影響。《正蒙》在明清
兩朝出現大量的注釋，亦只是此一學術現象的表現。不過，我們不能因此輕
視了《正蒙》在理學家眼中的重要地位。《正蒙》清代注的大量出現，科舉只

〔註46〕林樂昌：《正蒙合校集釋・例言》，北京：中華書局，2012 年，第 2 頁。

〔註47〕張伯行在福建鼇峰書院所刻《張橫渠集》，內容編排與通行本《張子全書》無
　　　　異同，只是對《正蒙》作了注釋。請參閱本書第五章第一節。

〔註48〕以上序跋見張載：《張載集》，北京：中華書局，1978 年，第 392～400 頁。關
　　　　於《張子全書》的版本源流，可參考胡元玲：《張載易學與道學》附錄一《張
　　　　載著作及版本考》，臺北：學生書局，2004 年，第 233～244 頁。

〔註49〕參閱《十三經辭典・論語卷・孝經卷》（劉天澤，胡大濬，馬天祥等主編，西
　　　　安：陝西人民出版社，2002）、《十三經辭典・孟子卷》（劉學林，周淑萍主編，
　　　　西安：陝西人民出版社，2002 年）兩書的附錄，歷代《論語》、《孟子》、《大
　　　　學》、《中庸》研究參考書目。

是一個外緣性因素。《正蒙》在理學史上的重要地位，以及清初理學家對《正蒙》的重視，才是《正蒙》清代注繁多的核心因素。

明朝初期永樂年間，官方頒布《五經大全》、《四書大全》、《性理大全》三部大全，並以之為科舉功令。《性理大全》卷四收錄《西銘》、《東銘》，卷五全文收錄《正蒙》。明代的《正蒙》注多達 26 種，現存 9 種中的 3 種就是附在《性理大全》之後為之作注解的。這三種分別是：《正蒙集釋》、吳訥《正蒙補注》、余本《正蒙集解》。〔註50〕清初王植所撰《正蒙初義》就對《性理大全》所收三注有引用。《正蒙初義》之《臆說》第十四條說：「考《正蒙》注，《大全》所收《集釋》、《補注》、《集解》外，嘗得數家焉。」〔註51〕明代《正蒙》的注解，除過《性理大全》三注外，尚有韓邦奇等數家與科舉關係不密切的《正蒙》注解。清代的《正蒙》注解則與科舉考試的關係極大。

清代童生入學考試、鄉試、會試，都曾把《正蒙》、《西銘》列為考試範圍。科舉考試對《正蒙》注釋數量增多的影響，在康熙朝末期最為明顯。

《正蒙》列入儒童儒學考試的範圍，史料未明確說明起止時間。據《清史稿》記載：「儒童入學考試，初用《四書》文、《孝經》論各一，《孝經》題少，又以《性理》、《太極圖說》、《通書》、《西銘》、《正蒙》命題。」〔註52〕張載的《正蒙》、《西銘》和周敦頤的《太極圖說》、《通書》四種性理類書籍，都被納入童生入學考試的範圍。所以，因為科舉的需要，針對此四種著作所作注釋短時期內突然增多。此時期為《正蒙》作注的冉覲祖、華希閔、王植等，也都為《西銘》、《太極圖說》、《通書》等其他三種作過注釋。

《正蒙》在康熙年間作為鄉試、會試考試的範圍，時間起止有明確的記載。

> 「鄉、會試首場試八股文，康熙二年，廢制義，以三場策五道移第一場，二場增論一篇，表、判如故。……名為三場並試，實則首場為重。首場又《四書》藝為重。二十六年廢詔、誥，既而令《五

〔註50〕關於明代 26 種《正蒙》注解的情況，參閱邱忠堂的博士論文《正蒙明代三家注研究》第二章。

〔註51〕王植：《正蒙初義》之《臆說》，文淵閣四庫全書本。

〔註52〕趙爾巽：《清史稿》卷一百六，志八十一，北京：中華書局，1976 年，第 3115 頁。按：中華書局本對該段中「又以《性理》、《太極圖說》、《通書》、《西銘》、《正蒙》命題。」一句的標點，筆者認為「性理」二字並非特指《性理大全》一書，而是泛指《太極圖說》四者為性理類書籍，故不應該加書名號。應該標點為「又以性理《太極圖說》、《通書》、《西銘》、《正蒙》命題」。

經》卷兼作。論題舊出《孝經》，康熙二十九年（1690），兼用《性
理》、《太極圖說》、《通書》、《西銘》、《正蒙》。五十七年（1718），
論題專用《性理》。世宗初元，詔《孝經》與《五經》並重，為化民
成俗之本。宋儒書雖足羽翼經傳，未若聖言之廣大，論題仍用《孝
經》。」〔註53〕

清代科舉鄉試、會試延續明代舊制，共考三場。「首場《四書》三題，《五經》
各四題，士子各占一經。……二場論一道，判五道，詔、誥、表內科一道。三
場經史時務策五道。鄉、會試同。」〔註54〕第二場考試「論、判、詔、誥、表」
等科目。「論」本來只從《孝經》中命題，因為《孝經》篇幅小，試題經常雷
同。又因為康熙逐漸開始宗崇理學，故而從康熙二十九年（1690）開始，用《正
蒙》等性理類書籍與《孝經》一同命題，康熙五十七年（1718）取消《孝經》，
專用《正蒙》等命題。清世宗雍正帝元年（1723）下詔，第二場「論」題仍用
《孝經》命題。《清實錄》記載：雍正元年五月己亥，雍正「論大學士等：……
鄉、會試二場向以《孝經》為論題，後改用《太極圖說》、《通書》、《西銘》、
《正蒙》。夫宋儒之書雖足羽翼經傳，豈若聖言之廣大悉備？今自雍正元年會
試為始，二場論題宜仍用《孝經》。」〔註55〕從康熙二十九年（1690）開始，
持續了三十三年用《太極圖說》、《通書》、《西銘》、《正蒙》等作為科舉考試命
題的時代結束了。雖然這種結束只是暫時性的，之後又數次復用《正蒙》等性
理類書籍命題，尤其是同治、道光年間亦有不小的影響。但無論理學的繁興程
度，還是《正蒙》等性理類書籍的影響，都無法與康熙年間的盛況相比了。

　　《正蒙注解》的作者李光地，在推動《正蒙》等性理書列入科舉考試命題
範圍中，起著重要作用。不過，在時間上各文獻記載似乎有些差異。據上文所
引《清史稿》記載，「康熙二十九年（1690）」，《正蒙》等性理類書籍開始和《孝
經》一同作為科舉命題。而據《清實錄》和李光地的奏疏，李光地在康熙三十
九年（1700）曾上疏建議以性理類書籍為生員和科場命題。

　　康熙三十九年（1700）十月甲子，由李光地、張鵬翮、郭琇、彭鵬等四人

〔註53〕趙爾巽：《清史稿》卷一百六，志八十三，北京：中華書局，1976年，第3149
　　　　～3150頁。
〔註54〕趙爾巽：《清史稿》卷一百六，志八十三，北京：中華書局，1976年，第3148
　　　　頁。
〔註55〕王煒編校：《清實錄科舉史料彙編》，武漢：武漢大學出版社，2009年，第146
　　　　頁。

各遵旨先後詳議科場事宜。十一月丙午，九卿等議覆他們四人的奏疏。「論題，將性理中《太極圖說》、《通書》、《西銘》、《正蒙》等書一併命題。」〔註56〕李光地、張鵬翮、郭琇、彭鵬四人中，把《正蒙》等書列為科舉考題範圍的提議，正出自李光地。

李光地在康熙三十九年（1700）八月初二日的《條議學校科場疏》中，提出四條建議，分別是：學臣宜經考試、教職宜稍清汰、士習宜正、經學宜崇。在「經學宜崇」一條，他說：

> 一、經學宜崇也。皇上表章經術，以正學養天下士。而邇來學臣率多苟且從事，以致士子荒經蔑古。自四書本經不能記憶成誦，其能者不過讀時文百篇，剿習雷同，僥倖終身，殊非國家作養成就之意。前歲皇上旨下學臣，使童子入學兼用《小學》論一篇，其時幼稚見聞一新，胸中頓明古義。此則以正學誘人之明驗也。然書不熟記，終非己得。宜令學臣於考校之日，有能將經書、《小學》講誦精熟者，文理粗成便與錄取；如更能成誦三經以至五經者，仍與補廩，以示鼓勵。庶幾人崇經學，稍助聖世文明之化。又童生既令通習《小學》以端幼志，生員及科場論題，似當兼命《性理》、《綱目》以勵弘通。今《孝經》題目至少，以致每年科場論題重複雷同，似宜通變。〔註57〕

從這裡可以看出，在此之前的童生入學考試，已經加考朱熹的《小學》這樣的理學內容。李光地建議在鄉試、會試中也增加更多理學的內容，把《性理》和《資治通鑑綱目》納入考試範圍，以避免《孝經》篇幅小而導致的論題重複的問題。據以上《清實錄》的記載我們已經知道，朱熹的《資治通鑑綱目》最終並未被納入考試範圍。可是，《太極圖說》、《通書》、《西銘》、《正蒙》等性理之書，則被要求和《孝經》一起出題。從李光地的上疏建議和九卿等的議覆來看，似乎之前並沒有把《正蒙》等四種性理類書籍作為科舉考試的範圍。否則，李光地的上疏和九卿等的議覆，豈非多此一舉？那麼，前引《清史稿》「康熙二十九年（1690），兼用《性理》、《太極圖說》、《通書》、《西銘》、《正蒙》」

〔註56〕王煒編校：《清實錄科舉史料彙編》，武漢：武漢大學出版社，2009年，第106頁。

〔註57〕李光地：《條議學校科場疏》，《榕村集》卷二十六，14a，《清代詩文集彙編》第160冊，第370頁。

的說法，時間上可能是錯誤的。「康熙二十九年」應該更正為「康熙三十九年（1700）」。〔註58〕不過，《李光地記張子西銘》開頭即說，「辛未（1691）會試，發策問及《西銘》」。〔註59〕說明 1691 年的會試出題，其中有關《西銘》。那麼，《西銘》相比《正蒙》更早成為鄉試、會試考題範圍。

李光地晚年奉敕命編纂《性理精義》，很大程度上也是因為科舉的緣故。康熙五十四年（1715），李光地於「二月承修《性理精義》。公以前明所輯性理，卷帙繁多，門目冗複，欲衷精要，以便乙覽。值上亦以科場論題，僅用《太極圖說》、《通書》、《西銘》、《正蒙》數冊，沿習既久，剿說雷同，欲勒一書為論目，於是命修此編。」〔註60〕

《正蒙》從康熙三十九年（1700）被規定作為鄉試、會試的考題範圍，直到雍正元年（1723）才取消。這是康熙朝後期《正蒙》注繁盛的一個直接動因。從此一時期現存的幾種《正蒙》注的序言中，也可以顯明地看出《正蒙》被納入科舉考試對他們為之作注的直接推動作用。

與《正蒙》注本相伴生的還有一個特點，就是《正蒙》注本與《太極圖說》、《通書》、《西銘》注本並列。很顯然，這種現象的出現，是由於康熙朝理學興盛時將此四種著作同時作為科舉考試內容的緣故。我們上面提及的康熙時期的《正蒙》注釋者，其中數人同時也為《太極圖說》等三書作注。

《正蒙補訓》的作者冉覲祖，早於李光地編纂了類似於《性理精義》的理學選編著作《性理纂要》八卷。該書前四卷為附訓，第一卷為《周子太極圖》、第二三卷為《周子通書》，第四卷為《張子西銘》。冉覲祖在該書中全錄了朱熹對此三書的注釋，摘錄了朱子後學的相應注釋，同時附錄有自己的訓釋。

華希閔的《性理輯釋》，是對《正蒙》、《太極圖說》、《通書》、《西銘》四種書的輯釋，《正蒙輯釋》是其中一種。

《正蒙集解》作者李文炤，對宋代五子之書都有注釋。因為朱熹對《太極圖說》、《通書》、《西銘》三書均作過注解，李文炤則依據此三解更作拾遺，曰《太極圖說解拾遺》、《通書解拾遺》、《西銘解拾遺》。李文炤對《正蒙》、《近思錄》都作了集解，曰《正蒙集解》、《近思錄集解》；同時對朱子的《感興詩》、

〔註58〕按：史革新所著《清代理學史》上冊第 71 頁，沿用「康熙二十九年（1690）」兼用性理的成說，未予辨析。

〔註59〕李光地：《榕村集》卷十九，四庫全書本。轉引自林樂昌《正蒙合校集釋》第 1004 頁。

〔註60〕李清植：《李文貞公年譜》，「清康熙五十四年乙未年，公七十四歲」條。

《訓子詩》作解。〔註61〕

　　《正蒙初義》的作者王植，撰有《朱子注釋濂關三書》。王植在該書的《自序》中說：「濂溪《太極圖說》一篇，《通書》四十章，橫渠《西銘》一篇，皆朱子手所注釋表章於世者也。」〔註62〕王植全錄了朱熹對此三書的注釋，彙集了朱熹在其他著作中針對此三書的論述，同時摘錄了朱熹後學對此三書的注釋，也收錄了清代華希閔等人對此三書的注釋。

　　康熙時把《太極圖說》、《通書》、《西銘》、《正蒙》四種書一同作為科舉考試的內容，因此，注釋者因為科舉的緣故，同時為此四種書作注釋，這是理所當然的。

第三節　以理學家為核心的《正蒙》注者群體

　　理學被清政府看作正學而大力弘揚，這不僅是康熙皇帝的個人行為，理學名臣的努力也是一個重要的方面。在《正蒙》等性理書被納入科舉考試鄉、會試的命題範圍這個問題上，李光地起了至關重要的作用。我們可以說，理學在清初的興盛，是多方合力的結果。滿清皇室和理學名臣共同從上層推動，在野的理學家和應舉士子的附和與配合，一起形成了康熙後期理學興盛的局面。《正蒙》注解在康熙朝的繁盛，則是此時理學繁盛的一個具體表現。而我們通過對康熙朝《正蒙》注解這個具體問題的研究，則可以作為此期理學研究的一個重要側面。

　　華希閔在其刊刻於康熙四十七年（1708）的《正蒙輯釋》的序言中說：「皇帝御宇之四十年，允廷臣請，自鄉會試及歲科校士，並用《太極圖說》、《通書》、《西銘》、《正蒙》同《孝經》一體命題作論。於是士思益殫心天人性命之旨，以仰副聖天子崇尚理學至意。」華希閔的《性理輯釋》就是為這四種書所作的注釋，受科舉考試的影響應該是撰著的主要原因之一。本書的研究對象《正蒙輯釋》，是《性理輯釋》四種之一。這裡需要指出的是，華希閔把頒布旨意的時間說成是康熙四十年（1701），與《清實錄》的三十九年十一月的準確記載稍有差別。這有可能是政令傳達到其家鄉無錫時已經是康熙四十年，或者華希

〔註61〕李文炤：《宋五子目次記》，《李文炤集》，長沙：嶽麓書社，2012年，第31～32頁。

〔註62〕王植：《朱子注釋濂關三書》，《續修四庫全書》子部2，濟南：齊魯書社，1999年，第257頁。

閔記憶有誤。1672 年出生的華希閔，在考試中就恰好遇上了用《正蒙》等性理之書命題的詔令。顧棟高《華劍光先生墓誌銘》：「歲庚午（1690），二場初用性理命題，先生得《性理大全》，手抄口頌，幾廢寢食。」自己在考試中遇到這樣的試題新變化，之後注解《正蒙》等性理書以便於其他士子應考，也是很自然的事情。

雍正元年，結束了以《正蒙》等性理書作為科舉第二場「論」題，仍然恢復用《孝經》。但是，這並不表示性理之學在雍正年間就受到了限制。史革新認為，康熙推崇理學的做法深刻地影響了雍正。雍正時所增加的從祀孔廟的二十位先儒，宋以後的入選者大多數為朱子學者。清代唯一的一位入選者陸隴其，其學更是謹守程朱、力斥陸王。雍正在用人方面，也提拔重用了許多理學人士，如朱軾、楊名時、蔡世遠、尹會一、方苞、胡煦、李紱、王蘭生、魏廷珍、黃叔琳、雷鋐、沈近思等。〔註63〕筆者認同此看法。雍正所重用的以上理學名臣大多與李光地有密切的聯繫。楊名時、蔡世遠、王蘭生、魏廷珍都曾親炙李光地。雷鋐則是李光地弟子蔡世遠的門生。胡煦曾佐助李光地編修《性理精義》。李紱雖然為學宗陸王，但他於康熙四十八年（1709）中進士的座主為李光地。李光地《榕村集》亦為李紱所編輯。已有研究指出，「對李紱學術生涯影響較大的應當說是李光地。」〔註64〕方苞則因為李光地的營救，不僅從戴名世《南山集》案中得以免罪，而且得以入直南書房。

陸寶千《清代思想史》指出：「聖祖（康熙）重視朱學，至老弗衰。……聖祖既歿，漢學漸興，朱學在形式上仍為朝廷所尊，而四庫館臣竟敢輕訕宋儒，是必深宮意指有足供群臣揣摩者在焉。吾人推原其故，蓋由於呂留良一案所致也。」「先是雍正元年，詔追封孔子五代王爵。二年，以陸隴其祔饗文廟。可知世宗尚未思改先人之故轍也，七年呂案起而意向漸變矣。」「呂案以後，世宗不復有尊朱之舉，轉而多刻佛經，親選語錄，自稱圓明居士，以天子之尊，而居一山之祖，開堂授徒。凡諸舉動，皆足示朝廷意向由程朱而旁轉也。」〔註65〕陸寶千所勾勒出的線條，自康熙歿後到乾隆年間漢學興起的

〔註63〕 史革新：《清代理學史》（上冊），廣州：廣東教育出版社，2007 年，第 68～70 頁。

〔註64〕 楊朝亮：《李紱學術思想淵源探析》，《清史論叢》2008 年號，北京：中國廣播電視出版社，2008 年。

〔註65〕 陸寶千：《清代思想史》，上海：華東師範大學出版社，2009 年，第 157～158 頁。

情形，大致可信。但是說自雍正七年（1729）年呂留良案後，雍正「不復有尊朱之舉」，則未免絕對。吳振棫《養吉齋叢錄》記載：「雍正八年（1730）舉通曉性理八人，並賜進士，曠恩也。」〔註66〕作為帝王的雍正，其個人思想上或許不再熱心於程朱理學，不以之為信仰。但是，出於維護思想統一的目的，對作為國家意識形態的程朱理學，雍正仍然要維護。舉通曉性理之人不經科舉考試而直接賜予進士，即是這一思想的具體實踐。在康熙年間拔擢起來的一大批學尊程朱的理學官員，以及民間的程朱理學學者，仍然是尊程朱的一股重要力量。楊方達《正蒙集說》首次即刊刻於雍正十年。〔註67〕

　　一般的中國哲學史、思想史說到清代，都好用「乾嘉漢學」這一名稱。漢學在乾嘉兩朝極其繁盛，學術形態上也的確是有別於宋明理學的一種學術形態。但是，我們僅僅用「乾嘉漢學」這一名稱來指代此期的學術，是有不少問題的。

　　首先，此期程朱理學仍然為意識形態。科舉考試的內容，總體上仍然以理學為主幹，只是在試題上偶然體現出偏重漢學的傾向。乾隆皇帝從「乾隆二十一年（1756）起，隨著他對朱子學說開始提出質疑，文化政策有所調整，（經史以及漢學）這一部分試題的比例越來越大。」〔註68〕即使是科舉命題偏向於漢學，學生的答卷仍然顯現出漢宋兼採的中庸取向，並無偏激的崇漢學抑宋學的試卷出現。

　　其次，乾嘉漢學的影響是有地域範圍和層次性的。在地域上，主要集中在江南地區〔註69〕。此後，北京因為編纂《四庫全書》的緣故聚集了不少漢學家。在層次上，較多地影響了上述地域的部分學者，對大多數以考取功名為目的秀才、舉人等讀書人來說，影響力是極其有限的。

〔註66〕吳振棫：《養吉齋叢錄》卷十，光緒刻本。

〔註67〕按：筆者未見此刻本。據張岱年《關於張載的思想和著作》（中華書局《張載集》前第17頁），楊方達《正蒙集說》有雍正刊本。筆者所見的《正蒙集說》復初堂刊本有楊方達雍正十年（1722）九月自序，以及劉吳龍乾隆六年（1741）正月序、姜兆錫乾隆五年（1740）孟冬序。筆者所見楊方達其他一些著作刊本，也有雍正刊本和乾隆六年左右復初堂刊本。據此可推斷：楊方達《正蒙集說》首次刊刻於雍正十年（1722），復初堂本刊刻於乾隆六年（1741）。關於楊方達及其《正蒙集說》的情況，詳見下章。

〔註68〕參閱李帆：《清代理學史》（中冊），廣州：廣東教育出版社，2007年，第299頁。

〔註69〕參閱艾爾曼：《從理學到樸學》，南京：江蘇人民出版社，2012年，第6～7頁。

再次，康熙時代尊崇程朱理學的學術風氣所培養的不少理學名臣，以及他們的後學，再加上民間篤守程朱的學者，在乾嘉年間作為學術群體仍然有學術活動和學術傳承。實際上，整個清代，程朱理學的傳承譜系根本未曾中斷過。只是乾嘉時期的漢學因為乾隆後期的編纂《四庫全書》等較大的影響，在宣傳上佔了上風而已。

最後，乾嘉時代的漢學家並非全部都反對宋學、理學。一部分主張漢宋兼採的漢學家，也同時從事理學的著述和講學。

尹會一（1691～1748）、陳宏謀（1696～1771）、朱珪（1731～1806）等理學名臣、汪紱（1692～1759）、雷鋐（1697～1760）等維護程朱正統的學者，以及漢宋兼採的翁方綱（1733～1818）等學者，〔註70〕再加上桐城學派此期的姚鼐等學者，這些力量共同維護著程朱理學在乾嘉時期的發展。此期的程朱理學講學活動和著述，只是相對於康熙朝的繁盛有所減少，並沒有到要斷續成為絕學的危機時刻。乾嘉時代《正蒙》注解著作，有關中學者劉繩武的《正蒙管見》。當然，這只是一個代表。

道光、咸豐、同治、光緒年間，理學中興。「道光二十年（1840），唐鑒『再官京師，倡導正學』，可視作理學振興的重要標誌。……在他周圍聚集了倭仁、吳廷棟、曾國藩、何桂珍、呂賢基、竇垿等一批理學名士，從而在京師結成一個以唐鑒為核心、講究程朱理學的學術群體。道光末年這種崇尚正學的風氣，與乾嘉時期『士大夫皆不尚友宋儒，雖江浙文士之藪，其仕朝者無一人以理學著』的局面，形成鮮明對照。」〔註71〕程朱理學中興的影響一直持續到同治十二年（1873）。「同治十年（1871）四月，倭仁去世。同治十一年（1872）二月，曾國藩去世，同治十二年（1873），吳廷棟去世。所謂的『理學中興』化為泡影，程朱理學就此更加衰落下去。」〔註72〕從道光二十年（1840）到同治十二年（1873），是程朱理學中興的時期。

理學中興時期，學尊程朱的理學家大量湧現，程朱理學的著作大量出現。同時，程朱理學的作為科舉考試的內容再一次得到強化。此一時期出現的《正蒙》注解有：李元春《正蒙釋要》、方潛《正蒙分目解按》、朱久括《正蒙句解》。

〔註70〕 參閱李帆：《清代理學史》（中冊），廣州：廣東教育出版社，2007年，第32～38頁。

〔註71〕 張昭軍：《清代理學史》（下冊），廣州：廣東教育出版社，2007年，第27～28頁。

〔註72〕 張昭軍：《清代理學史》（下冊），廣州：廣東教育出版社，2007年，第195頁。

　　桐城學派的方潛，為學以心學為宗，受到安徽霍山的程朱理學家吳廷棟的影響，改其《心述》為《性述》，成為程朱理學家。劉繩武、朱久括、李元春三位關學學者對《正蒙》的注解，前兩者皆散佚，只有李元春《正蒙釋要》尚存。張載講學之地關中學者注解《正蒙》，接續關學道統的意識比較濃厚，《正蒙釋要》即在其列。湘軍將領之一的羅澤南著《西銘講義》（1849 年），只是湘軍集團理學化的一個微小表現而已。〔註73〕湘軍首領曾國藩即是著名的理學家。曾國藩對張載之學亦有讚揚。

　　除過以上所論理學家對理學著作的自覺著述外，此時科舉重新重視程朱理學，也是《正蒙》注解增多的原因之一。方潛的《正蒙分目解按》序也表明，他為《正蒙》作注的原因是科舉考試。他說：「壬子（1852）館金陵時，功令童試增性理論，生徒茫然，而《正蒙》尤不易曉。因述李安溪先生解，附管見以按，曰《分目解按》。」〔註74〕方潛注《正蒙》的動機顯然就是為了幫助童生考試。李光地《注解正蒙》體例是章解，即在每一章之後對該章作注解。我們通過閱讀方氏《正蒙分目解按》發現，方潛注釋《正蒙》的方法，是把李光地的章解拆分為句解，放置在《正蒙》每句之後；然後，再針對個別李光地的句解進行注解。需要說明的是，方潛只是選取了《正蒙》很少一部分章節，《太和篇》節選較多，22 章中共選 13 章，其他有些章節僅擇取一句。相比兩萬餘字的《正蒙》，方潛的按語亦很少，估計總字數不會超過一千字。既然方潛的著述目的是為了幫助童生應試，那麼，他注解時所選取的章節，應該主要以是否會被考試命中為標準。科舉考試對學術著述的巨大影響，在方潛的注解上再次得到了驗證。

　　清代以程朱理學為意識形態，順康雍時期理學興盛，道咸同時期理學中興，《正蒙》注也大都出現在這兩個時期。康熙皇帝自幼受理學的影響，親政後重用熊賜履、李光地、張伯行等理學名臣。他通過升朱子為十哲之次，刊刻《性理精義》、《朱子全書》等活動，使得理學在康熙朝十分興盛。同時，他下詔把《太極圖說》、《通書》、《西銘》、《正蒙》四種書作為科舉考試第二場「論」的命題範圍，促使《正蒙》注在此時期大量出現。十餘種《正蒙》清代注有十

〔註73〕關於羅澤南理學的研究，可參考張晨怡：《羅澤南理學思想研究》，西安：三秦出版社，2007 年；張晨怡：《清咸同年間湖湘理學群體研究》，北京：中央民族大學出版社，2007 年。

〔註74〕方潛：《正蒙分目解按》序，《毋不敬齋全書》卷十四，光緒十五年方敦吉濟南刻本，也可參閱林樂昌《正蒙合校集釋》第 991 頁。

種出現在康熙時期，與康熙對程朱理學的重視和在他影響下科舉考試的理學化，不無關係。因此，《正蒙》清代注，尤其是康熙時期的《正蒙》注，在某種程度上打上了康熙和科舉理學化的烙印，這之間有千絲萬縷的聯繫。

當然，我們也要指出，同樣出現在康熙年間，而且正好出現在《正蒙》被納入科舉考試範圍時期的王夫之《張子正蒙注》，卻與康熙以及此時的科舉沒有聯繫。《張子正蒙注》雖然出現在康熙時期，但此書的總體基調是對宋明理學的反思，是通過弘揚橫渠之正學，以矯正程朱理學的偏頗。相反，李光地等清初理學家，大都把張載看作程朱理學的附庸，把《正蒙》看作程朱理學著作，他們注釋《正蒙》更多地是為了弘揚程朱理學。

第三章 《正蒙》清代注概覽

　　《正蒙》清代注有十六種，其中散佚五種，現存十一種。本章首先簡要介紹散佚五種的作者及其注本情況，即胡宗緒《正蒙解》、湯儼《正蒙注解》、劉繩武《正蒙管見》、朱久括《正蒙句解》、吳士品《正蒙集注》。其次，介紹現存的十一種注本中的六種，即冉覲祖《正蒙補訓》、張棠、周芳《正蒙注》、楊方達《正蒙集說》、李元春《正蒙釋要》、方潛《正蒙分目解按》、李文炤《正蒙集解》。現存十一家注中其餘五種，王夫之《張子正蒙注》流傳極廣，無需再贅論，故本章從略；李光地、張伯行、華希閔、王植四家注，筆者將在後面的章節作專門論述，因此於本章先不作論述。本章通過對散佚五種注和現存六種注的作者及其注本的簡要介紹，力圖展現出《正蒙》清代注的整體狀況。同時，也為此後專門深入研究的四個注本提供了比較的對象。

第一節 《正蒙》清代注亡佚五種

一、胡宗緒《正蒙解》

　　胡宗緒（1670～1740？），字襲參，號嘉遁，安徽桐城人，為桐城學派學者，趙爾巽《清史稿》與馬其昶《桐城耆舊傳》〔註1〕皆為立傳。《清人詩集敘錄》卷十九、《詞林輯略》卷三亦提及。《清史稿》將其列入文苑傳中，傳曰：

〔註1〕 馬其昶：《胡襲參吳生甫二先生傳第九十一》，《桐城耆舊傳》卷九，宣統三年合肥刻本。

宗緒，字襲參。康熙末，以舉人薦充明史館纂修。雍正八年（1730）
進士，授編修，遷國子監司業。少孤貧，母潘苦節，課之嚴而有法。
感憤勵學，自經史以逮律曆、兵刑、六書、九章、禮儀、音律之類，
莫不研窮。著《易管》、《洪範皇極疑義》、《古今樂通》、《律衍數度
衍參注》、《晝夜儀象說》、《歲差新論》、《測量大意》、《梅胡問答》、
《九九淺說》、《正字通芟誤》、《正蒙解》、《大學講義》、《方輿考》、
《南河北河論》、《膠萊河考》、《臺灣考》、《雨界辨》、《苗疆紀事》
等書。自為詩文曰《環隖集》，古藻過大樾。大樾同邑門人自姚鼐外
推王灼。〔註2〕

《清史稿》、《桐城耆舊傳》以及其他史志資料均未載胡宗緒生卒年。《環隖集》
卷三《己亥五月十日自詠》曰「我降之辰歲在庚，⋯⋯即今五十看頭鬢」。康
熙己亥為1719年，胡宗緒五十歲，則他當出生於1670年，此年為庚戌年，正
符合他出生之年「歲在庚」。〔註3〕胡宗緒的卒年不可考，有人以為1740年，
不知何據。其《禹貢增注或問》為「乾隆戊午（1738）春病中雜記」，可知他
1738年時尚在世。

胡宗緒十歲（1679）時父親亡故，由母親潘氏把他和兩個弟弟養大。胡母
乃福建兵備道映婁公之女，她雖不識字，但督課胡宗緒讀書甚力。胡宗緒從十
歲開始，在其家所處的偏僻深山中就讀村塾三年，後因家貧只能在母親的監督
下自學孔孟程朱等書。〔註4〕此一時期，正是康熙提倡程朱理學的時期，胡宗
緒為應科舉，應該對程朱、張載等人的理學比較熟悉。胡宗緒曾為「邑博士弟
子員」。〔註5〕

胡宗緒中康熙五十年（1711）舉人，〔註6〕時年四十二歲，中舉前他曾以
設館教學為生。《環隖集》卷二《獨坐吟》之序曰：「庚辰（1700）、辛巳（1701）
之歲，余館於東鄉。」〔註7〕1711年中舉之後，他多次入京參加會試未第。《壬

〔註2〕趙爾巽：《清史稿》卷四百八十五，北京：中華書局，1977年，第13377頁。
〔註3〕胡宗緒：《己亥五月十日自詠》，《環隖集》卷三，乾隆五十三年萬卷樓刻本，
　　　　《清代詩文集彙編》第226冊，上海：上海古籍出版社，2010年。
〔註4〕胡宗緒：《與張山農書》，《環隖集》卷八，乾隆五十三年萬卷樓刻本。
〔註5〕胡宗緒：《誥授中憲大夫何公晴山列傳》，《環隖集》卷七，乾隆五十三年萬卷
　　　　樓刻本。
〔註6〕馬其昶：《胡襲參吳生甫二先生傳第九十一》，《桐城耆舊傳》卷九，宣統三年
　　　　合肥刻本。
〔註7〕胡宗緒：《獨坐吟》，《環隖集》卷二6a，乾隆五十三年萬卷樓刻本。

辰（1712）出京別同學諸子》有「二年京洛舊交親」之句〔註8〕，說明他1711年中舉後就來到北京準備參加會試，至1712年落第後回家。這是他第一次會試落第。1716年曾入京，有詩《己丑（1709）冬同戴授尊泊高郵，丙申（1716）再入都，大雪，過舊泊處悵然，有作寄授尊》為證。1718年也曾入京，有詩《山妻病四年矣，戊戌（1718）下第歸來，未幾復遊楚，詩以別之》為證。從「未幾復遊楚」推斷，他在1718年入京參加會試前，曾去過楚地，應該是在做繆沅的幕中賓客。胡宗緒於雍正八年（1730）年中進士後，才正式為官。從1711年中舉到1730年中進士後為官，這中間二十年中的大多數時間，他應該以設館教書和充當官員的幕客為生。1719年，胡宗緒在湖南辰州督學繆沅（1672～1730，字湘芷，又字澧南，號永思，江蘇泰州人）門下為幕客。《環隅集》卷三有詩《督學繆公（己亥 1719）八月十六日辰州使院對月用予湘陰詩韻賦示幕中賓客因疊前韻戲為新句奉和》。繆沅的《余園詩抄》有詩《己亥（1719）喬口守歲》也提及胡宗緒和詩。〔註9〕《環隅集》卷三《奉和沅公庚子（1720）人日周次》，有「二年三度泊湘陰」之句。〔註10〕可見，胡宗緒1718、1719兩年都在湖南督學繆沅府中為幕中賓客。胡宗緒曾以舉人身份，在北京參與修纂《明史》。但是，這段時間應該是短暫的。《對河決問》小序有「雍正三年（1725），宗緒備員史館。是年六月辛丑河絕。」〔註11〕

　　《清史稿》載，胡宗緒「雍正八年（1730）進士，授編修，遷國子監司業。」六十一歲中進士後，胡宗緒主要任教於京城的國子監。門人張先岸、張必剛稱：「辛亥（1731）、乙卯（1735）再二成均，從遊者數百人。先生仿蘇湖遺意，期於明體達用之材。」〔註12〕《環隅集》卷首校勘門人姓氏列有五十六人，亦可見從遊之眾。

　　《環隅集》卷三有《贈方靈皋苞》七言律詩一首，方靈皋即方苞，可見胡宗緒與方苞有交往。方苞（1668～1749，字靈皋，一字鳳九，晚年自號望溪，亦號南山牧叟）為桐城學派的創始者。〔註13〕桐城學派是清代最主要的

〔註8〕 胡宗緒：《壬辰出京別同學諸子》，《環隅集》卷四，乾隆五十三年萬卷樓刻本。

〔註9〕 繆沅：《余園詩抄》卷四23a～23b，《清代詩文集彙編》第227冊，上海：上海古籍出版社，2010年。

〔註10〕 胡宗緒：《奉和沅公庚子人日周次》，《環隅集》卷三，乾隆五十三年萬卷樓刻本。

〔註11〕 胡宗緒：《對河決問》，《環隅集》附錄，乾隆五十三年萬卷樓刻本。

〔註12〕 張先岸、張必剛：《事略》，《環隅集》卷首，乾隆五十三年萬卷樓刻本。

〔註13〕 李帆：《清代理學史》（中卷），廣州：廣東教育出版社，2007年，第124頁。

文學派別之一，以方苞為首的該派別重視文以載道，重視發掘經書中的義理，對宋儒義理亦步亦趨，尤其推服程朱理學。方苞曾說：「宋五子之前，其窮理之學，未有如五子者。五子之後，推其緒而廣之，乃稍有所得。其背而馳者，皆妄鑿牆垣而植蓬蒿，學之蛀也。」〔註14〕在方苞之後的桐城後學，繼承了方苞對程朱理學的推服。「在清代中葉漢學興盛的大背景下，理學總體呈退潮之勢，基本無理學流派活躍於學壇。在這樣的背景下，桐城派可謂異數。……尊崇程朱，以維護程朱理學為己任，實為不多見者。」〔註15〕道光、咸豐、同治理學中興時，桐城學派學者吳廷棟、方東樹、方潛等貢獻亦不小。方潛也注釋過《正蒙》，後文再述。《桐城耆舊傳》列入了胡宗緒，《清史稿》也稱胡宗緒的詩文「古藻過（劉）大櫆」。劉大櫆（1698～1780）也是桐城派的開山之一。從《環隅集》看，胡宗緒在文學和程朱理學方面的取向，和桐城學派是一致的。

　　胡宗緒著述十分豐富，遠遠不止《清史稿》所載者。但《清史稿》所載著述卻也準確反映出他學術愛好的三個主要方面：天文曆算音律、理學、文學。胡宗緒的主要學術貢獻應該在天文曆算方面，這一方面著述最多。同時，他以桐城學派的文學家而聞名。他關於理學的著作，沒有流傳下來。現存胡宗緒的詩文集《環隅集》〔註16〕，前幾卷為其詩文，書末附有《簡平儀》等天文曆算著作。由於現存該文集並不完整，書前目錄顯示卷九有《與……論性理書》，而此卷已佚。《環隅集》文字亦很少有涉及理學者。但是，胡宗緒從小在母親的督導下讀書，其母「聞誦孔孟程朱則喜，否則怒取裂擲之」〔註17〕。從他的著作題名《易管》、《洪範皇極疑義》、《皇極經世解》、《大學講義》、《正蒙解》判斷，他對理學是有學術興趣的。

　　《環隅集》卷首有「環隅先生已刻未刻文集凡百三十二卷列後」，這個書目中就包括《正蒙解》一卷。此外，胡宗緒《正蒙解》還被以下史志著錄：《（道光）續修桐城縣志》卷第二十一、《清史稿》卷四百八十五、民國馬其昶《桐城耆舊傳》卷九《胡襲參吳生甫二先生傳第九十一》。由著錄情況看，胡宗緒曾經為《正蒙》作注確定無疑。

〔註14〕徐世昌：《清儒學案》第五十一卷，石家莊：河北人民出版社，2008年，第1794頁。

〔註15〕李帆：《清代理學史》（中卷），廣州：廣東教育出版社，2007年，第118頁。

〔註16〕胡宗緒：《環隅集》，乾隆五十三年萬卷樓刻本。

〔註17〕胡宗緒：《與張山農書》，《環隅集》卷八，乾隆萬卷樓刻本。

二、湯儼《正蒙注解》

湯儼，字文望，號端岩，江西南豐縣人。生卒年不詳，大約出生於康熙後期，卒於乾隆中期。包發鸞的《南豐縣志》卷之二十採用了李灝的《南豐縣志稿》中湯儼的傳記。傳曰：

> 湯儼，字文望，號端岩，少力學，與兄佽相師友。康熙辛卯（1711）舉於鄉，壬辰（1712）會副進士。乾隆丁巳（1737）令浙之餘杭。魚寮二山為杭嘉湖，三郡來脈又多古冢，時有海塘役，議開鑿。儼力爭，事得寢。水塘三十六，月塘最險。辛酉（1741）暴漲，壞及三郡廬舍。儼捐廉千金，築內堤遏其沖，築外堤完其舊。躬履被災五十二村察其苦，分五廠以就粟，人稱便。戊午（1738）分校浙闈，所得皆知名士。儼人品狷潔，迥然出塵。居京師，兄疾，衣不解帶者數月。喜為詩，尤長於古體。爨煙不起，抱膝長吟，時時戟二指作推敲狀。間伸紙揮毫，遒勁似其祖來貴。子孝廉奕雋括其遺詩千餘首，為《端岩集》，而臨川李紱更選儼古詩與南城章秉銓近體都為一部，藏於笥。墓在六都饅頭墩。〔註18〕

湯儼康熙辛卯（1711）中舉，壬辰（1712）會試中考取「副進士」。所謂「副進士」，就是未能進入正式的三甲名額之內，在錄取名單外增列的落榜者中成就較為優秀者的名單，所以不能參加殿試，仍可應下屆會試。乾隆丁巳（1737）任浙江餘杭縣令。1738年任浙江鄉試考官，經他錄取的舉人後來大多都出名。湯儼人品高潔，迥然出塵。他喜歡作詩，長於古體詩，常常因為作詩而廢寢忘食。其子湯奕雋後來把他的千餘首詩收集起來，編為《端岩集》。當時著名的心學家、江西臨川人李紱（1675～1750，字巨來，號穆堂）也曾選編湯儼的古體詩與另外一人的近體詩，合為一部書。湯儼的《端岩集》今不存，民國《南豐縣志》卷三存《遊子固讀書岩詩》、《登瑞峰山蘭若》詩歌兩首。

湯儼之兄湯佽，字以安，號漫湖，江西南豐人。康熙癸巳（1713）以五經中舉，乙未（1715）成進士，改翰林院庶吉士。著有《西塞紀程》、《輿圖紀略》、《洪範皇極解》、《漫湖集》等。〔註19〕湯佽為諸生時，與弟湯儼，以及李鳳、李灝、江世麟、趙與緝、趙與綵、黃廷謨共八人，結「在田會」於情田精舍，

〔註18〕包發鸞：《南豐縣志》卷二十，民國十三年鉛印本。
〔註19〕包發鸞：《南豐縣志》卷十六，民國十三年鉛印本。

相互課文勉勵。〔註20〕其中李灝即《南豐縣志稿》的撰者。從湯俠《洪範皇極解》的書名判斷，他們八人之間的討論應該涉及理學。

湯儼《正蒙注解》二卷被以下各志著錄：《南豐縣志》、邵子彝《（同治）建昌府志》藝文志卷九〔註21〕、《（光緒）江西通志》卷一百五〔註22〕。我們可以斷定，湯儼曾著《正蒙注解》，卻無法判斷其著作時間。

三、劉繩武《正蒙管見》

劉繩武，字繼先，陝西朝邑（今大荔縣）人。生卒年不詳，大約生於雍正初年（1723）。清末關學大儒朝邑李元春在其《桐閣舊稿》中，為劉繩武立傳。此傳收入李元春《（咸豐）初朝邑縣志》志例後錄中。〔註23〕此傳為劉繩武與王瀛洲之合傳，名為《劉洛濱王瀛洲兩先生傳》。傳曰：

> 劉洛濱先生，名繩武，字繼先，朝邑縣南陽昌村人也。居近洛水，故以自號。曾祖臣，祖煥，皆庠生。父以貧挾母就食豫，歸，生先生人家園中。先生少慧，讀書過目即了，畢生不焚膏、不高吟，然晷刻手未嘗釋卷，故於書無所不窺。為諸生，與王瀛洲先生為邑南碩望，試必高等，冠軍凡七，獨困秋闈。乾隆己亥（1779）近六旬，始以第四人售。文出，遍行坊間，其中名句，士至今猶無不能誦者。兩試禮闈不第，遂歸老園田，曰：「此吾所以生也。」

> 性方嚴古機，他無所好，飲酒不過三，既三飲，或勸之輒怒。他有以非禮干者，類如此。廉於取與，一介不肯苟。嘗糴米得散錢，或與之一緡，翼日即往還之。寡交遊，每曰：「吾生平相知惟王瀛洲一人。」與人接，不輕言笑。惟王瀛洲至，則談笑終日未嘗倦。為文章出入經籍，亦少師承，特時與王瀛洲互相評點。晚授讀不復為帖括，偶一為之，懼其荒，質之瀛洲。瀛洲曰：「不待質。今復欲作一累字累句不能矣。」授讀邑劉氏家數十年，遠近學者先後麇至，日為剖析疑義。學者信且愛之。蓋先生雖律身嚴而宅衷又以厚。有醫者寓鄰舍，知先生積館金，假他人名貸焉。先生不疑，傾囊付之。其人挾貲逃，門下皆食閣使訟官。先生曰：「夙負耳，何足較也。」

〔註20〕包發鸞：《南豐縣志》卷三，民國十三年鉛印本。

〔註21〕邵子彝：《建昌府志》藝文志卷九，清同治十一年刻本。

〔註22〕曾國藩：《江西通志》卷一百五，光緒七年刻本。

〔註23〕李元春：《（咸豐）初朝邑縣志》，清咸豐元年刻本。

艱於嗣，元配楊，繼配宋，皆無出。累置副室，後鄭氏舉一子，復夭，竟無後。享年七十有八卒。卒之前召生徒語之曰：「吾無強近親合昭穆者可承祧。自王瀛洲沒，後事又無朋友可託，可託者惟汝輩。吾田宅若干，俟宋鄭兩室人老，施之同族及里中，為祠堂、為祭田、為公所、為義學。餘貲千兩，出納取息以助鄉、會試資斧，或施書院為膏火費，其各書諸石鑴之嵌中廷。外百金，亦當生息，值生辰以祭我，汝輩因得共聚。吾視汝輩猶吾子，他日幸常念我也。」語畢遂瞑目，聞者莫不悲之。著有《四書抉要》、《春秋隨見錄》、《正蒙管見》，皆未付梓。〔註24〕

傳記雖不載劉繩武生卒年，但亦有兩處提示：「乾隆己亥（1779）近六旬」、「享年七十有八卒」。根據前者，我們只能大概斷定他1779年時年齡在56歲至59歲之間，則劉繩武出生於康熙六十年（1721）至雍正二年（1724）之間。根據他享年七十有八的信息，我們可推斷，他大約卒於嘉慶三年（1798）至嘉慶六年（1801）之間。也就是說，他的幼年主要在雍正時期，而他人生的絕大部分時間生活中乾隆時期。就當時全國的學術風尚而言，這是個崇尚漢學，貶斥宋學的時期。劉繩武在這種學術氛圍中著《四書抉要》、《春秋隨見錄》、《正蒙管見》等書，可見他尊崇理學的學術取向。這說明乾嘉漢學風靡全國的時候，作為理學之邦的關中，仍有學者從事於理學的著述，並發揚關學宗師張載的學問。

在李元春的《桐閣舊稿》、《（咸豐）初朝邑縣志》下卷《藝文志》、《（光緒）同州府續志》，均有劉繩武《正蒙管見》的著錄情況。此書未付梓，稿本今已不存。劉繩武的朝邑同鄉李元春在《張子釋要》中引用了數則《正蒙管見》。

四、朱久括《正蒙句解》

朱久括，字巨源，號梓亭，陝西富平人。曾任雲南富民等縣知縣。陝西蒲城人王鼎（1768～1842）為朱久括立傳，今存光緒年間樊增祥《富平縣志稿》卷六。傳曰：

吾友朱梓亭者，雲南富民令。吾陝富平人，諱久括，字巨源，號梓亭。先世累有封贈，尊甫理齋公，以孝行旌表。公兄弟四人，公居次。生而穎悟，有過目成誦之資。溫厚寡言笑，性孝友，門以

〔註24〕李元春：《劉洛濱王瀛洲兩先生傳》，《（咸豐）初朝邑縣志》下卷《藝文志》。

內無間言。比長，留心濂洛關閩之學，以正心誠意為本。乾隆戊申（1788）由博士弟子員領鄉薦，四上公車，限於額不第。嘉慶辛酉（1801），以大挑出宰滇南，蓋將舉平日所講求者，實欲見諸政事矣。在滇垂二十年，歷任平彝、宜良、羅次、景東、恩安、會澤、嵩明、陸涼諸州縣，所至皆有賢聲，而於富民為最久。先是，平彝有青天之譽。鄰境士民且爭相景慕，及蒞富民任，治行益著。富邑漢夷雜處，民俗於三月三日祈福於法華山之真武閣，其靈芝山之慈勝寺，則以八月十八日遊人最盛，奸宄易生。公至，朝夕設香案宣講《聖諭廣訓》，並令師塾中各相肆習。自是，民咸知秉禮畏法。邑有九峰書院，因舊址重立新規，士風以振。邑數有水患，則向之土溝，多以泥木作壩。公親臨履勘，改修石工，農田永利賴之。邑向無蠶桑，婦女亦不諳紡織事。公相度土勢，教以樹桑，並親營試絲。民之無力為機具者，官為給之。永姚軍需項下存銀千數百兩，公盡給地方置公田，歲得穀二百餘石，建廒貯之，按歲增貯，以備不虞，曰「任恤倉」。公以嘉慶二十四年六月（1819）補富民，道光四年六月（1824）卒於署。在任凡六年，富民稱理。其卒也，富民之人，男停耕，女輟杼，士庶之衣縞素而哭者數千人，如失慈父母。不移時以公實政請之於大吏，大吏以聞，入祀名宦祠。富民去富平將萬里，公去鄉也，且數十年矣，而德之在富平者，有王彥方、劉如愚之比。公居美原鎮，鎮北有炭井，民資以生，忽有水注挹之不竭，取炭者幾無措。公齋戒為文，焚香虔禱。是夕，井裂如雷，水涸，而以炭資生者如故。非其誠意正心，感格神明之一驗歟！道光九年四月，富平士民亦以其實行上請，如富民事，崇祀鄉賢祠。贊曰：滇南之去關西九千餘里，何斯民好德之心，異地而同符耶？非公之德實有入於人心而無間者，能若是耶？公所著《五經會意》、《史論心法》、《正蒙句解》、《關學續編》、《明月山房詩文集》，膾炙人口，皆其德之緒餘發為文章也。抑豈足為公多乎？知公者，其亦觀厥本哉。

　　賜進士出身，誥授光祿大夫、經筵講官、太子少保、戶部尚書、軍機大臣、前都察院左都御史、吏戶禮刑工五部侍郎、提督江西學政、總理順天府事、署河南巡撫、直隸總督、蒲城弟王鼎拜撰〔註25〕

〔註25〕樊增祥：《富平縣志稿》卷六，清光緒十七年刊本。

傳記不載朱久括生年。王鼎生於 1768 年，稱朱久括為「吾友」，則朱久括亦應
該生於 1768 年左右。朱久括早年「留心濂洛關閩之學，以正心誠意為本」。乾
隆戊申年（1788）由博士弟子員參加鄉試而中舉，但之後四次參加會試都未中
進士。按照當時的規定，舉人三次參加會試沒有考中，則可以參加由吏部組織
的六年一次「大挑」〔註 26〕。據其形貌應對挑選，一等以知縣用，二等以教職
用。朱久括在「大挑」中獲得一等，於嘉慶辛酉（1801）年，出任雲南平彝縣
令。在雲南為官二十餘年，歷任平彝、宜良、羅次、景東、恩安、會澤、嵩明、
陸涼諸州縣。嘉慶二十四年六月（1819）任富民知縣，道光四年六月（1824）
卒於任上。在任六年，時間最久。他在各個地方都留下來好名聲，尤其是在富
民縣。朱久括任富民縣令時，在遊人最多的兩個佛教寺院廟會期間，他都派人
朝夕設香案宣講《聖諭廣訓》，並令私塾也要講讀它，使得這裡的百姓秉禮畏
法。他重修該縣的九峰書院，振奮士風。此外，他派人用石頭修水壩以防水患，
便利農田灌溉。富民縣從前沒有蠶桑業，婦女亦不熟悉紡織。他教民眾種桑樹
養蠶以織絲綢，並親自參與實驗。凡是無力購買機具的民眾，官府買給他們。
當時治下永姚軍需項下存銀千數百兩，他全部用以給地方置公田，每年收穀二
百餘石，建倉貯存，按歲增貯，以備荒年，命名為「任恤倉」。他為富民縣做
了很多好事，因此當他 1824 年在任去世時，數千民眾於路哭泣，並向上級官
府請求，把他入祀名宦祠。道光九年（1829）四月，朱久括的家鄉富平士民也
向上級官府請示，把他崇祀鄉賢祠。

　　朱久括的著作五種：《五經會意》、《史論心法》、《正蒙句解》、《關學續編》、
《明月山房詩文集》。據《富平縣志稿》卷三《藝文》記載，前四者相同，而
第五種則為《栞（琴）堂詩文鈔》〔註 27〕。

　　樊增祥《（光緒）富平縣志稿》卷六、卷三藝文，都著錄了朱久括撰有《正
蒙句解》。兩處著錄均未標明卷數。《富平縣志稿》所著錄的朱久括其他著作今
亦均不可見，但從《關學續編》、《五經會意》等著作的名稱判斷，朱久括是一
位留心關中理學的儒學家。朱久括生活在乾隆後期、嘉慶、道光時期，他思想
成熟的時期主要在嘉慶和道光時期。此期就全國範圍而言，理學有逐漸復甦的

〔註 26〕清乾隆十七年（1752）定制，三科（原為四科，嘉慶五年改三科）不中的舉人，
　　　　由吏部據其形貌應對挑選，一等以知縣用，二等以教職用。每六年舉行一次，
　　　　意在使舉人出身的士人有較寬的出路，名曰大挑。
〔註 27〕樊增祥：《富平縣志稿》卷三 20a 藝文，清光緒十七年刊本。

跡象。作為從理學之邦的關中外出為官的朱久括，他通過《關學續編》、《正蒙句解》這樣的關學著述，為關學的復甦以及全國範圍內理學的復甦，做出了貢獻。大約和朱久括同時的關中學者李元春（1769～1854）以及稍後的路德（1783～1851），〔註28〕也都推動理學在關中的復興。

五、吳士品《正蒙集注》

吳士品（1613～1676），字懋修，又字孟修，〔註29〕安徽宣城人。《宣城縣志》、《寧國府志》、《安徽通志》，對其生平或著述略有介紹。宣城學者吳肅公所撰《吳懋修先生墓誌銘》，詳細記載了吳士品的生平和學術。我們以《墓誌銘》為主要依據，可以勾勒出吳士品的生平。

安徽宣城在明清均有較為著名的理學家。宣城的理學，在明代弘治、正德年間的代表是吳臨江，在嘉靖、萬曆年間的代表是貢受軒、沈古林。吳士品是安徽宣城理學在清初的代表人物之一。

吳士品，「字懋修，世為宣城之方山鄉人。祖連芳；父東盛，字圖南；母潘氏。生於癸丑（1613）年三月某日，卒於今丙辰（1676）年三月某日。」〔註30〕吳士品少年時代以考科舉為志向，其八股文受到縣令的賞識。後來，他跟隨艾南英（1583～1646）問學，閱讀了《朱子全書》，從此恪守程朱理學。明亡之時，他三十一歲，明清易鼎之後隱居鄉里。

吳肅公的叔父吳垌（字季野），曾在吳士品家私塾任教。吳肅公因此在1654年結識了吳士品。談論之間，對於明朝的滅亡，大家都「抱故國黍離之痛」。在政治上，他們三人都對明朝抱有懷念之情，因此，入清以後都歸隱鄉間，不仕滿清。在文化上，吳士品和吳肅公都尊朱子而批陽明。吳肅公曾以自己駁斥王陽明《傳習錄》的著作向吳士品請教，吳士品因為著有《陽明辨惑》一書批評陽明，因此對吳肅公大為讚賞。吳士品的學問宗旨是：「以宋儒主敬為宗，而議論一本朱子」。〔註31〕

〔註28〕李元春和路德，參見張昭軍：《清代理學史》（下卷），廣州：廣東教育出版社，2007年，第62～64頁。

〔註29〕《（光緒）重修安徽通志》載，「吳士品，字孟修」。何紹基：《（光緒）重修安徽通志》卷二百二十，清光緒四年刻本。

〔註30〕吳肅公：《吳懋修先生墓誌銘》，《街南文集》卷十六，貞隱堂藏板本，第9b頁。按：吳肅公（1626～1699），字雨若，號晴嵒，又號逸鴻，安徽宣城人。世居宣城之街南，學者稱街南先生。明諸生，入清隱居，賣字行醫兼授徒自給。

〔註31〕吳肅公：《吳懋修先生墓誌銘》，《街南文集》卷十六，貞隱堂藏板本，第8a頁。

　　吳士品的著述非常豐富。《(嘉慶)宣城縣志》記載有：「《四書集注大全》、《增正周易義傳大全》、《禮記經傳通解續編集注》、《性理》、《正蒙集注》」。〔註32〕《(嘉慶)寧國府志》記載有：「《周易義傳大全》、《禮記經傳通解續編集注》、《性理》、《正蒙集注》」。〔註33〕他的著作還有：《改元統紀》、《皇明聖政》、《宋元綱目》。此外，他於「《周易程傳》、《本義》、《太極圖說》、《西銘》、《正蒙》俱有集解」〔註34〕。由此可知，《(嘉慶)宣城縣志》和《(嘉慶)寧國府志》所謂的「《性理》、《正蒙集注》」，是吳士品對程頤《周易程氏傳》、朱熹《周易本義》、周敦頤《太極圖說》、張載《西銘》、《正蒙》等一些列性理之書的集注。吳士品對《正蒙》的「集解」之作，名稱應該就是《正蒙集注》。

　　吳士品的《正蒙集注》已經佚失，我們無法準確判斷該書的成書年代。明亡之時，他才三十一歲。因此，《正蒙集注》以及其他著作，應該都是在入清以後的時期完成的。明清鼎革之後，吳士品隱居鄉里，與吳垌、吳肅公等對明朝抱有懷念之情的人時常往來。那麼，吳士品的《正蒙集注》以及他的其他理學著作，應該不是對滿清政府尊崇、提倡理學的回應。當然，和《張子正蒙注》的作者王夫之一樣，吳士品是《正蒙》清代注者群體中比較特殊的。本書所研究的《正蒙》清代注作者，除王夫之、吳士品外，都對滿清政府十分支持，極力應和滿清推崇理學的學術政策，朝野互動，共同推崇程朱理學，排斥陽明心學。從這個意義上講，吳士品的《正蒙集注》有其特殊意義。吳士品的《正蒙集注》正好說明了，尊崇理學作為理學家的學術信仰，不受政治傾向的影響，相比政治認同，理學作為學術信仰和學術認同，具有超越明清政權更迭的意義。

第二節　《正蒙》清代注存世十一種

　　《正蒙》清代注存世十一種。本書在後續章節中將對李光地、張伯行、華希閔、王植等四家注分別作個案研究，此節先不作論述。其餘七家存世注本中，由於王夫之《張子正蒙注》廣為學界所知，本節不再介紹。本節將對其他六家

〔註32〕張燾：《宣城縣志》卷二十七，嘉慶刊本。
〔註33〕洪亮吉：《寧國府志》卷二十，嘉慶二十年刊本。
〔註34〕吳肅公：《吳懋修先生墓誌銘》，《街南文集》卷十六，貞隱堂藏板本，第8b頁。

注作簡要概述，考察注者生卒年、生平、學術思想，並概括注本特色。這六家注本分別是：冉覲祖《正蒙補訓》、張棠、周芳《正蒙注》、楊方達《正蒙集說》、李元春《正蒙釋要》、方潛《正蒙分目解按》、李文炤《正蒙集解》。

一、冉覲祖及其《正蒙補訓》

（一）冉覲祖其人其學

冉覲祖（1636～1718），字永光，號蟬庵，河南中牟人（今河南中牟縣大孟鎮萬勝村）。《清史稿》有傳，曰：

> 冉覲祖，字永光，先賢郯國公裔。元末有為中牟丞者，因家焉。康熙二年（1663），鄉試第一。杜門潛居，爰取《四書集注》研精覃思二十年。章求其旨，句求其解，字求其訓，身體心驗，訂正群言，歸於一是，名曰《玩注詳說》。遞及群經，各有專書，兼採漢儒、宋儒之說。十八年（1679），開博學鴻儒科，巡撫將薦之，欲一見覲祖。覲祖曰：「往見，是求薦也。」堅不往。少詹事耿介延主嵩陽書院，與諸生講《孟子》一章，剖析天人，分別理欲，眾皆悚聽。三十年（1691），成進士，選庶吉士。三十三年（1694），授檢討。是歲聖祖遍試翰林，御西暖閣，詢家世籍貫獨詳，有「氣度老成」之褒。越日，賜宴瀛臺，上獨識之，曰：「爾是河南解元耶？」蓋以示優異也。尋告歸。卒，年八十有二。〔註35〕

此外，有門人呂元亮編的冉覲祖《年譜》〔註36〕，張伯行撰《檢討冉蟬庵先生傳》及《（冉覲祖）墓誌銘》，張大有、黃書琳均為之撰寫《墓表》。〔註37〕綜合以上文獻以及其他史志資料，我們簡要介紹冉覲祖生平及其學問如下。

冉覲祖1636年生於河南中牟。順治十年（1653）十七歲時在鄢陵中秀才，入庠讀書。此年參加鄉試時，一日在書肆傾囊購買了《四書大全》、《五經大全》、《四書蒙引》、《四書存疑》以及一些詩文集等。順治十二年（1655）十九歲時補廩（秀才年考成績優異者，官府給予一定數量廩米補助）。順治十六年（1659）

〔註35〕趙爾巽等撰：《清史稿》卷四百八十，北京：中華書局，1977年，第13137頁。

〔註36〕呂元亮編，婁繼周增刪補校：《（冉覲祖）年譜》，載婁繼周：《一代名儒冉覲祖》，北京：中國文史出版社，2008年，第138～148頁。

〔註37〕張伯行《檢討冉蟬庵先生傳》及《（冉覲祖）墓誌銘》，張大有、黃書琳《（冉覲祖）墓表》，今均見婁繼周：《一代名儒冉覲祖》，北京：中國文史出版社，2008年，第124～137頁。

時有人出售《二十一史》,要價很高,他個人資金不夠,從其兄處借銀買得此書,沉酣史冊,潛心研究。順治十七年(1660)擅長音韻學的山東汶上袁某來縣城設教,二人傾談五日,冉覲祖盡得其中奧妙。康熙二年(1663)二十七歲時中河南鄉試第一(俗稱「解元」)。此後近三十年數次參加會試皆不中,直至康熙三十年(1691)五十五歲時才中進士,選為翰林院庶吉士。此科會試總裁為張玉書、陳廷敬、李光地、王士禛等四人。冉覲祖的考卷被理學名臣李光地所欣賞。同科中進士的還有楊名時,該榜探花黃書琳。黃書琳後曾為冉覲祖撰《墓誌銘》。楊名時(1661~1737,字賓實,號凝齋)後來成為李光地的弟子,理學造詣深厚。從 1663 年中舉到 1691 年中進士,近三十年間,主要在家著述,也曾先後主講嵩陽書院、請見書院。康熙二十四年(1681)纂成《四書詳說》,命工付梓。康熙二十七年(1688),纂成《尚書詳說》。康熙二十八年(1689)輯《性理纂要》八卷,《附訓》四卷、《附評》四卷。《附訓》四卷,收錄周子《太極圖》、《通書》、張子《西銘》、《東銘》、程子《定性書》等五種理學著作以及朱子的注釋(《東銘》、《定性書》朱子未注釋),並在相應章節之後附朱子以及宋元明清朱子學者的相關論說,最後冉覲祖附錄自己的按語。《附評》四卷,選擇了程朱理學的三十六個核心概念和理念,摘錄了程朱及其後學對這些概念和理念的論述,最後有極少量的評語。實際上,這就是一部縮編的《性理大全》,開後來《性理精義》的先河。冉覲祖在自序中闡明了該書的編撰原則:「以程子之言為經,朱子之言為傳,諸儒為之羽翼,而以己意考同異,別是非而為之評也。」〔註38〕同年秋,受為學尊崇程朱理學的登封縣令耿介(號逸庵)之邀,於十月始講學嵩陽書院。出所撰《天理主敬圖》、《為學大旨》,耿介為之付梓,遍給生徒。明年,繼續主講嵩陽書院,與李來章、竇克勤、耿介等程朱理學之士交遊。〔註39〕需要指出的是,上面曾介紹過的《性理纂要》八卷,在冉覲祖中進士入翰林院為庶吉士期間,重新刪補點定,於康熙三十二年(1693)刊刻,李來章、耿介、張伯行等三人就參與了修訂,並在該版本的第一卷之後有署名。這也可以看出,當時存在一個相對固定的中州(河南)程朱理學學術團體。實際上,每個時代不同地區存在不同學術取向的學術團體,這

〔註38〕冉覲祖:《性理纂要》,康熙刻本。

〔註39〕《清史稿》冉覲祖傳,即附於竇克勤傳之後。關於竇克勤、李來章、耿介等人思想的介紹,請參閱盧廣森,盧連章主編《洛學及其中州後學》下篇第五章《清代的中州後學》,開封:河南大學出版社,1999 年。

是古代學術的常態。這些學術團體的學術主張大體相似，他們在學術上聲氣相通，在共同學術主張的推廣、學術著作的刊刻傳播、學術思想傳承等方面，形成了一定的規模效應，使得不同的學術主張在各個地區能夠數百年甚至上千年薪火相傳。康熙三十三年（1694）翰林散館，授予翰林院檢討之職。康熙皇帝用《理學真偽論》為題，考察翰林院編修、檢討諸人，冉覲祖亦參加。實際上，這是康熙皇帝想把「道統」收歸「政統」之下，做「君師合一」的思想和政治兩個領域最高領導的一次努力。他批評李光地等程朱理學名臣的理學是「假理學」。康熙作為儒家道統繼承人的地位，在官修的儒家典籍、性理類典籍的序言中得到確認，李光地等人均稱讚他道統與治統合於一身。「治統在是，道統亦在是」。宋代理學家所設計的皇權「與士大夫共治天下」政治理想，至此消散殆盡。康熙三十四年（1694）冉覲祖開始編纂《易經詳說》，次年完成。康熙三十七年（1698）在請假遷葬父母期間，編纂成《孝經詳說》。次年，受張伯行之邀主講儀封請見書院，常與張伯行切磋學問，相互以洛閩正學相勉勵。康熙四十年（1701）入京補原職，開始編纂《春秋詳說》，於三年後（1704）完成。康熙四十一年（1702），撰成《正蒙補訓》，此年已經六十六歲。明年二月，以老病辭官。此後在家開館授徒，講正學和習舉業者兼收，並分室授業。康熙四十八年（1709）開始編纂《禮記詳說》，三年後（1712）完成。康熙五十二年（1713）編纂成《詩經詳說》。至此，五經《詳說》均已編纂成。此時，朝廷正在纂修五經，李光地以冉覲祖撰有《五經詳說》奏聞康熙帝，任總纂修的劉統勳奉上諭派人從冉覲祖家中將《五經詳說》借走以供擇取，後歸還。康熙五十六年（1717），冉覲祖點定《五經詳說》，次年（1718）《五經詳說》脫稿。冉覲祖於該年十一月二十八日逝世，享年八十二歲。彌留之際，命子刊刻遺稿。雍正年（1723）入鄉賢祠。乾隆二年（1737），理學名臣尹會一任河南巡撫，以冉覲祖配享大梁書院。

冉覲祖二十七歲（1663）即中河南鄉試解元，卻直到五十五歲（1691）時方中進士。此後，他任翰林院檢討。由於仕途坎坷，冉覲祖把更多的時間和精力用於著書立說上。冉覲祖為學尊程朱，與他交往的中州理學家竇克勤、李來章，邀請他講學的張伯行、耿介，他中進士時最欣賞他考卷的李光地，這些人都是為學尊程朱的。《清儒學案》把冉覲祖列於《安溪學案》，視其為李光地的弟子，可能因為李光地是冉覲祖中進士時座主的緣故。然而，這是不大適當的。

實際上，冉覲祖比李光地年長六歲，也並未問學於李光地。不過，李光地對冉
覲祖評價並不高。他說：「耿逸庵稱冉永光為今之程朱，永光即刊刷贈人，真
是憒憒。古人見後起可畏，雖亦稱許，卻有分寸。」〔註40〕冉覲祖編纂的《四
書詳說》、《五經詳說》等著作，動輒數十卷，但這些著作大多只是摘抄程朱及
其後學對這些儒家典籍的注釋，很少有自己的創造。《正蒙補訓》以及以上所
提諸書，《四庫全書總目》皆著錄於存目。從忠實於《正蒙》本意，為理解張
載《正蒙》提供了一種比較可靠的注解本的角度看，冉覲祖《正蒙補訓》在《正
蒙》研究和張載哲學詮釋史上有較為重要的地位。當然，冉覲祖《正蒙補訓》
的立場是程朱理學的立場，他從程朱理學的角度對《正蒙》做了注解。

（二）《正蒙補訓》的注釋特點

冉覲祖在康熙四十一年（1702）六十六歲時，撰成《正蒙補訓》四卷。
〔註41〕現存有該書康熙四十一年刻本。王植 1723 年首次刊刻的《正蒙初義》，
引用了《正蒙補訓》。冉覲祖的相關傳記資料中也會提及此書，此外則沒有關
於此書的著錄信息。

《正蒙補訓》卷首自序，冉覲祖說明了撰寫此書的原因。他說：「國家設
科取士，以《太極（圖說）》、《通書》、《西銘》、《正蒙》同《孝經》命題作論，
功令煌煌，昭如日星，則此數者為不可不讀之書……夫用之於場屋，必講求於
憲下，況乎問天人之奧旨，續鄒魯之微言，不僅供場屋之用哉。向在京師，有
《性理附訓附評》之梓，《太極》、《通書》、《西銘》粗為訓詁，《正蒙》辭煩，
缺焉未備。及予捧檄重來，都門士子歡然過從，以求續為完書。予雖老，不廢
簡編，自去冬起稿，訖夏而竣。謂之《補訓》者，補予向所未訓，以與《太極》、
《通書》、《西銘》續為一編。倘謂朱子當日未注《正蒙》，越數百年而補其缺，
甚非末學所敢任也。」〔註42〕那麼，冉覲祖注《正蒙》的目的，應該是應京師

〔註40〕李光地著，陳祖武點校：《榕村語錄　榕村續語錄》，北京：中華書局，1995
　　　年，第 785 頁。
〔註41〕《正蒙補訓》卷首自序時間為，「康熙壬午（1702）橐月穀旦年陽冉覲祖識於
　　　居停之華洲館」，橐月為農曆五月。另外，冉覲祖年譜「康熙四十一年壬午（公
　　　元 1702）六十六」條記載：「《正蒙補訓》書成。」呂元亮編，婁繼周增刪補
　　　校：《（冉覲祖）年譜》，載婁繼周：《一代名儒冉覲祖》，北京：中國文史出版
　　　社，2008 年，第 138～148 頁。
〔註42〕冉覲祖：《正蒙補訓自序》，轉引自林樂昌：《正蒙合校集釋》，北京：中華書
　　　局，2012 年，第 986～987 頁。

士子之請而撰寫的,方便考科舉的士子「用之於場屋」了。雖然他主觀希望士子們能通過讀此書以究天人之奧。

冉覲祖在《正蒙補訓》的部分章節中,引用了《正蒙集釋》〔註43〕、吳訥的《正蒙補注》〔註44〕,並有所評論。這說明,冉覲祖很可能見到過明代《性理大全》三注合一的《正蒙》注本。此後,王植《正蒙初義》也引用《性理大全》三注,說明《性理大全》版的三個《正蒙》注本在康熙末年時是很常見的。

冉覲祖的《正蒙補訓》,也有一定的特色。在注釋《正蒙‧太和篇》「由太虛有天之名」章時,他說:「太虛屬理,氣化屬氣。……天者,虛空之理也,非以茫茫太虛為天。……氣化不齊,太虛之理為主宰,故謂之道。理附於氣,氣以載理。合太虛之理與氣化,生人生物,而為人物之性,即『天命之謂性』。氣以形成而理賦焉者也。性雖合虛與氣,而以太虛之理為主。氣在心則有知覺,故合性之理與知覺之氣,而謂之心。」〔註45〕冉覲祖認為,張載的「太虛」概念屬「理」,「天」也是「虛空之理」。但是他隨後使用的「太虛之理」一詞,似乎又認為太虛不是理,太虛之外另有理。作為程朱學者的冉覲祖,主要以程朱理學的理氣觀念來理解張載的太虛與氣的關係。「氣以成形而理賦焉者也」〔註46〕,就是朱熹《中庸章句》中注釋「天命之謂性,率性之謂道,修道之謂教」三句時的用語,此語常被朱子後學引來說明朱熹的理氣觀。冉覲祖注釋《正蒙‧太和篇》「氣之聚散於太虛,猶冰凝釋於水」章時說:「氣聚散於太虛,為聚為散,皆太虛也。『猶冰凝釋於水』,或凝或釋,皆水也。『無無』,下『無』字實,謂無氣也。」〔註47〕這裡又把太虛看作氣。注釋《正蒙‧太和篇》「氣本之虛湛本無形」章時,他說:「『倏而生,忽而成』承上『感而生』生字來,言氣由虛而生者。」〔註48〕這裡又把氣看作由虛所生。總之,冉覲祖並沒有理解張載把太虛看作超越存在的深意。

冉覲祖注釋《正蒙‧乾稱篇》「凡可狀,皆有也」章時說:「此與《太和篇》首章相照應。其云『太和』,即氣也。」這裡又把張載的「太和」概念理解為「氣」,很可能是受朱熹《周易本義》把太和理解為「沖和之氣」的影響,而

〔註43〕 參見林樂昌:《正蒙合校集釋》,北京:中華書局,2012年,第44頁。

〔註44〕 參見林樂昌:《正蒙合校集釋》,北京:中華書局,2012年,第12～13頁。

〔註45〕 參見林樂昌:《正蒙合校集釋》,北京:中華書局,2012年,第64頁。

〔註46〕 朱熹:《四書章句集注》,北京:中華書局,1983年,第17頁。

〔註47〕 參見林樂昌:《正蒙合校集釋》,北京:中華書局,2012年,第52頁。

〔註48〕 參見林樂昌:《正蒙合校集釋》,北京:中華書局,2012年,第87頁。

不認同張載用「太和」指「道」。

　　總之，作為程朱學者的冉覲祖，其《正蒙補訓》的程朱理學特色是非常濃厚的。在解釋張載「太虛」、「太和」概念時，都受到了朱子思想的極大影響。同時，作為科舉場屋之用，和冉覲祖大部頭的《五經詳解》一樣，此書在思想方面並無新意。但是，從正解正讀張載《正蒙》方面來看，除對「太虛」、「太和」概念的理解之外，在其他方面的注解則平實可信。

二、張棠周芳合注《正蒙注》

（一）張棠生平考辨及其思想大略

1. 張棠生平考辨

　　《四庫全書總目》卷一百八十四介紹了《賦清草堂詩抄》的作者張棠。「張棠，字吟樵，華亭人。康熙丙子（1696）舉人，官至桂林府知府，告歸後加銜為太僕寺少卿。」〔註49〕張棠，又字南暎。〔註50〕

　　張棠的生年，從《賦清草堂詩抄》（以下簡稱《詩抄》）中可以推斷而知。《詩抄》卷五《辛丑（1721）除夕感懷》題下小注為「是月廿三日，余六十生辰」，其詩起首兩句為「壬寅（1722）新曆重頭起，花甲周輪已過旬。」〔註51〕這裡明確說明1721年農曆臘月二十三日為張棠六十歲壽辰，至除夕日，其人生歷程已經渡過了一個甲子（六十年）又加一旬（十天）。那麼，張棠出生於上一個辛丑（1661）年農曆臘月二十三，按西曆應該在1662年。張棠的生年，從下面一首詩也可以得到驗證。《詩抄》卷五《壬辰（1712）除夕泊洞庭湖》有兩句：「五十一歲嗟已過，六千零路半猶虛。」〔註52〕

　　張棠的卒年無明確記載。《賦清草堂詩鈔》沈大成乾隆己卯（1759）序言云：「雍正庚戌（1730）之冬，……未久，而太僕（指張棠）旋歸道山。」《松江府志》記載「年七十三卒」，我們根據他出生於辛丑（1661）年，可以斷定他卒於1733年。

　　張棠的生平經歷，從沈大成序言中也可管窺一二。「先生之少也，生於鼎族……兄周寒溪太史、弟長史庶常，螢窗雪硯，切磋為詩文。辛酉（1681）省

〔註49〕永瑢：《四庫全書總目》，北京：中華書局，1965年，第1667～1668頁。

〔註50〕謝庭薰：《（乾隆）婁縣志》卷二十五，乾隆五十三年刊本。

〔註51〕張棠：《賦清草堂詩鈔》卷五13a，集261～560。

〔註52〕張棠：《賦清草堂詩鈔》卷五3b，集261～555。

其親少司馬，始遷京師。丙子（1796）舉於鄉。同舉焦南浦徵君益相勉於學。……以選人為尚書郎，出守桂林（1710～1712，考證下詳）。……以太夫人年高乞養歸。雖居林泉，不忘公家。曾一請助餉於邊，繼請分濬吳淞水利。天子嘉之，即加拜太僕少卿。」此處提及的「出守桂林」、「助餉於邊」、「分濬吳淞水利」三事，文獻均有記載。

張棠任桂林府知府的時間，我們也可以根據地方志對官員任職時間的記載推斷出來。據《（雍正）廣西通志》卷五十七記載，「張棠，字吟樵，江南婁縣人，舉人。康熙四十九年任。」他的繼任者「吳元臣，字恪齋，江南宜興人，進士，康熙五十一年任。」〔註53〕另外，《松江府志》記載：「守桂三載」。由此可知，康熙四十九年（1710）至康熙五十一年（1712）任桂林府知府。具體離任時間為康熙五十一年冬天。

《詩抄》康熙五十二年（1713）序，記載了從桂林知府任上告歸途中所經歷山水名勝，說明寫《江上吟》之詩的緣由。「自桂林從水道歸故鄉，所歷巨浸，大率以江名……為程六千五百餘里，為時一百三十餘日。」凡所經過的名勝，張棠大都有詩歌。春天到家後回憶而作《江梅盛開回憶桂署梅花》，首句為「去冬嶺外梅花早」，自注曰「予臨行，署中梅花正開」，可見是1712年冬天離任。《壬辰（1712）除夕泊洞庭湖》，除夕已經到洞庭湖。《癸巳元日》有「起舵巴邱喧榜人」句，可見正月初一到達巴邱。《立春日題晴川閣》有「對岸樓傳黃鶴樓」句，立春之日到了湖北。行至安慶，見到了親兄弟，有詩歌相贈，《安慶張使君，與予兄弟也，時方抱痾潦倒欲歸，因賦長句相慰》，前兩句為「三載別來愁兩地，相逢且盡一家歡」，再次印證了《松江府志》所謂「守桂三載」的記錄。

張棠「助餉於邊」和「分濬吳淞水利」二事，《松江府志》有如下簡略記載。「西垂用兵，請出家貲助餉。雍正八年（1730），朝廷以蘇松水道淤塞，大發帑金開濬吳松（淞）江故道，復請助銀三萬。世宗憲皇帝嘉獎，特授太僕寺少卿。」

從現有文獻記載看，張棠至少有張卿雲、張景星兩個兒子，一個女兒。《松江府志》記載「子卿雲，字慶初，以諸生貢成均，後積捐至運同，以母老不謁選，與弟景星友愛無間。撫甥葬師，鄉里推為長者。景星，字二銘，候補主事，性長厚，喜賓客，卜築城南之梅園，名流燕集，聲色自豪，有孔

〔註53〕金鉷：《（雍正）廣西通志》卷五十七，文淵閣四庫全書本。

北海、劉道和之風焉,卒年七十六。」張棠有一女,嫁給王嘉植。劉大觀(1753
～1834)《題松江王孺人小像》的小序曰:「孺人,太僕卿張棠之女,華亭諸
生王嘉植之妻,歸植一年而寡,留遺腹子,撫以成人,翁姑養葬,胥資十指
以為營辦。」〔註54〕

現存《張子正蒙》的版本就是「雲間卿雲」刻本。卿雲,張卿雲也。雲間,
乃張棠的籍貫松江府的古稱,府治在華亭縣。張棠在《詩抄》自序中亦自稱「雲
間張棠」。《詩抄》每卷開始都署名「雲間張棠吟樵」,卷末均有「男雲卿、景
星恭校」。

2. 張棠的思想大略

張棠早年的思想比較複雜,既有與禪師談禪且嚮往之的情愫,又好老莊之
玄理。

《詩抄》沈大成序說,張棠自桂林卸任回家歸隱林泉後喜好禪學,樂與禪
師交遊。「晚耽禪悅,與上人交最久,《完玉堂詩》即先生之所刻。……晚有悟
於宗門背觸之旨。」從《詩抄》看,他早年(卷一刻於康熙丁卯1687)就有與
禪師談禪的經歷,且表現出嚮往此種生活的意願。《宿廣德寺》:「……相逢是
吳僧,相對話禪定。……願言棲此間,日夕聞清磬。」

《擬江文通雜體詩三十首》之「嵇中散(康)言志」中曰:「遠俗貴妙
識,哲人務研求。守一悟至理,葆光任夷猶。順神復養性,與道共沉浮。至
哉老莊理,稊稗與螻蟻。富貴俾心亂,嗜欲俾人愁。人生不滿百,胡為千歲
憂。」〔註55〕

張棠晚年喜禪,刻禪師詩集,《詩抄》中亦多有詩可證,此不贅。張棠中
年一直到1712年(五十一歲)卸任桂林知府這段時間的思想如何,沒有更多
的資料。《詩抄》卷四《甲子(1684)秋應試都下次見詒韻》前兩句為「三載
恍如過隙陰,重逢逆旅每相尋。」三年前的1681年他到都城省視父親,而三
年後的今天他來參加鄉試,但是他中舉要到「康熙丙子(1696)」。從第一次參
加鄉試到中舉,中間有十五六年的時間,為了應舉業,他肯定得學習儒家的四
書五經。而此一時期,康熙正提倡程朱理學,納入科舉考試範圍的《太極圖說》、
《通書》、《西銘》、《正蒙》等書,自然在必讀之列。他後來與周芳一起注釋《正
蒙》,也就可以理解了。張棠、周芳注釋的《正蒙注》,現存康熙四十六年(1707)

〔註54〕劉大觀:《題松江王孺人小像》,《玉磬山房詩集》卷二,清道光刻本。
〔註55〕張棠:《擬江文通雜體詩三十首》,《賦清草堂詩鈔》卷一4b。

雲間刻本。此年，四十七歲的張棠中舉人已經十年。與張棠合撰《正蒙注》的周芳，筆者據現有資料尚未發現有關其人生平的資料，不得不暫付闕如。

（二）張棠、周芳《正蒙注》的思想特色

張棠、周芳合作撰注的《正蒙注》，其思想有一定的特色。

第一，張棠、周芳注重指出《正蒙》用語的儒家經典來源，並常指出張載所使用的意思與經典本身的差異。張棠、周芳注許多章節中，指出了《正蒙》用語來源於《周易》、《禮記》、《中庸》、《論語》、《孟子》等儒家經典。比較常用的形式是，「此釋《中庸》誠者物之終始不誠無物也」。

張載之學，「以易為宗」，《正蒙》中有大量從《橫渠易說》中裁取的文字。張棠、周芳注在多處指出，「此釋《易》形而上、形而下之說也」、「此亦引《易》而釋之」、「此釋《易》富有之謂大業，日新之謂盛德也」、「此釋《易》無方無體之說也」、「此釋《易》而申明上節之意」等等。〔註56〕對有些注解，指出張載之引用不符合《周易》原意，但也有自己的道理。例如，「此釋《易》文，皆與本義少別」、「此節釋《易》皆非本旨，而亦有至理存焉。」〔註57〕

張載之學，「以《中庸》為體」，《正蒙》中大量引用《中庸》原文。張棠、周芳注指出，「此與下節釋《中庸》之自誠明也」、「此釋《中庸》誠者物之終始不誠無物也」、「此釋《中庸》之二十一章」、「此與下節釋《中庸》之二十二章」等等。〔註58〕

此外，張棠、周芳注也指出《正蒙》對《論語》、《孟子》、《尚書》、《詩經》等書的引用。例如，「此釋《禮（記）·祭義篇》文」。〔註59〕「此論《書·皋陶謨篇》天秩天序之說也」。〔註60〕「此非《詩傳》本意，亦微有語病，學者須善會之」。〔註61〕「出王，按《詩傳》當作出往」。〔註62〕「此釋《論語》上智下愚不移之說，與本注不同」。〔註63〕「此引《禮記》以釋《魯論》

〔註56〕參見林樂昌：《正蒙合校集釋》，北京：中華書局，2012年，第175、177、180、201、233頁。

〔註57〕參見林樂昌：《正蒙合校集釋》，北京：中華書局，2012年，第251、184頁。

〔註58〕參見林樂昌：《正蒙合校集釋》，北京：中華書局，2012年，第287、294、295、298頁。

〔註59〕參見林樂昌：《正蒙合校集釋》，北京：中華書局，2012年，第173頁。

〔註60〕參見林樂昌：《正蒙合校集釋》，北京：中華書局，2012年，第268頁。

〔註61〕參見林樂昌：《正蒙合校集釋》，北京：中華書局，2012年，第356頁。

〔註62〕參見林樂昌：《正蒙合校集釋》，北京：中華書局，2012年，第169頁。

〔註63〕參見林樂昌：《正蒙合校集釋》，北京：中華書局，2012年，第353頁。

也」。〔註64〕「以蓄為聚，與《孟子》本注不合」。〔註65〕

　　從以上的引文中我們可以看出，張棠、周芳注在指出《正蒙》所引用儒家經典的時候，有一個潛在的認識：四書五經是儒家最重要的經典，《正蒙》的作用在於它對四書五經的詮釋。所以，當張棠、周芳在注中指出《正蒙》對四書五經某句注解「微有語病」、與本義不同、與本注不合的時候，他們是在提醒讀者，《正蒙》因為詮釋四書五經而獲得的重要地位因此得到了削弱。當張棠、周芳在注中指出《正蒙》某章是以某經典解釋另一經典時（例如：此引《禮記》以釋《魯論》），他們是要說明，《正蒙》以「引經證經」的方式對後一種經典的詮釋做出了貢獻而使得本身具有了依附於經典的價值。總的來看，在以四書五經為最終經典的宋元以後的儒學傳統中，《正蒙》等其他新經典的地位是依附於四書五經這些經典著作而確立的。在注釋過程中，張棠、周芳不斷指出《正蒙》某章某句引用四書五經中的某句，其是否符合四書五經的本意，這種貫穿於整個注釋過程的不斷重複，啟示我們《正蒙》等宋明理學經典作為儒家經典，其地位是次於四書五經的，其合法性也以是否準確詮釋了四書五經的微言大義為準。科舉考試中之五經科，其重要性遠過於《正蒙》。當然，張棠、周芳指出張載論學所針對的經典，有利於我們現代研究者重現張載論學的語境。

　　第二，尊朱貶張。張棠、周芳注釋《正蒙》以程朱為尊，常指出《正蒙》對儒家經典的解釋與二程、尤其是與朱熹的差別之處，且在態度上表現為尊朱熹而貶張載。

　　《正蒙·乾稱篇》曰：「將修己，必先厚重以自持。厚重知學，德乃進而不固矣。忠信進德，惟尚友而急賢。欲勝己者親，無如改過之不吝。」〔註66〕張棠、周芳注為：「此《論語》『重威』章說也。解『不固』為『不拘固』，與朱子說異。至釋『主忠信』三句，節節相承，並有精理可與朱注互參。」〔註67〕在張載的解釋與朱子有差別，但是義理可以相互參考的地方，比如注解「主忠信」，張棠、周芳提醒「可與朱注互參」，認可了張載的價值。在兩者差異過大的地方，比如張載把《論語》的「君子不重則不威，學則不固」之「不

〔註64〕參見林樂昌：《正蒙合校集釋》，北京：中華書局，2012年，第166頁。
〔註65〕參見林樂昌：《正蒙合校集釋》，北京：中華書局，2012年，第651頁。
〔註66〕張載：《張載集》，北京：中華書局，1978年，第66頁。
〔註67〕參見林樂昌：《正蒙合校集釋》，北京：中華書局，2012年，第960頁。

固」解釋為「不拘固」，張棠、周芳指出這種解釋「與朱子說異」。實際上，他們是借朱子的權威，批評張載對此章的注釋有誤。朱熹《四書章句集注》對「學則不固」解釋說：「固，堅固也。輕乎外者，必不能堅乎內，故不厚重則無威儀，而所學亦不堅固也。」〔註68〕朱熹把「固」解釋為「堅固」，明顯地與張載解釋為「拘固」不同。張棠、周芳注在許多章節指出張載對四書五經注解與程朱異，潛在的意涵是，張載對這些章節的注解是錯誤的，應該以程朱的理解為準。

張載《正蒙・參兩篇》末章為「陽陷於陰為水，附於陰為火。」〔註69〕張棠、周芳注曰：「此申上節之意而見離之為卦，是陽麗於陰而非陰麗於陽也。說與程子、《本義》不同。」〔註70〕水為坎卦，火為離卦。張載認為陽「附於陰為火」，也就是說他認為離卦是陽附於陰。張棠、周芳認為，張載之說與程頤《程氏易傳》和朱子《周易本義》均不同。《程氏易傳》認為，離卦「取其陰麗於上下之陽，則為附麗之義」。〔註71〕《周易本義》認為，「離，麗也。陰麗於陽，其象為火，體陰而用陽也。」〔註72〕張棠、周芳注指出張載對離卦的理解與二程正好相反，意欲何為呢？很顯然，在程朱作為理學意識形態的清代康熙年間，作為程朱輔翼的張載，其思想與程朱不同之處，意味著其解釋被看作是有問題的。在以程朱為標準的科舉考試中，張載此解在張棠、周芳看來，因為與程朱相悖，所以不被他們認可。

張載《正蒙・參兩篇》首章說「天所以參，一太極、兩儀而象之，性也。」〔註73〕張棠、周芳注曰：「太極即性，而此以太極、兩儀之合一處為性，似與周子《圖說》稍別。」〔註74〕周敦頤被朱熹通過《近思錄》、《伊洛淵源錄》的道統構建而成為道學開山。《太極圖說》在道學中之所以重要，實際上是因為朱熹《太極圖說解》的重要。張棠、周芳注此處指出張載論性與周敦頤《太極圖說》稍微不同，實際上是要說張載太極兩儀合而為性思想，不符合朱熹「太極即性」的說法。

〔註68〕 朱熹：《四書章句集注》，北京：中華書局，1983 年，第 50 頁。
〔註69〕 張載：《張載集》，北京：中華書局，1978 年，第 13 頁。
〔註70〕 參見林樂昌：《正蒙合校集釋》，北京：中華書局，2012 年，第 164 頁。
〔註71〕 程顥、程頤：《二程集》，北京：中華書局，2004 年，第 849 頁。
〔註72〕 朱熹：《周易本義》，北京：中華書局，2009 年，第 125 頁。
〔註73〕 張載：《張載集》，北京：中華書局，1978 年，第 10 頁。
〔註74〕 參見林樂昌：《正蒙合校集釋》，北京：中華書局，2012 年，第 101 頁。

《正蒙·樂器篇》「『綢直如髮』，貧者紾縱無餘，順其發而直韜之爾。」
〔註75〕張棠、周芳注指出，「『綢直如髮』，朱《傳》謂以三四章推之，亦言其
發之美耳。而今以為貧女無飾之辭，義亦不合。」〔註76〕注者顯然是尊朱《傳》
而貶張載的。張棠、周芳注《正蒙·樂器篇》的多處，指出張載對《詩經》的
解釋，與「朱注」或「朱《傳》」不合、少異，同樣是尊朱而貶張。

張棠、周芳注的其他地方，還有不少指出張載之意有與朱熹不同之處。例
如，指出《正蒙》對《論語》「生知安行」、「學知利行」的理解，與朱子《論
語集注》「微不同」。〔註77〕張棠、周芳指出張載這個前輩學者與後學朱子對經
典理解的不同，明確地表達了他們的注釋尊朱子為正統、以朱子為最終裁決標
準。在科舉考試中，對《四書》的解釋，要以朱熹《四書章句集注》的說法為
標準。即使只是為了幫助士子應付考試，張棠、周芳也應該告訴士子要區分張
載對四書的注釋與朱熹注釋的不同。因為，《四書》比《正蒙》在科舉中的地
位重要得多。

第三，思想詮釋上的新意。張棠、周芳在詮釋《正蒙》一些章節時也富有
新意。張載《正蒙·動物篇》說「賢才出，國將昌」〔註78〕，張棠、周芳注曰：
「出者，出而見用於世，非徒生之也。」〔註79〕這裡深刻地說明了，國家要昌
盛，不僅僅要培養出賢能人才，還要有賞識賢能人才的伯樂，更要有讓賢能人
才有用武之地的用世途徑。否則，只是培養出賢才而不重用賢才，與無賢才無
異。

第四，張棠、周芳把張載的「太虛」概念理解為「氣」，未得張載本意。
張棠、周芳注釋《正蒙·太和篇》「氣聚散於太虛，猶冰凝釋於水，知太虛即
氣，則無無」〔註80〕章說，「知水之即冰，則知太虛之即氣。冰釋為水，水非
無也；氣散為虛，虛亦非無也。」〔註81〕張棠、周芳在這裡把「太虛即氣」之
「即」字理解為謂詞「就是」。牟宗三把「即」字理解為圓融之「即」、不離之

〔註75〕張載：《張載集》，北京：中華書局，1978 年，第 56 頁。
〔註76〕參見林樂昌：《正蒙合校集釋》，北京：中華書局，2012 年，第 801 頁。林樂
　　　昌指出，「貧者紾縱無餘」一句中「縱」，中華書局本《張載集》因形近而致誤，
　　　據宋本《諸儒鳴道集》中之《正蒙》，「縱」當作「縫」。
〔註77〕參見林樂昌：《正蒙合校集釋》，北京：中華書局，2012 年，第 446 頁。
〔註78〕張載：《張載集》，北京：中華書局，1978 年，第 20 頁。
〔註79〕參見林樂昌：《正蒙合校集釋》，北京：中華書局，2012 年，第 263 頁。
〔註80〕張載：《張載集》，北京：中華書局，1978 年，第 8 頁。
〔註81〕參見林樂昌：《正蒙合校集釋》，北京：中華書局，2012 年，第 53 頁。

「即」、「通一無二」之「即」,而非「等同」之「即」。顯然,張棠、周芳的理解與牟宗三的理解相反。張棠、周芳認為,太虛與氣的關係,就是水與冰的關係。氣散為虛,雖然眼睛不可見,但只是把有形變成了無形,並非存在之物絕對消失不在。這種關係,就像冰釋為水,只是形態的變化,而非從有到無的變化。

張棠、周芳注釋《正蒙·太和篇》「氣聚則離明得施而有形」章說,「人之分別有無者,以目之有見、有不見耳。不知聚而有象,不過為太虛之客,不得謂之有也。散入無形,適得太虛之體,不得謂之無也。」〔註82〕氣聚而為有象之物,張棠、周芳稱之為「太虛之客」。物散入無形,張棠、周芳稱之為「太虛之體」。顯然,張棠、周芳「太虛之客」、「太虛之體」兩語中之「太虛」,都是指氣。

張棠、周芳注釋《正蒙·太和篇》「由太虛有天之名」章說,「積氣為天,而太虛為氣之本體,所謂『虛空即氣』也,非謂有生於無也。」〔註83〕張棠、周芳所理解的「天」,是積氣為天;所理解的「太虛」,是充滿氣的廣大空間。因此,張棠、周芳雖然多次引用張載的「太虛無形,氣之本體」一語,但是他們是認為太虛是充滿希微之氣的虛空空間,或者希微之氣。例如,張棠、周芳注釋《正蒙·太和篇》「氣坱然太虛」章說,「太虛者,氣之本體也」。〔註84〕《正蒙·太和篇》「氣坱然太虛」之「太虛」,主要是空間涵義。張棠、周芳注在此處指出,「太虛者,氣之本體」,顯然不是在宇宙本體論的意義上把「太虛」作為超越的存在者。張棠、周芳對此處「本體」的理解,不是西方哲學「ontology」意義上的本體。張棠、周芳注釋《正蒙·乾稱篇》「太虛者,氣之體」章說,「太虛無形,氣之本體者,虛也。因陰陽屈伸之相感而無窮無數者,虛之應也。一而能散,散而本一,所謂陰陽不測之神也。」〔註85〕同樣,此處的「太虛」和「本體」,也非指出超越存在者與「ontology」。張棠、周芳注釋《正蒙·太和篇》「氣之為物,散入無形,適得吾體;聚為有象,不失吾常」章說,「散則入而無矣,固適得太虛之體也;聚則出而有矣,亦不失太虛之常也」。〔註86〕有形之物散而為「無」,此「無」不是一無所有的絕對虛空,而是眼所不見而

〔註82〕參見林樂昌:《正蒙合校集釋》,北京:中華書局,2012年,第49頁。
〔註83〕參見林樂昌:《正蒙合校集釋》,北京:中華書局,2012年,第45頁。
〔註84〕參見林樂昌:《正蒙合校集釋》,北京:中華書局,2012年,第45頁。
〔註85〕參見林樂昌:《正蒙合校集釋》,北京:中華書局,2012年,第956頁。
〔註86〕參見林樂昌:《正蒙合校集釋》,北京:中華書局,2012年,第26頁。

實有其氣。張棠、周芳在此處的「適得太虛之體」，其所謂「太虛」，當然是指眼所不見而充滿氣的空間。無形之氣聚而為有形之物，氣之本性未嘗變化，張棠、周芳認為這就是「不失太虛之常」。

生活在清代初年的張棠、周芳，他們所理解的「太虛」和「本體」，皆不得張載之本意。這既反映了作為注釋者的張棠、周芳形上思辨能力的缺弱，也反映了清初理學家對宇宙本體論思考興趣的減弱，已經無法理解張載時代的深奧議題了。

三、楊方達及其《正蒙集說》

（一）楊方達其人及其著述

《正蒙集說》撰著者楊方達，《國朝學案小識》〔註87〕和《清儒學案》皆有傳，後者主要依前者而來，但對楊氏的著述記錄更詳細。《清儒學案》第五十六卷為震滄學案，案主為顧棟高（1679～1759，字復初，一字震滄，又自號左畬，江蘇無錫人），附有華希閔和楊方達的傳記。其中對「楊先生方達」的介紹曰：

> 楊方達，字符倉，武進人。雍正甲辰（1724）舉人。閉戶著書，絕干謁，鄉里重之。舉經學，不應。卒年七十九。著《周易輯說存正》十二卷，附《易說通旨略》一卷。分經二篇、傳十篇，一依《本義》之舊。大旨多主《本義》，惟卦變之說，主程而不主朱。其體例以為，必使正義先明，而後以旁義參之，賓主秩然，則條理可得。故凡言變互者，皆列之圈外，使不與正義相混。又以爻位之正不正、有應無應，為卦中之大義，象辭、爻辭皆從此推出，故每卦卦畫之下，即為注明。末附《通旨略》，雜引先儒象象爻位之說，間亦參以己見，蓋仿王弼《略例》而為之也。又《易學圖說會通》八卷、《續聞》一卷，先天之學不離於陳、邵。又《尚書約旨》六卷、《通典略》二卷、《春秋義補注》二卷、《正蒙集說》十二卷。（參《武陽合志》、《學案小識》。）〔註88〕

〔註87〕唐鑒：《國朝學案小識》卷十三，《唐鑒集》，長沙：嶽麓書社，2010年，第684頁。

〔註88〕徐世昌：《清儒學案》第五十六卷，石家莊：河北人民出版社，2008年，第2000頁。

楊方達生卒年不詳，我們只知他「卒年七十九」。我們下面試圖根據楊方達所著各書的序文時間，大概勾勒出他的生卒年範圍。

《易學圖說會通》乾隆刻本，書前有「乾隆二年（1737）九月」陽羡儲大文（1665～1743，字六雅，號畫山，江蘇宜興人）序文，「乾隆二年（1737）二月」荊溪同學弟任啟運（1670～1744，字翼聖，世稱釣臺先生，江蘇宜興人）序文，「乾隆二年（1737）三月」海陽同學弟金德瑛（1701～1762，字汝白，號檜門，浙江仁和人）序文，以及「乾隆三年（1738）歲次戊午七月」楊方達自序。生於 1670 年的任啟運，生於 1701 年的金德瑛，均自稱「同學弟」，實際上，楊方達與二人為同學是可能的，但早於 1670 年出生是不可能的。因為享年七十九楊方達，即使 1670 年出生，卒年也當是 1748 年。而他 1753、1754 年還在為自己的書撰序，顯然這是不可能的。楊方達應該在 1670 年以後出生，年齒小於任啟運，任啟運作序稱同學弟只是古人的一種自謙。

《易學圖說會通》主要尊主朱子及其《易學啟蒙》，以闡發易學和性理之學。據該書《凡例》「《易》學、性理本相貫通，《性理大全》門類甚繁，《易學啟蒙》篇辭頗約。此書以易學為標，由本及支，引申觸類，總期推廣《啟蒙》而性理亦粲著焉。」「理學以宋儒為歸，宋儒以周程張朱為的，明有宗也。」「宋世象數傳自圖南，邵子得之而始窮其奧，義理闡於濂溪，程子繼之而益發其藏。然必待朱子以集其成，而象數、義理之精微畢顯，故集中以朱子之言為主。」〔註89〕可見，楊方達的易學是尊主朱子的。朱子易學本偏重象數，以易為卜筮之書，而楊方達則認為朱子易學象數於義理兼備。

《尚書約旨》、《尚書通典略》今存乾隆刻本，楊方達均自序於「乾隆十有八年（1753）三月幾望」。《尚書通典略》書前有顧棟高（1679～1759）序，「乾隆癸酉（1753）八月上浣五日錫山同學弟顧棟高」。同時附有顧棟高癸酉六月寫給楊方達書信一通，「前把臂快聚，轉盼已四十年，流光如駛，彼此俱成老翁」。由此可知，四十年前（1711）兩人為同學。

《春秋義補注》清乾隆刻本，此書每卷後署名為「合河孫先生稿，後學武進楊方達增注」，書中大多數條目下以「謹按」開始，極少部分以「增」開始，「增」的部分曾提到顧棟高。書前有雍正三年（1725）孫嘉淦（1683～1753，字錫公，又字懿齋，號靜軒，諡文定，山西興縣人）原序，說明孫嘉淦原本刻於雍正三年。我們現在所見的乾隆刻本，是孫嘉淦去世後楊方達增注過的。楊

〔註89〕楊方達：《易學圖說會通》，乾隆刻本。

方達在該書《梗概》中說：「合河文定先生愛士素著，然達在京時未嘗請謁也。後以《易》書呈覽，蒙賜大序，又聞以下士《易圖說》（筆者按：《易學圖說會通》）面奏天聽，未及進呈而先生雲逝。今以蕪陋之見，參校遺論，書成，不得請質於賢門，所以撫卷低徊，而不禁三歎也。爰刊而藏之家塾，以俟君子而是正焉。」可見其與孫嘉淦的關係，及其增注緣由。

乾隆刻本前有「乾隆丙子（1756）上元日錫山同學弟顧棟高」之序。楊方達自序的時間則為「乾隆十有九年甲戌（1754）七月朔」。從此可推斷，1756年時楊方達尚在世。

楊方達的著述甚多。《周易輯說存正》十二卷，附《易說通旨略》一卷；《易學圖說會通》八卷、《續聞》一卷；《尚書約旨》六卷、《尚書通典略》二卷、《春秋義補注》二卷、《正蒙集說》十二卷。〔註90〕《周易輯說存正》十二卷（附《易說通旨略》一卷）、《易學圖說會通》八卷（《續聞》一卷）二書均被四庫著錄為存目書。〔註91〕《易學圖說會通》2012年由山東齊魯書社影印出版。學界對楊方達的研究甚少，目前只有郭彧的《清代的易圖——楊方達的〈易學圖說會通〉和〈易學圖說續聞〉》一篇論文。

（二）楊方達《正蒙集說》的注釋特點：大量抄襲，殊無新意

楊方達《正蒙集說》十二卷的著錄情況：《（光緒）武進陽湖縣志》卷二十八《藝文志》子部儒家類載：「楊方達《正蒙集說》十二卷，存」。另外，《清儒學案》第五十六卷「楊先生方達」，亦提及《正蒙集說》十二卷。該書今存兩個版本：雍正十年刻本、乾隆復初堂藏板本。筆者只見到乾隆復初堂藏板本，該本遵照《正蒙》原本十七篇的次序注釋，共十七卷，而非十二卷，可能是著錄時卷數有錯誤。

復初堂本《正蒙集說》前有三序。其一為，「乾隆六年（1741）正月上瀚豫章劉吳龍書於澄江使院」。其二為，「乾隆五年（1740）孟冬上瀚鶴溪姜兆錫書」。其三為自序，「雍正十年（1732）歲次壬子九月朔後學武進楊方達識」。說明該書已經在雍正十年（1732）完成並刊刻，乾隆六年（1741）又重刻一次。卷十七不載《西銘》，而有《東銘》。

目錄後有《例言》十則，署名為「男友潞、友涑謹述」。第一則確認了《正

〔註90〕王其淦：《（光緒）武進陽湖縣志》卷二十八，光緒刊本。
〔註91〕此二書今可見於《續修四庫全書》。

蒙》的重要性。認為「《正蒙》一書張子手所撰，不比《文集》、《語錄》、《諸經說》為門人記錄之書……雖有小出入，概不敢節」。這裡仍然堅持了程朱對《正蒙》「有小出入」而不十分純正的判斷。第二則明確了該注本對《正蒙》的分章主要依據李光地注本分章。第六則，「伊川謂橫渠之言誠有過者乃在《正蒙》。茲編依文順解，純雜互見，學者涵泳其間當自得之。」再次申明了注者的程朱理學立場，認同《正蒙》立言有不當處，而自己的注解只是隨文順解幫助讀者明白文意，並不表示對《正蒙》的完全認同。第九則指出，「集中注解多採前人之說，惟務貫通，故不載所著姓氏。至有全錄先儒一段者，特書其姓氏云。」但實際上，在多處「全錄」（抄襲）前人注釋時，並未明確說明。後文將舉例說明。第十條最為重要，指出了所參照的四家注解，並對其優劣作了簡單評判。「《正蒙》注解，向有劉近山《會稿》，平易明曉，然失之淺。高雲從《集注》取諸《會稿》而剪裁之，然失之疏。徐德夫有《發明》，亦未盡中肯綮。李安溪自出心裁，闡明要旨，多發前人所未發，但略而不詳。」這裡明確指出參照了劉璣《正蒙會稿》、高攀龍《正蒙集注》、徐必達《正蒙發明》、李光地《正蒙注》。並認為《正蒙會稿》的缺點是太淺顯。指出了《正蒙集注》其實是剪裁、抄襲《會稿》而來的事實。他顯然對《正蒙集注》和《正蒙發明》兩者最不滿意。相比之下，楊方達對李光地注評價最高，認為能闡明要旨且發明新意。從而，楊方達提出自己的目標，「茲編兼採諸說，煩者節之，略者詳之，疑者辨之，繆者正之。庶幾無淺不深，無微不顯。」但以筆者閱讀全篇之後的綜合判斷，所謂「疑者辨之，繆者正之」的情況實際上很少，楊方達的工作主要在於「煩者節之，略者詳之」。更明確地說，主要是以上述提到的他所參照的四家注為基礎，調整次序，讓注釋更順暢而已。楊方達自己的注解，不超過10%，這部分主要集中在他自己的學術專長易學上面，絕大部分只是對四家注次序的調整，文字上幾乎都無變化。所以，《正蒙集說》注解《正蒙》的觀點，大多並非楊方達原創的思想，而應該對照四家注，尋找出這些觀點的原創者。當然，《正蒙集說》中的注解，無疑是楊方達認可的對《正蒙》的注解。

下面我們舉例說明，楊方達具體是如何「兼採」四家之說的。

1. 完全抄襲四家中的某一家之注

（1）抄襲李光地

《太和篇》第12章「由太虛有天之名」章。第19章。《參兩篇》第2章。

（2）抄襲高攀龍（這個問題稍微複雜一點，因為正如楊方達指出的，高攀龍注本身就是「剪裁」劉璣《會稿》而來的。有些楊方達抄襲高攀龍的文字，高攀龍又抄襲自劉璣。）

《參兩篇》第 1 章。

2. 混合抄襲

《太和篇》第 2 章「太虛無形，氣之本體」章。楊方達的注解如下：

> 言太虛無形之中，而氣之本體存焉，即太極也。然太極如性字，太虛如靜字；太極如中字，太虛如未發字。太虛無形，而立無極之真，非以太虛為太極也。聚即勝而伸，散即負而屈。其聚其散，乃陰陽變化，自無而有，自有而無，涉於形爾。太虛以天言；至靜以人言。至靜之中，本無所感，實性之淵源，而理從此出。其有識有知，乃與物相交而為感爾。云客者，非其本體也。言太和而歸之於清通不可象之神，言太虛而極之於變化不可窮之感，互發之義。性無物我、內外，惟盡性之聖人，知體用一源，而不落有無之見也。

劉璣對本章的注解如下（筆者把楊方達抄襲劉璣注的地方用圓括號括在內）：

> 「太虛」，虛空也。必加以太者，蓋凡物之空，或有物可尚，惟虛空則只管空去，所以云太。太虛無形可見，而實氣之本體。其（或聚或散，乃陰陽變化，自無而有，自有而無，涉於形也。1）若語其本體，則寂然至靜，本無所感，（實性之淵源2）。曰淵源者，（理從此出也3）。其風霆流行、庶物露生、（有識有知，乃太虛與物相交而後然耳4）。既交於物，即為感矣。而亦（云客者，非其本體也）。然雖曰客曰無，其實一而已矣。但自不知者言之，固不知聚散、知識為本於太虛。其知者又或指此為本體，是胥失之矣。惟聖人體用一源，既知太虛之本無形感，而又知聚散、知識之為客也。〔註92〕

高攀龍對本章的注解如下（筆者在楊方達抄襲劉璣注的地方用波浪線表示）：

> 「太虛」，虛空也。「至靜無感」，喜怒哀樂之未發也。「客」者，無常之義。「淵源」者，本始之義。「盡性者能一之」，知體用一源，

〔註92〕劉璣：《正蒙會稿》。轉引自林樂昌《正蒙合校集釋》，北京：中華書局，2012年，第 19 頁。

而不落有無之見也。1〔註93〕

徐必達對本章的注解如下：

> 此章論氣而合之人。氣有無形、客形，人有無感、客感。程子
> 所謂「體用一源，顯微無間」，非有二也。人知「體虛空為性」，又
> 知「本天道為用」，斯一之矣。〔註94〕

李光地對本章的注解如下（筆者在楊方達抄襲劉璣注的地方用筆直下劃
線表示）：

> 言太虛無形之中，而氣之本體存焉，即太極也。1朱子《圖解》
> 云：「此所謂無極而太極也。所以動而陽靜而陰之本體也」，正此意
> 也。然周子謂之太極，而張子謂之太虛者，太極如性字，太虛如靜
> 字；太極如中字，太虛如未發字。2人生而靜，天性具焉，非以靜為
> 性也。喜怒哀樂未發，而中存焉，非以未發為中也；太虛無形，而
> 無極之真在焉，非以太虛為太極也。3太虛以天言；至靜以人言。4
> 虛氣一體也，動靜一源也，性無有無、隱顯，無物我、內外故也。5
> 言太和而歸之於清通不可象之神，言太虛而極之於變化不可窮之感，
> 互發之義也。6

由此，我們來分析楊方達是如何「兼採諸家」的？

> 言太虛無形之中，而氣之本體存焉，即太極也。【李光地注1】然
> 太極如性字，太虛如靜字；太極如中字，太虛如未發字。【李光地注
> 2】太虛無形，而立無極之真，非以太虛為太極也。【李光地注3】聚
> 即勝而伸，散即負而屈。（其聚其散，乃陰陽變化，自無而有，自有而
> 無，涉於形爾。）【劉璣注1】太虛以天言；至靜以人言。【李光地注
> 4】（至靜之中，本無所感，實性之淵源，而理從此出。）【劉璣注2、
> 3】（其有識有知，乃與物相交而為感爾。云客者，非其本體也。）【劉
> 璣注4】言太和而歸之於清通不可象之神，言太虛而極之於變化不可
> 窮之感，互發之義。【李光地注6】性無物我、內外，【李光地注5】
> 惟盡性之聖人，知體用一源，而不落有無之見也。【高攀龍注1】

〔註93〕高攀龍：《正蒙集注》。轉引自林樂昌《正蒙合校集釋》，北京：中華書局，2012
年，第20頁。
〔註94〕徐必達：《正蒙發明》。轉引自林樂昌《正蒙合校集釋》，北京：中華書局，2012
年，第20頁。

我們可以看到，此章中除「聚即勝而伸，散即負而屈」、「惟盡性之聖人」這十幾個字之外，其餘全部「兼採」（抄襲）自李光地、劉璣、高攀龍三家注，且本章以抄襲李光地注為主。在抄襲時，個別地方稍有變通。例如李光地言「太虛無形，而無極之真在焉」，楊方達則改為「太虛無形，而立無極之真」。就楊方達注十七卷整體來看，同樣以抄襲李光地、劉璣、高攀龍三家注為主，抄襲徐必達注較少。

楊方達在《例言》中指出，高攀龍注是「剪裁」劉璣《會稿》而來的。從本章的注釋也可以看出，「太虛，虛空也」這一觀點，高攀龍直接抄襲自劉璣。如果把高攀龍注和劉璣注全文做對比，抄襲的地方還會更多，只是有些地方語句會有所變通。所以，楊方達注有些地方雖然抄襲自高攀龍注，實際上，又是高攀龍通過「剪裁」劉璣注而來的。這些情況都提示我們，在研究《正蒙》歷代注的時候，首先要做「辨章學術，考鏡源流」的工作。要先從文獻上認清楚，一些具體的提法，是哪個注本先提出來的，哪些注本只是認同該觀點並引用了它。

例如對《太和篇》首章「太和所謂道」章的注釋。楊方達注以「太和，陰陽會和沖和之氣也」開始，前半段主要抄襲了劉璣注，後半段主要抄襲了李光地注。那麼，此處把張載哲學中重要概念「太和」理解為「陰陽會和沖和之氣」，雖然是楊方達認同的觀點，顯然不是楊方達的首創，而應該理解為劉璣對張載「太和」的理解。劉璣為什麼會如此理解「太和」呢？因為朱子是如此理解的。朱子《周易本義》在注釋乾卦象傳「乾道變化，各正性命，保合太和，乃利貞」時說，「太和，陰陽會和沖和之氣也」〔註95〕。雖然朱子並未明確說過張載「太和所謂道」一句中的太和也是「陰陽會和沖和之氣」，但由於朱子在宋元明清各代的巨大影響力，很少有注者不受此影響。高攀龍抄襲劉璣，當然會認同「太和，陰陽會和沖和之氣」〔註96〕。早於劉璣的吳訥，也認為「太和即太虛，陰陽會和沖和之氣」〔註97〕。張載「太和所謂道」，本意是以太和為道。古代注者受朱子影響而把它歸結為「氣」或「氣化」，失其本旨。〔註98〕

〔註95〕朱熹：《周易本義》，北京：中華書局，2009年，第33頁。

〔註96〕高攀龍：《正蒙集注》，轉引自林樂昌《正蒙合校集釋》，北京：中華書局，2012年，第11頁。

〔註97〕高攀龍：《正蒙集注》，轉引自林樂昌《正蒙合校集釋》，北京：中華書局，2012年，第10頁。

〔註98〕林樂昌：《正蒙合校集釋》，北京：中華書局，2012年，第15～16頁。

四、李元春及其《正蒙釋要》

（一）李元春的生平、著述及其為學宗旨

李元春（1769～1855），字時齋，號仲仁，又號桐閣主人，陝西朝邑（今屬渭南市大荔縣）南留社人。生於乾隆三十四年（1769），卒於咸豐四年十一月二十七日（1855年1月15日）。嘉慶三年（1798）舉人。道光十六年（1836）吏部截取知縣，改大理寺評事。咸豐三年（1853），以勸捐出力加州同銜。以父歿母老，絕意仕進。設學授徒，迭主潼川、華原等書院。博通經史，恪守程朱之學，以扶世教、正人心為己任。《清史列傳》卷六十七、《聖清淵源錄》第二十八，皆有傳。李元春的弟子、晚清關學大儒三原賀瑞麟（1824～1893）為其撰《李桐閣先生墓表》（《清麓文集》卷23）。賀瑞麟續《關學編》，亦立《桐閣李先生》傳。〔註99〕

李元春著述甚豐。「嘗輯《張子釋要》、《先儒語錄》為《關中道脈書》，增補馮從吾《關學編》，學者宗之。」「所著有《諸經緒說》、《經傳摭餘》、《春秋三傳注疏說》、《左氏兵法》、《諸史間論》、《諸子雜斷》、《圖書揀要》、《百里治略》、《循吏傳》、《鈃蕘私語》、《喪禮補議》、《閒居鏡語》、《益聞散錄》、《學薈性理論》及《文集》等書，凡百餘卷。又輯《關中詩文鈔》四十七卷，《青照樓叢書》三編共九十餘卷。」〔註100〕

李元春十多歲時，曾問學於同鄉的秦清蓮（1741～1809，字芙園）。他說：「元春自十歲從先生遊，蒙過愛。稍長，未獲久侍門牆，而每見之語輒移日夜。」〔註101〕李元春之父李文英（字銳生）曾為邑庠序生，臨終曾對李元春說：「……講說當守程朱，吾地下猶望汝也。」〔註102〕

李元春十四歲時，得讀薛瑄《讀書錄》，開始探究究性命之學，遍求程、朱文集，熟讀精思。嘉慶三年（1798）中舉人，數次考進士不中。於是絕意進取，主講潼川、華原書院，以程朱正學教導學生，感發興起者眾多。

李元春曾說：「朱子之學之精，全由與友朋講論而得。禁偽學，忌講學，

〔註99〕馮從吾：《關學編（附續編）》，北京：中華書局，1987年，第116～117頁。

〔註100〕王鍾翰點校：《清史列傳》卷六十七，北京：中華書局，1987年，第5407～5408頁。

〔註101〕李元春：《秦芙園先生墓誌銘》，《時齋文集初刻》卷九3b，《清代詩文集彙編》第496冊。

〔註102〕李元春：《先嚴文學公行狀》，《時齋文集初刻》卷九38b～43a，《清代詩文集彙編》第496冊，第180～182頁。

世衰政亂，時也。扶衰就亂，還在明正學。此根本事」。又說：「陽明《朱子晚年定論》，全是援儒入墨，是己之見，牢不可破。在朱子公心衛道，初無此意。然後來衛朱子者，譏陸、王亦太甚」。又說：「白沙、甘泉，不盡與陽明同，而亦相近。高忠憲、顧涇陽、陳幾亭、馮少墟，不欲與程、朱異，而亦有殊。不可不辨」。又說：「李二曲亦有爭名立名之意。其以文章推山史，以節介推復齋，（按：山史，王弘撰字。復齋，王建常字。）而云『躬行實踐，世無其人』，則自謂也，是明爭名矣。然山史不止文章，復齋不止節介也」。〔註103〕李元春推崇朱子，貶斥王陽明《朱子晚年定論》為援儒入墨。不過，他也認為朱子後學攻擊陸王太過。同時，他對明代理學史也有深刻認識。他認為陳白沙、湛甘泉的學問，雖與王陽明相近但不盡相同。這應該是針對清代以來不作嚴格學術分析，批評王陽明太甚而兼及陳白沙、湛甘泉的緣故。同時，李元春認為東林學派的顧憲成和高攀龍，以及當時的陳龍正（字惕龍，號幾亭，浙江嘉善人。1634 年進士，1645 年卒，理學家。）和關中的馮從吾（1557～1627），他們雖然為學宗程朱，但也與程朱有異同。李元春還認為，清初關中大儒、心學家李顒（1627～1705，字中孚，號二曲，陝西周至人）雖然推崇同時代關中大儒王宏撰（1622～1702，字修文，又字無異，號山史，陝西華陰縣人）和王建常（字仲復，號復齋，陝西朝邑人），但也有好名之心。其實，李元春表面上批評李二曲有好名之心，實際上是對李二曲主張心學的不滿。因為與李二曲同時的王宏撰和王建常，他們為學均恪守程朱。不滿於李二曲違背程朱，這是李元春批評李二曲好名的真實原因。

李元春為學，「以誠敬為本，而要於有恆。讀書觀理以為行之端，處事審理以驗知之素，本末兼賅，內外交養，一宗程朱。」〔註104〕實際上，「一宗程朱」不能準確地概括李元春的學術主張。李元春雖然尊程朱，但他在批評陸王的時候，對陸王之學也有一定程度上的肯定。

李元春生平博通經史，深惡支離，著有《學術是非論》。其文曰：「學術至今日而愈歧矣。有記誦之學，有詞章之學，有良知之學，而又有考據之學，而皆不可語於聖賢義理之學之精。良知之學，竊聖賢之學，而失之過者也。考據之學，襲漢儒之學，而流於鑿者也。講良知者，尊陽明而溺於空虛，勢必與佛、

〔註103〕王鍾翰點校：《清史列傳》卷六十七，北京：中華書局，1987 年，第 5406～5407 頁。

〔註104〕王鍾翰點校：《清史列傳》卷六十七，北京：中華書局，1987 年，第 5406 頁。

老之教等。然陸、王學偏，而行誼事功，猶有可取。高明之士竊此，而與朱子為敵，其實蕩檢踰閑，有不可問者，此真所謂偽學也。務考據者，右漢儒而左朱子，彼謂漢儒近古，其所講說，皆有傳受。夫近孔子而解經者，孰如《春秋》之《三傳》？然盟蔑、盟昧，其地各異；尹氏、君氏，其人云訛。此類疑竇，不可勝數，何論漢儒？吾嘗思之，生數千載之下，欲講明於數千載之前，聖人已遠，簡編多缺，兼以偽書日出，將一一而考其實，有可據，必有不可據者，有可通，必有不可通者。不可據、不可通，是終不能考其實也。故斷不如朱子說理之為真。嗟乎！朱子豈不知考據者哉？今人好立說以駁朱子，名心勝也。此與講良知者之意等也。然則儒者果將何所擇而守乎？曰：楊、墨、佛、老，吾斥之；記誦、詞章、考據，吾為之。而一以朱子之明其理而履其事為宗，又不入於良知之家，庶乎與聖學相近矣」〔註105〕

　　李元春認為，記誦之學、詞章之學、良知之學、考據之學，都非聖賢義理之學。主張良知之學的人，容易溺於空虛而陷入佛老，但他們在事功方面還算有所成就。主張考據學的學者則尊漢儒而貶低朱子，但朱子也有考據且說理透徹。李元春主張，排斥楊、墨、佛、老等異端，可以從事於記誦、詞章、考據之學，但必須以朱子之學為宗，而避免陷入陽明後學的狂妄。對於陸王心學，李元春雖然認為有所偏，但仍然肯定其在行誼事功方面有可取之處。這體現了他恪守程朱、漢宋兼採的為學宗旨。

　　李元春在《贈馬虞操先生》中的說法，足以見其調和程朱陸王的包容心態。他說：「予恪守朱子而又以諸儒斥良知之說為非。良知即性也。知可該行，孟子自言之。家二曲解說之甚明。陽明良知之說本《孟子》，不為謬；則象山之心學，亦本《孟子》、《尚書》，不為謬。特為金溪、姚江之學者，多屬高明，故偏言覺悟，間有以博物為徇外之意，不知物理皆在吾心。……朱陸學本同原，惟其所見微異，而陸終不如朱見之正、心之虛。是以象山開導後學，朱子未嘗不心服。及陽明門戶遂甚，其後學各相排擊。陽明之徒，比朱子於洪水猛獸，如呂新吾，直上書欲殺陽明，陸稼書竟欲逐陽明學宮之外，吾鄉復齋亦然。近人偏袒姚江、斥朱子，復然。此皆入門操戈，吾學之憂也。」〔註106〕李元春表明了他恪守朱子、包容陸王的為學態度。他認為朱陸學問同源，後世學者相

〔註105〕 王鍾翰點校：《清史列傳》卷六十七，北京：中華書局，1987年，第5407頁。
〔註106〕 李元春：《贈馬虞操先生》，《桐閣散存》卷上，《清代詩文集彙編》第496冊，上海：上海古籍出版社，2010年。

互排擊是同室操戈。李元春應該是有感而發，清初的陸隴其以及和李元春同時的唐鑒等朱子學者，排斥陸王非常激烈。

（二）《張子釋要》的撰寫緣由及其中《正蒙釋要》之思想

1.《張子釋要》的撰寫緣由及其價值

李元春作為關中學者，有著強烈的弘揚關學的地域意識。他續馮從吾的《關學編》而作《關學續編》。他對關學宗師張載的著作做了精選，並為之注釋，而成《張子釋要》一卷。馮從吾曾摘錄明代關學學者王恕、楊爵、韓邦奇、馬理等四人的著作，編成《關中四先生要語》。李元春重刻該書，只精選十來條加了按語。此外，李元春仿照《關中四先生要語》，選輯李二曲、王仲復、馮從吾三人的著作，編成《關中三先生要語》。合稱《關中道脈四種書》。其實，這是他構建的關學道統。

李元春參考了韓邦奇的《正蒙拾遺》、雷于霖《西銘續生篇》、劉繼先的《正蒙管見》，並參以己見而成《張子釋要》。韓、雷、劉三人，均為李元春的同鄉朝邑人。只是他們生活的時代不同，韓邦奇為明代中期人，雷于霖為明末清初人，劉繼先則為雍正、乾隆時人。李元春曾為劉繼先作傳，載《時齋文集初刻》卷八。

《張子釋要》刊刻於道光庚寅（1830）。卷首為《東銘全注》，其次為《西銘全注》，再次為《正蒙釋要》，最後為《張子語錄釋要》。除《西銘》、《東銘》完整外，《正蒙》、《語錄》均只選則數章為之注，且注釋十分簡略。其中，《西銘全注》多引用雷于霖（柏林）《西銘續生篇》。於《正蒙》多引用韓邦奇《正蒙拾遺》，偶而引用劉繼先《正蒙管見》。由於《正蒙管見》未付梓，故今不傳，李元春的幾條引用，可以讓我們一窺其貌。

2.《正蒙釋要》的思想初探

《正蒙釋要》注釋極其簡略，大多數章不超過十字。然其中亦有重要思想。

《太和篇》首章「太和所謂道」章，李元春先後引用韓邦奇、劉繼先之說。韓邦奇注釋認為：「自孔子而下，知道者惟橫渠一人。」〔註107〕李元春則認為朱子亦知道，對韓邦奇之說不以為然。他說：「……故苑洛獨推橫渠為孔子後知道一人。然陰陽必以太和言乃為道。此正朱子所謂，與發而皆中節之和無異者也。陰陽，氣也；其理則謂之道。道不離乎陰陽而不雜乎陰陽。與此俱合。

〔註107〕李元春：《張子釋要》，道光庚寅刻本。

苑洛非之，予不以為然。」〔註108〕李元春則以朱子的理氣說，對張載之說進行了解釋，表現出明確的朱子學立場。

關學史上，像韓邦奇這樣極力推崇張載的關學學者是少數，像李元春這樣尊程朱理學的關學學者則占多數。作為續關學道統的重要人物，李元春是朱子學者。實際上，這並非個案，而是常態。《正蒙》之所以被注釋，就是因為《正蒙》被朱子編入《近思錄》，成為程朱理學的一部分。我們清楚地看到，張載在元明清之所以被推崇，主要是被作為程朱理學家而被推崇的。明代之所以有那麼多《正蒙》注，就是因為《正蒙》被編入《性理大全》，而以朱子所注釋的四書《四書集注》為主要考題的科舉考試，也會涉及《性理大全》，當然包括了《正蒙》。因為《正蒙》比較難讀，所以才有許多注解。清代的情況亦然。康熙提倡朱子學，並以《正蒙》等為科舉功令，所以，康熙末年出現大批的《正蒙》注。

李元春注解《太和篇》「太虛不能無氣」章，他說：「氣有聚散，無止息。聚散相循，烏得而已。」〔註109〕注解《太和篇》「聚亦吾體，散亦吾體」章，他說：「身死而理不亡，一人之氣盡，天地之氣未嘗盡也。」〔註110〕可見，李元春把張載的「太虛」理解為「氣」，把人的死生理解為氣的聚散。不止如此，李元春把張載所謂的「神」，也理解為「氣」。他注解《太和篇》「散殊而可象為氣，清通而不可象為神」章為：「予謂神與氣皆在太虛，非有二也。神又在氣之先，為氣之精微者爾。」〔註111〕李元春認為，「神」是「氣之精微者」。那麼，「神」本質上仍然是「氣」。

李元春對張載「太虛」和「神」的理解，均不符合張載本意。張載所謂「太虛」，「是涵蓋了精神性實在和物質性實體的最高本體，而不是單純的物質性實體。」張載所謂「神」，是「太虛本有並能整合陰陽之氣的神妙莫測的感應功能，由此形成統一的創生力量。凡是有形的萬物都是神的產物。」〔註112〕「神」和「太虛」均指張載宇宙論哲學的最高本體，「神」偏重動態的一面，「太虛」偏重靜態的一面。李元春把「太虛」和「神」均理解為「氣」，表明了他在宇

〔註108〕李元春：《張子釋要》，道光庚寅刻本。
〔註109〕李元春：《張子釋要》，道光庚寅刻本。
〔註110〕李元春：《張子釋要》，道光庚寅刻本。
〔註111〕李元春：《張子釋要》，道光庚寅刻本。
〔註112〕林樂昌：《論張載對道家思想資源的借鑒和融通》，《哲學研究》2013 年第 2 期。

宙本體論問題上思辨水平，遠遠沒有達到他所推崇的關學宗師張載。

李元春注釋《參兩篇》「日質本陰」章云，「日食唯今西法言之最明，西法云：日食，月掩日。月食，地障月。月借日光，月在日下則無光而魄掩日。日在地下，雖有光而精礙地。食不同於晦朔者，食時月去日較近也。月食不同於望者，日去地較近也。精魄反交，即謂不交亦此理爾。劉繼先曰：『精，日質。魄，月質也。』」〔註113〕李元春認為，日食之說西方的曆法最詳細。李元春著作很少言及西學，因此，他很可能是引用並認可清初黃百家之說。黃百家在《宋元學案》卷十七《橫渠學案》中，對《正蒙》「日質本陰」章的注解，和李元春大意相似，且早於李元春一百多年。黃百家精通明末傳入中國的西方天文知識，在《橫渠學案》按語中注解《參兩篇》「凡圓轉之物」章時，曾引用了西方哥白尼、第谷、布魯諾的說法。〔註114〕

李元春注釋《誠明篇》首章「誠明所知乃天德良知」云，「以良知歸誠明，自聖人言之。然人人皆有良知，知人人皆可聖也。『良知』本《孟子》，不得以象山之宗旨為疑問。」〔註115〕《孟子·盡心上》曰：「人之所不學而能者，其良能也；所不慮而知者，其良知也。孩提之童，無不知愛其親者；及其長也，無不知敬其兄也。親親，仁也；敬長，義也；無他，達之天下也。」〔註116〕朱熹解釋說：「良者，本然之善也。」〔註117〕朱子還引用了程子的解釋：「良知良能，皆無所由；乃出於天，不繫於人。」〔註118〕程朱都認為，良知良能乃是天賦予人的本然善性善心。心學創始者陸象山（九淵）自稱其學問是「讀《孟子》而自得之」，為學宗旨主張「先立乎其大者」、重視尊德性、重視立志。陸九淵認為，每個人都有先天的善性，只是被後天的物慾遮蔽了，所以在修養工夫上他主站剝落私欲。他說：「人心有病，須是剝落。剝落得一番即一番清明，後隨起來，又剝落，又清明，須是剝落得淨盡才是。」〔註119〕又說：「人要有大志。常人汨沒於聲色富貴間，良心善性都蒙蔽了。今人如何便解有志，

〔註113〕李元春：《張子釋要》，道光庚寅刻本。

〔註114〕黃宗羲原著，全祖望、黃百家修補：《宋元學案》，北京：中華書局，1983年，第675～677頁。

〔註115〕李元春：《張子釋要》，道光庚寅刻本。

〔註116〕朱熹：《四書章句集注》，北京：中華書局，1983年，第353頁。

〔註117〕朱熹：《四書章句集注》，北京：中華書局，1983年，第353頁。

〔註118〕朱熹：《四書章句集注》，北京：中華書局，1983年，第353頁。

〔註119〕陸九淵：《陸九淵集》，北京：中華書局，1980年，第458頁。

須先有智識始得。」〔註120〕陸九淵認為，人人都有「良心善性」，即《孟子》所謂「良知」「良能」，只是人受到聲色富貴的誘惑而遮蔽了自己的善良本性。所以陸九淵心學強調尊德性、立志以及發明本心，無非是剝落聲色富貴等後天的「人心之病」，讓人人本具的清明的良心善性做人的主宰，使每個人過著道德的生活，做有德的君子。朱陸之學雖然為學入手上有「道問學」和「尊德性」之別，但同樣作為儒學之繼承者原本可以並行不悖。但由於鵝湖之會，二人當面論學而不和，「朱、陸之異益甚。於是宗朱者詆陸為狂禪，宗陸者以朱為俗學，兩家之學各成門戶，幾如冰炭矣。」〔註121〕此後，雖歷代都有調和朱陸者，然朱陸學者之相互攻擊則為歷代之主流。

元、明、清朱子學列為官學，在思想界為正統，明中葉王陽明繼陸九淵而起，主張心學，明代中後期心學佔領了思想界的主流。明清易鼎，思想家反思明亡的教訓，一致把責任歸為陽明心學。清初的思想界大力批判陸王心學，尤其是王陽明及其後學。需要指出的是，明清兩代，程朱理學和陸王心學的相互攻擊中，雙方的心態和氣度是不同的。陸王心學一派學者大多對程朱理學有一定的肯定和認同；而程朱理學一派學者，則在攻擊陸王時不遺餘力，偏激而又固執，攻擊陸九淵、王陽明為禪學、佛學，尤其是清代的陸隴其、張烈、張伯行、唐鑒、吳廷棟等人。陸隴其說：「考有明一代盛衰之故，其盛也，學術一而風俗淳，則尊程朱之明效也。其衰也，學術岐而風俗壞，則詆程朱之明效也。每論啟、禎喪亂之事而追原禍始，未嘗不歎息痛恨於姚江。故斷然以為今之學，非尊程朱、黜陽明不可。」〔註122〕又說：「漢儒不云乎：『諸不在六藝之科、孔子之術者，皆絕其道，勿使並進。然後統紀可一，而法度可明。』今有不尊朱子之學者，亦當絕其道，勿使並進。朱子之學尊，而孔子之道明，學者庶乎知所從矣。」〔註123〕陸隴其把明亡的責任完全歸給陽明心學，他很欣賞董仲舒向漢武帝提供的「罷黜百家，獨尊儒術」

〔註120〕黃宗羲、全祖望：《宋元學案》卷五十八，北京：中華書局，1986年，第1889頁。
〔註121〕黃宗羲、全祖望：《宋元學案》卷五十八，北京：中華書局，1986年，第1886頁。
〔註122〕陸隴其：《周雲蚪先生四書集義序》，《三魚堂文集》卷八，康熙四十年琴川書屋刻本，卷八7a～7b頁。
〔註123〕陸隴其：《經學》，《三魚堂外集》卷四，康熙四十年琴川書屋刻本，卷八5b～6a頁。

的建議，認為應該罷黜陽明學，獨尊程朱。清末理學家唐鑒（1778～1861）著《國朝學案小識》即以陸隴其為首，可見他對陸隴其的推崇；而唐鑒在《國朝學案小識》自序中同樣認為陸王之學是異學、佛學，「大惑人心，愈傳愈謬，逾閑蕩檢，無所顧忌」〔註124〕。

相比之下，與唐鑒同時代且年歲稍長的李元春，雖然為學亦宗程朱，但不排斥陸王心學。李元春說：「予講程朱之學，而不敢斥陸王，以皆躬行實踐，則皆正學也。即人所斥其說之非，非必盡非，不可誣也。特幾微之差，不可不辨正。」李元春認為，程朱與陸王有幾微的差別，需要作學術的辨析，但是只要依據各自的學術主張躬行實踐，則均為「正學」。他還敏銳地看到當時人對於陸王之學的批評，「人所斥其說之非，非必盡非」。這是十分可貴的。在整個清代的學術界，「正學」一詞成為「程朱理學」或者「朱子學」的專名，李元春則認為陸王也可以是「正學」。這些都顯示了他不立門戶的博大胸懷。再回過來看李元春對《正蒙・誠明篇》首章的注釋，他認為人人皆有良知，故而人人皆可以成聖。「良知」一詞最早由亞聖孟子提出，陸象山繼承了孟子，因此不能指責或者懷疑他的學問宗旨。李元春這短短數十字的注釋，正反映了他學宗程朱、不斥陸王、不立門戶的學術宗旨和博大胸懷。相比同時期程朱學派理學家，桐城學派吳廷棟、湖湘學派唐鑒等人，一味地尊朱子而貶陽明，李元春的為學態度可謂難能可貴。

五、方潛及其《正蒙分目解按》

（一）方潛的生平與著述

方潛（1805～1869），原名士超，字魯生，號碩存，安徽桐城人。生於嘉慶十年（1805），卒於同治七年（1868）十二月十六日。〔註125〕方潛早年醉心於陸王心學，著有《心述》一書，該書「混心學、釋、道於一」〔註126〕。1857

〔註124〕唐鑒：《國朝學案小識》，《唐鑒集》，長沙：嶽麓出版社，2010年，第261頁。
〔註125〕方婉麗《晚清吳廷棟與方潛之辨學》（載《安慶師範學院學報（社會科學版）》2010年第8期。）認為，方潛的生卒年是1809～1868。有誤。方潛《寄吳竹如先生書（丁巳）》中說：「潛不佞，名利兩關早已打破，平生未曾失足一干當道。今五十三矣。」按丁巳年（1857）時53歲推算，出生於1805年無疑。方潛的卒年為同治七年十二月十六日，同治七年固然為西曆1868年，然十二月十六日則肯定在西曆1869年了。當然，如果不如此嚴格計算，說方潛卒於1868年（同治七年），亦無不可。
〔註126〕張昭軍：《清代理學史》（下），廣州：廣東教育出版社，2007年，第127頁。

年，方潛以《心述》向當時著名的程朱理學家吳廷棟（1793～1873，字彥甫，號竹如，安徽霍山人）求教。吳廷棟以程朱理學「性即理」的觀點，批駁方潛所認可的陸王心學「心即理」的觀點，兩人書信往來二十餘通。〔註127〕最終，在吳廷棟的影響下，方潛改宗程朱理學，重新撰寫《性述》一書。吳廷棟曾給同為程朱理學學者的倭仁寫信曰：「學界中挽回此人，亦一大幸也。」〔註128〕

方潛《毋不敬齋全書》三十一卷，依次分別為《辨心性書》二卷，《心述》三卷，《性述》三卷，《述餘》八卷，《顧庸集》十二卷，《永矢集》三卷。《正蒙分目解按》為《毋不敬齋全書》卷十四《述餘》第五冊內容的一部分。

《辨心性書》收錄了方潛和吳廷棟、方宗誠就《心述》一書的往復辯難書信三十通。方給吳廷棟的第一封書信寫於1857年農曆六月十八日。方潛陳述了自己的為學經歷。他說：「潛無師之學也……幼習舉業，幾至沉埋，冠嗜經義頗勤觀玩，既壯始涉程朱之門庭，冀窺孔孟之堂奧，然亦參證陸王，出入老佛。蓋多歧而未能畫一也。四十年外，苦索力踐，乃知三家之教總歸一心，而吾儒之宗獨全斯理。驗之天人，天人一貫，會之物我，物我一原。由是決然自信，毅然直前，以此為學，以此為教。」〔註129〕從中可以看出，方潛此時宗尚陸王心學，而且不排斥佛老，認為儒釋道三教「總歸一心」，陸王對心的理解最為準確。

吳廷棟在答書中指出，《心述》一書的宗旨，「無非欲合老佛於儒，以證此心宗而已」〔註130〕。吳廷棟的主張是：「惟求之吾聖人足矣，何待取助於老佛也。」〔註131〕顯然，針對方潛的吸收佛老二教、歸宗陸王心學的為學取向，吳廷棟的態度正好相反。他主張只從儒學中尋求聖人之道，反對吸收佛老思想。更重要的是，吳廷棟信奉程朱理學，反對陸王心學。他認為，王陽明「不自諱為禪」，「致良知之說實出入離合於老佛之間」，「無善無惡心之體」正是襲取了禪宗的「本來面目」之說。〔註132〕吳廷棟對方潛的批評，主要集中在說明程朱理學「性即理」之正確，以及陸王心學「心即理」是吸取了禪宗，是錯誤的。

〔註127〕書信往還，收入方潛《毋不敬齋全書》之《辨心性書》二卷。
〔註128〕馬其昶：《桐城耆舊傳》，宣統三年合肥刻本。
〔註129〕方潛：《寄吳竹如先生書（丁巳）》，《毋不敬齋全書》卷一。
〔註130〕方潛：《竹如先生復書》，《毋不敬齋全書》卷一。
〔註131〕方潛：《竹如先生復書》，《毋不敬齋全書》卷一。
〔註132〕方潛：《毋不敬齋全書》卷一。

　　《心述》是方潛早年的著作，《性述》是他和吳廷棟辯論之後，服膺程朱理學以後的著作。《述餘》八冊（八卷），是方潛的讀書筆記、講義等內容。其中第五冊，是《周子書注箚記》和《正蒙分目解按》。《顧庸集》為方潛的文集，其中亦有不少理學相關的內容。《永矢集》是方潛的詩集。

（二）《正蒙分目解按》的思想特色

　　方潛《正蒙分目解按》，是他對《正蒙》的注釋。他在該篇的題目之後自記說：

> 　　壬子（1852）館金陵時，功令童試增性理論，生徒茫然，而《正蒙》尤不易曉。因述李安溪先生解，附管見以按，曰《分目解按》。稿本寄桐城，癸丑（1853）之難失之，馬生岳封買得而歸三兒敦吉。今因深明『性即理』之旨，取閱之，甚當。感橫渠張子深入二氏，得交明道兄弟，乃盡棄焉，與余固合也。更訂以存。丁巳（1857）孟冬六日潛記。〔註133〕

方潛的自記，說明了注釋《正蒙》的時間、原因以及注釋形式。這裡有必要對1852年這個時間背景予以說明。「道光三十年（1850）正月，道光皇帝旻寧去世，奕詝登極，以明年為咸豐元年，是為咸豐皇帝。咸豐帝執政的十餘年，兵連禍接，險象環生。道光三十年十二月（1851年1月），廣西爆發了聲勢浩大的太平天國農民起義。」「自道光末年起，北京地區聚集了唐鑑、倭仁、吳廷棟、曾國藩、何桂珍等一批宗程朱理學人士。至咸同時期，理學的聲望大為擴張，並引起了最高統治階層的深切關注。」〔註134〕咸豐皇帝即位之後希望圖強，提拔的人才中間，包括了唐鑑、何桂珍、吳廷棟、曾國藩等程朱理學家。同時，在科舉上增加了程朱理學的內容，程朱理學在社會上的影響得到了加強。正是在這種背景下，《正蒙》等性理之學重新成為科舉考試的內容，方潛為了方便考生的科舉應試，摘錄了李光地的《注解正蒙》，同時增加了自己的按語，撰寫成了《正蒙分目解按》。稿本失而復得時的方潛，已經接受了吳廷棟的觀點，成為程朱理學家，認可「性即理」的觀點，不再認同陸王「心即理」的學說。方潛思想的轉變，在他自己看來，和張載受程顥、程頤兄弟的影響，從而放棄佛老、返歸六經、歸宗儒家一樣。因此，《正蒙分目解按》的付印，

〔註133〕方潛：《正蒙分目解按》，《毋不敬齋全書》卷十四。
〔註134〕張昭軍：《清代理學史》（下），廣州：廣東教育出版社，2007年，第113頁。

對方潛來說，有著歸宗程朱理學的象徵意義。

《正蒙分目解按》對《正蒙》的注釋形式，並非對《正蒙》所有章節的注釋，而是節選很少一部分章節作了注釋。正如方潛在自記中所說，《正蒙分目解按》的注釋方式是：「述李安溪先生解，附管見以按」。李光地《注解正蒙》的形式，是對《正蒙》每一章作注釋。《正蒙分目解按》則採用句解的形式，在引用《注解正蒙》時，把李光地對整章的注釋拆分後附在《正蒙》相應的每一句之後，在部分句子（並非全部）之後，方潛以按語的形式，表達了自己的看法。當然，方潛在《正蒙》的部分句子之後，未引用李光地的注釋，只加了自己的按語。

方潛的《正蒙分目解按》，既是對《正蒙》的注釋，同時也可以看出他自己的思想。方潛認為：「合太虛與太和，即周子無極而太極之旨。」「浮沉升降動靜相感之性，即周子動而生陽一節意。」「絪縕、相蕩、勝負、屈伸之始，即周子陽變陰合及無極之真二節意。」〔註135〕方潛此處認為，張載《正蒙》的太虛與太和思想，和周敦頤《太極圖說》的無極而太極等意思吻合。方潛也推崇周敦頤。《述餘》第五冊包含兩部分內容，第一部分是方潛針對周敦頤《太極圖說》和《通書》的讀書筆記和注釋，第二部分就是《正蒙分目解按》。在方潛看來，張載和周敦頤都是思想有共通之處的程朱理學家。方潛認為，《正蒙》「天地之氣……其為理也順而不妄」章，「理氣二字，宋賢論性之宗。」〔註136〕顯然，方潛認為張載也主張「性即理」，故用此說推崇張載。在解釋客感客形句時，方潛認為張載之意，與周敦頤、程顥相同。在注釋「厚重知學，德乃進而不固」句時，方潛說：「解『學則不固』，與朱子不同。」〔註137〕可見，此時作為皈依程朱理學的學者，方潛以弘揚程朱理學為己任。張載被他看作程朱理學家之一，但是，在方潛等人的眼裏，朱熹是最純正的理學家，一切解釋以朱熹的說法為標準。張載學說的價值，在方潛看來，只是在與朱熹思想相同的地方，才顯現出其價值。這也顯現了此時方潛等程朱理學家在道統論支配之下，以朱熹為標準解釋、衡量張載的「以朱解張」特色。

方潛解說《正蒙》「知太虛即氣則無無」一句時指出，「此語是張子作《正蒙》

〔註135〕方潛：《正蒙分目解按》，《毋不敬齋全書》卷十四。
〔註136〕方潛：《正蒙分目解按》，《毋不敬齋全書》卷十四。
〔註137〕方潛：《正蒙分目解按》，《毋不敬齋全書》卷十四。

要旨。皆緣認虛為無，故厭棄一切，不知虛空即氣，何得謂之無乎？」〔註138〕他指出，李光地「分虛與氣為二，已失張子有無混一之旨，而墮入老子『道生一，一生二，二生三，三生萬物』，與譚子『虛化神，神化氣，氣化形』之說矣」〔註139〕。因此，方潛對李光地的《注解正蒙》，「不盡從其解」〔註140〕。方潛此處對「太虛」的理解，是把它理解為「氣」。在此基礎上，方潛認為，「神也者，太虛、太和之主宰也。」〔註141〕即神是超越於太虛、太和之上的主宰。

方潛重視對道德理念的踐行，他說：「知而不行，知非真也。」〔註142〕方潛的這一思想，讓我們聯想到他早年所尊奉的王陽明。王陽明曾說：「知之真切篤實處，即是行；行之明覺精察處，即是知：知行工夫本不可離。」〔註143〕就道德哲學而言，只有將道德知識付諸實踐，身體力行地踐履道德，才是對道德學問的「真知」。朱子學強調格物窮理，重視道德知識對道德行為的重要性。作為對朱子學的反叛的陽明學，更加強調只有付諸道德行為的道德知識，才是真道德。方潛此時雖然已經受吳廷棟影響，放棄陽明學而轉向信仰朱子學，但是，陽明學重視道德踐履的為學特徵，已經深刻地影響了他。

方潛早年在學問上未遇到名師指點，全靠自己讀書體驗。他的一生，未能考取科舉功名，主要是從事教學授徒，奔波勞頓，生活比較艱辛。因此，他深知艱難困苦對人成才的益處。他說：「困之進人也，大矣。非自奮於困者，不得其益，非久歷夫困者，不知其益。」〔註144〕在方潛看來，困難可以磨練人。能夠在困難面前發奮圖強的人，一定會克服困難而獲得成功。當然，也只有克服困難而成功的人，才能夠體會到困難對個人成才的益處。

方潛早年醉心陸王時，認為儒釋道總歸一心，對佛老思想有一定的認可。至少在1857年向吳廷棟請教的第一封信中，他仍然堅持這個信念。撰寫於1853年的《正蒙分目解按》，方潛「更訂以存」的時間在1857年冬季。如前所述，

〔註138〕方潛：《正蒙分目解按》，《毋不敬齋全書》卷十四。
〔註139〕方潛：《正蒙分目解按》，《毋不敬齋全書》卷十四。
〔註140〕方潛：《正蒙分目解按》，《毋不敬齋全書》卷十四。
〔註141〕方潛：《正蒙分目解按》，《毋不敬齋全書》卷十四。
〔註142〕方潛：《正蒙分目解按》，《毋不敬齋全書》卷十四。
〔註143〕王陽明：《王陽明全集》，上海：上海古籍出版社，2011年，第47頁。
〔註144〕方潛：《正蒙分目解按》，《毋不敬齋全書》卷十四。

此年夏天方潛以所著《心述》求教於吳廷棟，受吳廷棟的影響，至此已經放棄陸王心學，為學方向發生了轉變。此時的方潛「深明『性即理』之旨」，皈依了程朱理學。因此，方潛對佛老有不少批評。他說：

> 佛空四大，是欲不拘於五行也。曰諸行無常，是生滅法。生滅滅己，寂滅為樂，是欲不累於陰陽也。知性命何五行之可拘，陰陽之有累乎？欲知性命，知聖人，知鬼神，必先通乎晝夜陰陽之道而知，此儒者所以貴窮理也。〔註145〕

方潛認為，佛教講四大皆空，諸行無常，是不承認五行和陰陽等等現實的存在。在儒者看來，世界萬物由金木水火土五行組成，是實存的世界，而非虛幻的世界。人生是現實的，陰陽男女是真實的，而非佛教所謂寂滅。在這個意義上，佛教以世界人生為虛幻寂滅，是不知世界與人生之真諦。所以，方潛認為儒者「貴窮理」，通過窮理來認識世界的真實性及其相關規則原理。

方潛把佛老與陸王心學並列，一起做了批評，他說：

> 老守氣而極於虛，聖賢非不養氣也，而以理帥之。故曰以直養而無害，至虛而至實也。佛明心而圓於寂，聖賢非不盡心也，而以理宰之。故曰盡其心者，知其性也。又曰存其心養其性至寂而妙於感也。老佛之所貴者神，聖賢亦非不存神也，而以理一之。故曰一陰一陽之謂道，陰陽不測之謂神。神存而輔相裁成以左右民，上下與天地同流也。豈若老佛自私其神而歸於虛寂已乎？夫窮理盡性以至於命，乃天人一貫之道。陸王以為心即理也，正窮理未盡處。整庵固不足服陽明，象山與朱子同時，往復辯難不能合一，則信心太過而不肯思索故耳。
>
> 英爽之才，執一不悟，反為吾道之梗，惜哉！〔註146〕

方潛認為，道家以養氣為名而主張虛無，佛教主張明心，他們最終的結果都是「自私其神而歸於虛寂」。這是因為，他們都沒有認識到儒家所言的「理」，世界和人生存在的真實原理。儒學內部的陸王心學主張「心即理」，雖然認識到了「理」，但是有偏差。

方潛的《正蒙分目解按》，就筆者目前所見，只有光緒十五年毋不敬齋全書本。此外，此書亦不見於其他史志書目著錄。

〔註145〕方潛：《正蒙分目解按》，《毋不敬齋全書》卷十四。
〔註146〕方潛：《正蒙分目解按》，《毋不敬齋全書》卷十四。

六、李文炤及其《正蒙集解》〔註147〕

（一）李文炤生平

李文炤（1672～1735），字元朗，號恒齋，湖南善化（今長沙縣）人。生於康熙壬子（1672）年六月十日，卒於雍正乙卯（1735）年九月十三日，享年六十四。其父為邑庠生，高才博學。李文炤生而穎悟，十歲時父親帶他去省城參觀文廟，並告訴他配享從祀的群儒。他就感歎說，能夠配享文廟，就算是不枉過一生。十四歲時（1685）補博士弟子員。庚午（1690）參加鄉試時〔註148〕，與同里的熊班若泛舟遊覽洞庭湖，考完回家時又與邵陵的車補旃同舟，熊、班二人都向他談起濂洛關閩之學。他感歎儒學正脈在此，從此留心理學。癸酉（1693）參加鄉試時，又與潙山張石攻、邵陽王醒齋（王元復）訂交。自此潛心理學，不再熱心於科舉。甲申（1704）年父親去世，贈送田地給從弟文炘資助他讀書，親自教導弟弟文炎、文炯。癸巳（1713）恩科以第三名中舉時，已經四十二歲。參加兩次會試均落第，從此杜門著述，不再應試，不願意就任吏職，改授為湖北穀城縣學博，以病辭不赴。壬寅（1622）冬在豫章，當地想聘他為書院山長，約定次年赴任，後來當地改變主意，他未能成行。但他仿照朱子《白鹿洞揭示》和胡居仁《白鹿洞學規》，撰寫了《豫章書院續規》。〔註149〕康熙五十六年（1717），出任嶽麓書院山長。雍正元年（1723），朝廷下詔令湖北、湖南分闈舉行鄉試。李文炤對於兩省均分原來分給湖廣的鄉試名額，起到了重要作用。〔註150〕庚戌（1730）參與省志的修纂，負責長沙郡部分，採集了許多節義潛德之行予以表彰。省志總負責人希望他刪減淘汰以節約篇幅，他據理力爭，相持不下，最終帶著撰寫的初稿離開了。

〔註147〕 李文炤《正蒙集解》，現在北京大學圖書館、湖南省圖書館有藏本。筆者尚未見到該版本。

〔註148〕 按：湖北、湖南分省舉行鄉試是雍正元年（1723）七月才定下來的，雍正二年（1724）二月的鄉試第一次在湖南舉行，故李文炤在湖北武昌參加考試。

〔註149〕 李文炤：《豫章書院續規七條》，《恒齋文集》卷四，《李文炤集》，長沙：嶽麓書社，2012年，第67～73頁。

〔註150〕 「清代自順治二年（1645年）開科取士，鄉試實行分省定額錄取。作為科舉大省的湖廣省解額和增廣額均較多，取中人數也相對較多，從順治三年至雍正元年（1723年）的77年間，湖廣共開科26次，錄取舉人2204名。然而，來自湖南的考生中式者僅有440名，平均每科16.9名，即便是湖南錄取人數最多的雍正元年癸卯恩科，也僅為湖廣省中舉數的三分之一。」李兵：《清代兩湖南北分闈再探》，《歷史檔案》2013年第1期。第78～84頁。

　　李文炤著述豐富，有《周易本義拾遺》6 卷、《春秋集傳》10 卷、《周禮集傳》6 卷、《近思錄集解》14 卷、《正蒙集解》9 卷，均為《四庫全書》存目。此外還有，《家禮拾遺》5 卷、《恒齋文集》12 卷，《通書解拾遺》、《語類約編》、《淵源全錄》、《楚辭集注拾遺》等等。嶽麓書社湖湘文庫叢書 2012 年點校出版的《李文炤集》，收錄《恒齋文集》12 卷、《周禮集傳》6 卷、《家禮拾遺》5 卷。

（二）李文炤《正蒙集解》簡介

　　李文炤 1690 年第一次參加鄉試時，受熊班若、車補旃二人影響，開始留心理學，最終成為當時湖湘地區頗具影響的理學家。他出任嶽麓書院山長時撰寫的《嶽麓書院學規》，有鮮明的程朱理學特色。他要求學生首先讀四書，並將朱熹的《四書集注》逐字玩味，同時參考《四書或問》、《朱子語類》；其次要求學生讀《太極圖說》、《通書》、《西銘》、《正蒙》等性理之書；最後他讓學生自行誦習程朱語錄文集。〔註 151〕他說：「《太極（圖說）》、《通書》、《西銘》已有成說矣。至於《正蒙》，尤多奧僻，嘗不揣愚陋，為之集解。然未敢出以示人也。諸君倘有疑處，即與之以相商焉。」〔註 152〕也就是說，他在此之前已經撰成了《正蒙集解》，只是尚未刊行。實際上，他對朱子「已有成說」的《太極圖說》、《通書》、《西銘》，也都有著述。據《宋五子目次記》，他撰有《太極圖說解拾遺》、《通書解拾遺》、《西銘解拾遺》、《正蒙集解》、《近思錄集解》、《感興詩解》、《訓子詩解》。〔註 153〕

　　在《正蒙集解序》中，李文炤認為《正蒙》是張載為言道而作的，並概括《正蒙》的大旨是仁智以凝道、訂頑砭愚以達道。有人認為《正蒙》不如《通書》和《伊川易傳》之深醇，難以上接孔孟思曾的儒家道統。對此，李文炤回應說，《近思錄》並列周張二程四先生之言，邵雍的《觀物篇》未能入選；同時，《朱子語類》把張載之於二程，比作伯夷、伊尹之於孔子。這些足以證明朱子對張載及《正蒙》的認同。

　　《正蒙集解》的撰著時間推測。李文炤《近思錄集解》十四卷，今存前

〔註 151〕李文炤：《嶽麓書院學規》，《恒齋文集》卷四，《李文炤集》，長沙：嶽麓書社，2012 年，第 66 頁。

〔註 152〕李文炤：《嶽麓書院學規》，《恒齋文集》卷四，《李文炤集》，長沙：嶽麓書社，2012 年，第 66 頁。

〔註 153〕李文炤：《宋五子目次記》，《恒齋文集》卷二，《李文炤集》，長沙：嶽麓書社，2012 年，第 31～32 頁。

三卷。《近思錄》引用《正蒙》的章節，李文炤都不做注釋。他在卷一「氣塊然太虛」章，也即《近思錄》中張載所收錄《正蒙》的篇章第一次出現時，只有「解見《正蒙》，下同」，故而於所收錄《正蒙》內容並無注釋。但對不是出自《正蒙》的張載篇章，均有注釋。《近思錄》卷二同樣在第一次出現張載《正蒙》篇章的「精義入神」章後只有有「解見《正蒙》，下同」。對所有的《正蒙》內容均無注解。在隨後不出自《正蒙》的張載文字予以注解。不過，這裡有一個特例，《西銘》和《東銘》後都有「明道先生曰」。《近思錄》卷三所收張載文字均非出自《正蒙》，故而均有注解。由此推斷，《正蒙集解》早於《近思錄集解》而成，所以《近思錄集解》對所收錄《正蒙》的內容不必要再做注解。《近思錄集解》序言署名「康熙庚子（1720）仲夏中節湘陰李文炤謹序」。由此推斷，李文炤撰著《正蒙集解》的時間，要早於1720 年。

（三）李文炤《正蒙集解》的著錄情況

李文炤《正蒙集解》的著錄情況有如下幾種。李文炤之弟李芳華所撰《李恒齋先生行述》，「《正蒙》、《近思錄》未有解釋，學者茫無畔岸，乃著二書集解。」〔註 154〕李文炤本人的《恒齋文集》卷一收錄《正蒙集解序》，卷二《宋五子目次記》提及《正蒙集解》，卷四《嶽麓書院學規》提及「至於《正蒙》，尤多奧僻，嘗不揣愚陋，為之集解。」〔註 155〕《四庫全書總目》卷九十五子部儒家類存目一，為湖南巡撫採進本「《正蒙集解》九卷」作了提要：「國朝李文炤撰。是編解張子《正蒙》，粗具訓釋，無所發明。其《乾稱篇》以朱子取《西銘》自為一書，故刪除不載。此與陳澔注《禮記》，刪除《大學》、《中庸》亦何異乎？至其解《參兩篇》七政交食之理，皆據黃瑞節舊文，尤為疏略。」〔註 156〕《清史稿》卷一百四十七‧志一百二十二《藝文志》載：「《正蒙集解》九卷，李文炤撰。」張舜徽《清人文集別錄》卷四介紹李文炤《恒齋文集》時，亦提到他撰有《正蒙集解》。〔註 157〕

〔註 154〕李芳華：《李恒齋先生行述》//李文炤：《恒齋文集》卷十二，《李文炤集》，長沙：嶽麓書社，2012 年，第 228 頁。

〔註 155〕李文炤：《嶽麓書院學規》，《恒齋文集》卷四，《李文炤集》，長沙：嶽麓書社，2012 年，第 66 頁。

〔註 156〕永瑢等撰：《四庫全書總目》，北京：中華書局，1965 年，第 802～803 頁。

〔註 157〕張舜徽：《清人文集別錄》，武漢：華中師範大學出版社，2004 年，第 103 頁。

（四）李文炤尊朱的思想宗旨

李文炤在哲學思想上，推崇濂洛關閩性理之學，尤其是程朱理學。《恒齋文集》卷十為《道吟》，是他以儒家理念為題而作的六十四首五言律詩，從這些理念的文獻出處我們可以看出他的道統觀。在宋明理學之前，他分別選取了《尚書》、《論語》、《易大傳》、《大學》、《中庸》、《孟子》。接著，他選取了周敦頤的《太極圖說》、《通書》，張載的《東銘》、《西銘》，程顥的《定性書》，程頤的《好學論》，朱子的《小學》、《白鹿洞揭示》，所吟詠的理念尤以朱子為多，共有立教、明倫等十八個。〔註158〕可見，他對周張程朱的推崇。李文炤說：「《謨》之中，《訓》之一，《彖》、《象》之貞，《論語》之仁，「七篇」之義，《通書》之誠，《遺書》之敬，皆聖人之精也。」〔註159〕這是認為周敦頤、二程之誠敬直接孔孟之仁義的道統。

李文炤對朱子極其推崇，他說：「生乎朱子之前，以聞道為艱。生乎朱子之後者，以體道為難。然入耳出口，豈真能讀朱子之書者乎？即有所聞，亦糟粕焉爾。」〔註160〕他把朱子地位抬的極高，似乎有直與孔子並尊的趨勢。其讚揚朱子，正與前人贊孔子「天不生仲尼，萬古如長夜」一般。

李文炤指出：「東萊以制策引學者，朱子猶非之，況陽明乃以飲博誘人乎？周子之道至矣，然以閱道之節，介甫之學，子瞻、魯直之才，雖與之遊而未嘗強之同己也。世無二程，則終焉而已。嗚呼！非遯世不見知而不悔者而能然歟。」〔註161〕這裡明顯地表示出對陽明的批判，對王安石、蘇軾、呂祖謙等人的不認同，對二程弘揚儒學的讚揚。

李文炤說：「濂溪先覺也，紫陽先迷後得者也。明道高明而柔克，伊川沉潛而剛克。堯夫識卓而鄰於狂，子厚力厚而鄰於狷。君實其善人之道乎，欽夫其豪傑之才乎。伯恭則雜於功利，子靜則淪於虛無。……所謂伊人（筆者按：指前面省略的吳澄、真德秀等），志邁終古，辯屈百家，其孔孟程朱之功臣歟。

〔註158〕 李文炤：《道吟》，《恒齋文集》卷十，《李文炤集》，長沙：嶽麓書社，2012年，第187～197頁。

〔註159〕 李文炤：《雜錄上》，《恒齋文集》卷十一，《李文炤集》，長沙：嶽麓書社，2012年，第201頁。

〔註160〕 李文炤：《雜錄上》，《恒齋文集》卷十一，《李文炤集》，長沙：嶽麓書社，2012年，第201～202頁。

〔註161〕 李文炤：《雜錄上》，《恒齋文集》卷十一，《李文炤集》，長沙：嶽麓書社，2012年，第201頁。

微斯人，則紫陽之學不彰，而公甫、伯安之禍且滔天而食人矣。孰念其功之大耶。」〔註162〕批判王安石、王陽明的學問造成的危害，讚揚吳澄、真德秀等發揚朱子理學的功績。李文炤本人推崇朱子的立場，顯然易見。

（五）學界對李文炤的評價

張舜徽評價李文炤的著作及其學問說：「《周易本義拾遺》……諸書，皆著錄於《四庫存目》，而《提要》一一斥之。大抵說《易》則隨文附會，取世俗錢卜動爻之式以詁經；解《春秋》，則宗胡傳，往往曼衍於經義之外，但知拾五子之緒言，而未嘗知三傳之古義；解《正蒙》，則粗具訓釋，無所發明；注《近思錄》，則但取朱子之說，附於各條之下，並淺俗之《訓子詩》並非朱子作者，乃為之解，以附諸其末。然則文炤述造雖多，簡陋已甚，難與語乎著作之事矣。蓋其生平足跡，不越里閭，見聞僻隘。所讀書亦僅限於《四書》、《五經大全》、《通鑒綱目》及宋五子文集、語錄之類。是集（指《恒齋文集》）卷四所載《嶽麓書院學規》，至為庸淺，足窺其一生終未免為鄉人也。所為文尤拙劣，而村夫子氣充溢篇章之間，一望而知出於閭里書師之手，不足以登大雅之堂。又以其一生喜究心星卜家言，以精於青囊術有名鄉里，日以撼龍為事，則其不暇伏案以從事經世本原之學，亦固其所。」〔註163〕張舜徽對清初理學家李文炤評價比較低，這與他本人為學取向上比較推崇清代樸學有關係。不過，從總體上看，清代理學已經處於宋明理學的強弩之末，清初理學家大多無所建樹，李文炤只是其中的更加平庸的一位而已。他的學術影響大概只限於湖南一隅，無法跟李光地、張伯行等有全國性影響力的理學家相比。有學者認為，「李文炤是在王船山之後，經過明清鼎革的社會大動盪，湖湘學術沈寂多年，在雍（正）、乾（隆）時代重新興起的一位有代表性的學者。他的學術成就在博大與精深兩方面都趕不上王船山，但為清代湘學的繼往開來發揮了重要作用。」〔註164〕這裡認為李文炤在博大與精深上都不如王夫之，但為清代地方性理學的湘學繼往開來發揮了重要作用。這個評價是比較中肯的。不過，也有一點需要說明，說李文炤是在「雍（正）、乾（隆）時代重新興起」的學者，

〔註162〕李文炤：《雜錄上》，《恒齋文集》卷十二，《李文炤集》，長沙：嶽麓書社，2012年，第208頁。

〔註163〕張舜徽：《清人文集別錄》，武漢：華中師範大學出版社，2004年，第103～104頁。

〔註164〕趙載光：《李文炤集‧前言》，《李文炤集》，長沙：嶽麓書社，2012年，《前言》第4頁。

表述並不準確，李文炤雍正十三年（1735）就去世了，並未進入乾隆時代（乾隆元年為 1736 年）。他的主要學術影響力，應該是在康熙晚期和雍正時期。不過，李文炤在當時的影響力應該比王夫之要大一些。李文炤主講湖南嶽麓書院數年，這裡曾是朱熹、張軾講學之地，理學傳統一直保持較好。在程朱理學仍然是科舉功令且被推崇的康熙後期和雍正時期，作為理學基地嶽麓書院山長而又推崇理學的李文炤，其在湖湘的影響應該也不小。直到乾隆中期修《四庫全書》，王夫之的《尚書稗疏》等五種著作才被收錄，而李文炤的《周禮集解》和《周易本義》兩種著作被收錄，《正蒙集解》等三種著作被收錄為《存目》。在此之後，王夫之的學問才逐漸被社會廣泛瞭解，當然其名聲也就超越了李文炤。

七、選擇李光地等四家注作個案研究的說明

《正蒙》清代注有十六種，本章已經介紹了散佚五種注和現存十一種注本中六種注的作者、注本、注釋特色等情況。本書從下面第四章開始，將以四個注為個案作專門研究。廣為流傳的王夫之《張子正蒙注》由於已有較多研究，本書未納入研究範圍。筆者將依次對李光地《注解正蒙》、張伯行《正蒙注》、華希閔《正蒙輯釋》、王植《正蒙初義》等四家《正蒙》注作專門研究，主要關注各注本對張載宇宙論哲學、心性論、修養工夫論等方面的詮釋以及各注本的注釋特色。

為什麼選擇這四種注本作專門研究呢？就存世的十一種《正蒙》清代注而言，有些注本文獻太少，學術價值相對較低，李元春、方潛、楊方達等三注屬此列；有些注本本身有價值，但現在的主客觀方面研究條件不夠，張棠和周芳注本身有價值，客觀方面缺少二人更多的資料，李文炤注則屬筆者主觀原因未能見到該版本。李元春《正蒙釋要》、方潛《正蒙分目解按》二注的所有注文僅一千字左右，相比《正蒙》原文兩萬餘字，注釋顯得過於簡略，不足以作專門研究。楊方達《正蒙集說》是對劉璣、高攀龍、徐必達、李光地四種注本的剪裁，楊氏自己的注語極少，沒有獨立的研究價值。張棠和周芳合注《正蒙注》，有一定價值。但是，張棠存世的其他著作只有一部詩集，無法研究其思想，周芳生平極少，更無著作存世。從知人論世的角度講，張棠、周芳注不宜列入專門研究。筆者未能見到李文炤《正蒙集解》，留待將來研究。

冉覲祖、王夫之注，無論是注本均有學術價值，也有足夠的其他相關文獻

存世。筆者本著詳人所略，略人所詳的態度，對已有較多研究的王夫之注，不作專章研究，而把更多的筆墨放在前人未嘗深入研究的其他有價值的注本上。筆者在其他注本的研究中，也常與王夫之注本作比較。例如，筆者曾指出，在修養工夫論方面，李光地注堅持了邵雍開創的認為「心過」比「身過」更難以克服的傳統，而王夫之注則認為「身過」比「心過」更難克服，從而體現了修養工夫論在清代的一種轉向。〔註165〕冉覲祖《正蒙補訓》有其學術價值，冉氏其他著作也大都存世，有足夠的學術文獻來作專章研究。但是，冉覲祖的影響相比李光地等較小，因此，從論文的總體考慮，對冉覲祖注暫時割愛，留待將來擴展。

本書選作專章研究的李光地《注解正蒙》、張伯行《正蒙注》、華希閔《正蒙輯釋》、王植《正蒙初義》等四家《正蒙》注，在《正蒙》注解史上均有舉足輕重的地位，而且現存的注者的其他相關文獻也足以支撐本研究。李光地、張伯行都是清初頗有影響力的理學名臣。李注又先後被王植、楊方達、方潛等注本收錄、摘錄。張注也被王植注收錄。華希閔注是在明代高攀龍注的基礎上的推進。王植《正蒙初義》則是對明清九家注本作了摘錄和評論。總之，這四個注本，可以代表《正蒙》清代注的特色。

需要說明的是，以下對四個注本的研究，可以與本章所介紹的各個注本相互參照，在尊崇朱子等方面，本章所介紹的一些注本與後面四個注本相呼應。在對張載「太虛」的詮釋方面，本章所介紹的注本與後面四個注本，既有把超越的「太虛」解讀為「氣」的共同趨勢，也有王植注三層區分這樣的獨特解釋。

〔註165〕參閱《王夫之重視「身過」勝於「心過」的修養工夫論轉向》，《船山學刊》2013 年第 4 期。

第四章 李光地《注解正蒙》研究

第一節 李光地學思歷程及其《注解正蒙》

　　李光地（1642～1718），字晉卿，號厚庵，又號榕村，諡文貞，福建安溪人，故學者尊稱為李安溪。作為理學名臣、清初朱子學代表人物，他深得尊崇程朱理學的康熙皇帝信任。李光地的學術和政治生涯均在康熙執政（1662～1722）時期。康熙五年（1666）中舉人，康熙九年（1670）中進士，改庶吉士，授編修。康熙十三年（1674），他回鄉省親時，恰遇三藩之亂，拒絕成為耿精忠的幕僚。次年，他派遣僕從向朝廷密陳「蠟丸疏」，獻破耿精忠、鄭經之計謀，並帶領族人為朝廷大軍作嚮導，深得康熙嘉獎，授侍讀學士。康熙十九年（1680），奉詔至京，授內閣學士。當時康熙於臺灣之棄守久而未絕，李光地認為鄭克塽幼弱，部下爭權，應該急攻以取之，同時又推薦熟悉海戰的降將施琅。康熙聽取了他的建議，最終收復了臺灣。此後，李光地更為康熙所倚重，先後被授予翰林院掌院學士、通政使、兵部侍郎、順天學政、工部侍郎、直隸巡撫、吏部尚書、文淵閣大學士。康熙五十七年李光地病逝時，康熙說「知之（李光地）最真，無有如朕者；知朕，亦無過於光地者」〔註1〕。

　　康熙早年受理學家熊賜履的影響，對程朱理學有濃厚的興趣。李光地的理學造詣以及他與康熙的密切關係，使得他成為康熙在理學上的同道。《清儒學案》說：「安溪（指李光地）學博而精，以朱子為依歸，而不拘門戶之見。康

〔註1〕《李光地傳》，《清史列傳》卷十，王鍾翰點校，北京：中華書局，1987年，第718頁。

-101-

熙朝，儒學大興，左右聖祖者，孝感（指熊賜履）、安溪先後相繼，皆恪奉程朱，而深究天人，研求經義、性理，旁及曆算、樂律、音韻，聖祖所契許而資贊助者，安溪為獨多。」〔註2〕因此，李光地奉命主持編纂了《周易折中》二十二卷、《性理精義》十二卷等重要理學典籍，並與熊賜履等編纂了《朱子全書》六十六卷。此外，他自己還編過《朱子語類四纂》、《二程遺書纂》、《二程外書纂》、《朱子禮纂》等。〔註3〕

李光地通過推薦和幫助學術上傾向程朱理學者，對程朱理學在清代的發展有貢獻。李光地利用自己在朝的政治優勢，康熙三十一年（1692）舉薦朱子學者陸隴其入京為御史。在朱子學者、同樣是理學名臣的張伯行與噶禮爭鬥的時候，李光地也發揮了一定的作用，影響了最終張伯行在爭鬥中得勝的結局。程朱理學在康熙朝於朝野均如日中天，固然與康熙的提倡分不開，但是李光地、張伯行等朱子學者在朝為官，通過科舉和門生等影響，同樣是一個重要方面。桐城派始祖方苞曾因為戴名世《南山集》作序而牽連入獄。康熙感歎「汪霦死，無能古文者。」李光地說：「唯戴名世案內方苞能。」從而使得方苞被釋放，併入值南書房。清中葉乾嘉漢學盛行時，桐城派以文學而在義理上堅持程朱理學，為理學的延續有所貢獻。

李光地的學問「以濂、洛、關、閩為門徑，以《六經》、四子為依歸，尤深於《易》」〔註4〕。他一生著述宏富，主要以六經、四書為範圍，《李安溪先生全集》（又稱《李文貞公全集》）、《榕村全書》收錄較為完整，後者又係在前者基礎上而成，且許多書均用前者原版刊刻。據稱，「《榕村全書》收 38 種、189 卷，附錄 10 種、49 卷。」「《榕村全書》子目列下：《大學古本說》1 卷、《中庸章段》1 卷、《中庸餘論》1 卷、《中庸四記》1 卷、《讀論、孟箚記》4 卷、《周易通論》4 卷、《周易觀象》12 卷、《周易觀象大指》2 卷、《詩所》8 卷、《尚書解義》2 卷、《洪範說》2 卷、《春秋毀餘》4 卷、《孝經注》1 卷、《古樂經傳》5 卷、《曆象本要》1 卷、《握奇經注》1 卷、《陰符經注》1 卷、《離騷九歌注》1 卷、《參同契注》1 卷、《韓子粹言》1 卷、《正蒙注》2 卷、《二程子

〔註2〕 徐世昌著，陳祖武點校：《清儒學案》，石家莊：河北人民出版社，2008 年，第1371 頁。

〔註3〕 參閱《李光地的理學思想》，侯外廬等主編《宋明理學史》（下）第 1021 頁。北京：人民出版社，1997 年第二版。

〔註4〕 徐世昌著，陳祖武點校：《清儒學案》，石家莊：河北人民出版社，2008 年，第1372 頁。

遺書纂》2卷、《外書纂》1卷、《朱子語類四纂》5卷、《朱子禮纂》5卷、《性理》(《論定性書》、《顏子所好何學論》、《太極圖解》)、《古文精藻》2卷、《榕村講授》3卷、《榕村字畫辨訛》1卷、《榕村韻書》5卷、《榕村詩選》9卷、《程墨前選》2卷、《名文前選》6卷、《易義前選》5卷、《榕村語錄》30卷、《榕村全集》40卷、《榕村續集》7卷、《榕村別集》5卷、《三集》1卷、《四集》1卷。」〔註5〕當然,《榕村全書》並未囊括李光地的所有著作。「《榕村語錄續編》十二卷,稿藏於家,清末始出。」〔註6〕《榕村全書》也的確沒有收錄《榕村語錄續編》。

　　彭紹升在為李光地撰寫的《事狀》中,對其學術思想、培養後學有所介紹。他說:

　　　　公平生釋經之書甚具,其言曰:「蔑訓詁者無師、滯章句者無得,故學莫先於能擇矣」。其於程、朱之說,時有同異。論《大學》,宜還古本,而以『知本』為『格物』第一義;《易》兼綜象數,《禮》兼採《大戴記》。論子雲、仲淹書有格言,節取焉可也。康節、象山,所造高明,慎師焉可也。知言者以為然。公門下士楊名時、陳鵬年、冉覲祖、蔡世遠,並以德望重於時;他如張禹、張瑗、惠士奇、秦道然、王蘭生、何焯、莊亨陽之徒,類有清節,通經能文章。故本朝諸名公稱善育材者,必以公為首焉。」〔註7〕

李光地早年宗尚陸王心學,雖後來改宗程朱理學,極力推崇朱子,但在《大學》古本問題上,不認同朱子,對陸九淵等心學家也有一定的肯定。李光地的弟子,在清初的影響也相當大,彭紹升稱其「善育材」,誠不為過。如果說《事狀》這種文體對傳主李光地的評價,稍有誇大的話,那麼時代稍晚而無需為尊者諱的程晉芳之評價,則接近客觀。

　　清人程晉芳曾說:「國朝以來有三儒焉,曰湯文正斌,陸清獻隴其,楊文定名時。清獻立朝治人可以無憾,所微惜者攻陸王太過,猶墜講學習氣也。若潛庵實則昭昭乎與日月並行,玉粹金堅,吾無間然矣。……三大儒之外,有三

〔註5〕李秉乾:《李光地著作簡目》,《福建論壇》(文史哲版)1992年第5期,第20～21頁。
〔註6〕徐世昌著,陳祖武點校:《清儒學案》,石家莊:河北人民出版社,2008年,第1373頁。
〔註7〕彭紹升:《故光祿大夫文淵閣大學士李文貞公事狀》,李光地撰,陳祖武點校:《榕村全書》(第十冊),福州:福建人民出版社,2013年,第355頁。

學焉，曰處士顧亭林炎武、黃梨洲宗羲、大學士李安溪光地。安溪之學最醇，仕太平之時，事仁聖之主，其所施行皆有用無弊，而人不以大儒歸之者，以其心術之微多作用也。」〔註8〕程晉芳以心學家湯斌為清初三大儒之首，可見他較為偏愛心學。即使這樣，李光地之學則被認為學術「最醇」，而且與顧亭林、黃宗羲並列。由此可見李光地的學術在清朝影響之大，以及清人對其學術評價之高。

作為儒者，李光地心目中有自己的儒家道統。李光地曾就是否知曉「性」來評價諸儒，他說：「知性者儒，孟子之後，董、韓其幾矣。周、程、張、朱所為繼絕學者，以此。」〔註9〕他敬仰孔孟，對漢代董仲舒、隋代王通〔註10〕、唐代韓愈，也都非常推崇。作為理學家，他敬仰北宋五子周程張邵以及司馬光。他對朱子所作的《周子贊》、《程伯子贊》、《程叔子贊》、《張子贊》、《邵子贊》、《司馬文正公贊》分別作了評論〔註11〕，顯然是認同朱子建構的這一理學道統。當然，在這一道統譜系中，他也認可程朱為主流，而且他最認同朱子。成為朱子學領袖後，他特別維護朱子的學說，《尊朱要旨》是其具體表現。

李光地對張載認可，是基於對「周程張朱」理學道統的認可。在張載的思想與周敦頤、二程、朱熹有分歧之處，李光地更傾向於認可周程朱而批評張載。在評論朱子所作《張子贊》時，李光地的重點在於讚揚張載向晚輩二程學習的寬闊胸襟。李光地說：「觀二程與之（指張載）往來論學，攻切直諒，有若施之門下士者，而先生沛然受之，如決江河。嗚呼！此非大賢不能也。先生於二程為表叔，而年長以倍，名又先成。皋比之撤，二程才弱冠耳。」〔註12〕顯然，李光地對張載與二程的關係的理解上，認可張載學於二程的成說。這種認識是

〔註8〕程晉芳：《正學論（二）》，邵之棠輯，《皇朝經世文統編》（近代中國史料叢刊續編第72輯，第711冊），臺北：文海出版社，1973年，第36頁。

〔註9〕李光地：《榕村集》卷一，文淵閣四庫全書第1324冊，臺北：商務印書館，1983年，第536頁。

〔註10〕王通，字仲淹。李光地說：「子雲、仲淹，與吳楚同儕，然其書有格言，後之君子取節焉，不可棄也。」李光地：《榕村集》卷一，文淵閣四庫全書第1324冊，臺北：商務印書館，1983年，第538頁。同時，李光地在《注解正蒙》之《有德篇》「克己行法為賢」章時說：「此與王仲淹『心跡』之論亦略相似」，說明他對王通的認可。

〔註11〕李光地：《榕村集》卷九，文淵閣四庫全書第1324冊，臺北：商務印書館，1983年，第661～663頁。

〔註12〕李光地：《榕村集》卷九，文淵閣四庫全書第1324冊，臺北：商務印書館，1983年，第662頁。

他作為程朱理學家的偏見。漢學家葛艾儒認為，「在哲學思想上，張氏（指張載）與二程之間是彼此借鑒的。」〔註13〕晚近的研究已經指出，「張載之學絕非像二程門下的某些學者所說『源於二程』，張載關學也不是依附於二程洛學的理學派別，而是北宋最早形成的獨立的理學學派。」〔註14〕李光地的偏見也提醒我們，他對張載《正蒙》的注解，並非完全中立的，而是有程朱理學的評價標準，不會十分客觀。

李光地對張載的《西銘》評價很高，稱讚《西銘》為「天地至文」〔註15〕、「萬古之寶」〔註16〕。他還認為《西銘》是《孝經》的縮本。他說：「經書後，果然《太極》、《西銘》兩篇極好。《西銘》是一部《孝經》縮本，縮得好。」〔註17〕李光地視《西銘》為《孝經》的縮本，並非其創見，明代已有不少相關論述。〔註18〕在《注解正蒙》的《乾稱篇》，李光地像許多明清其他注釋者一樣，認為《西銘》自成一書故而不收錄，也不為之注解。不過，在注釋《東銘》時，他也認為「《西銘》為此篇（指《乾稱篇》）之首，實《正蒙》一書之體要」，《東銘》「不能如《西銘》之徹上徹下，一以貫之」。〔註19〕在《榕村集》中，李光地以《記張載西銘》〔註20〕為題也記錄了張昺〔註21〕進士策問時對《西銘》的闡發。李光地對《西銘》有所解讀：「塞者，天地之氣也，化也。帥者，天地之心也，神也。化以跡言，故曰事。神以心言，故曰志。所以述之繼之，亦曰踐道於

〔註13〕葛艾儒著，羅立剛譯：《張載的思想（1020～1077）》，上海：上海古籍出版社，2010 年，第 167 頁。

〔註14〕林樂昌：《張載關學學派特性芻議》，《唐都學刊》2013 年第 6 期，第 14 頁。

〔註15〕李光地著，陳祖武點校：《榕村語錄‧榕村續語錄》，北京：中華書局，1995 年，第 551 頁。

〔註16〕李光地著，陳祖武點校：《榕村語錄‧榕村續語錄》，北京：中華書局，1995 年，第 552 頁。

〔註17〕李光地著，陳祖武點校：《榕村語錄‧榕村續語錄》，北京：中華書局，1995 年，第 326 頁。

〔註18〕參閱呂妙芬：《西銘為孝經之正傳？──論晚明仁孝關係的新意涵》，《中國文哲研究集刊》第 33 期，2008 年 9 月，第 139～172 頁。

〔註19〕李光地：《注解正蒙》卷下，文淵閣四庫全書本第 697 冊，臺北：商務印書館，1983 年，第 74b～75a 頁。

〔註20〕李光地：《榕村集》卷十九，文淵閣四庫全書第 1324 冊，臺北：商務印書館，1983 年，第 795～796 頁。

〔註21〕「張昺，字長史，康熙三十年進士，選庶吉士。李文貞光地典試禮闈，閱五策，深賞其《西銘》之對，能闡先儒所未發。」（清）謝庭薰《（乾隆）婁縣志》卷二十五，乾隆五十三年刊本。

身，體道於心，而於體性之本然者肖焉。至於窮神知化，則德之盛焉爾。未能知化，則不愧屋漏，行合神明踐道之事也。《詩》曰：『夙興夜寐，無忝爾所生。』共為子職者以之。未能窮神，則存心養性，事我天君，體道之事也。《詩》曰：『夙夜匪懈，以事一人。』永言孝思者以之。」〔註22〕以天地之氣和天地之心解釋「塞」與「帥」，要人「踐道於身，體道於心」，並把事天和孝親結合起來。

李光地對張載的《正蒙》評價也頗高。他說：「《通書》可繼《中庸》，《正蒙》可繼《孟子》，只是《正蒙》略高些便差。」〔註23〕在《榕村集》中，李光地有篇《記張子正蒙太和篇》的短文，論及張載批評老子的「有生於無」和佛教的「幻妄天地」，「程子以為至正而謹嚴，可以觀其學之精矣」。〔註24〕可見，李光地評價張載及其著作時，非常重視二程的觀點。

李光地曾為張載《正蒙》作注，據《李文貞公年譜》「康熙三十九年庚辰（1700年），公五十九歲」條記載，「是年《洪範初稿》、《孝經注》、《正蒙注》、《握奇經注》成。」〔註25〕《四庫全書》將李光地《正蒙注》收入子部儒家類，書名改為《注解正蒙》。〔註26〕此本比較通行，且以《正蒙注》為名容易與其他《正蒙》注本混淆，所以，本文行文中對李光地的《正蒙注》均採納《注解正蒙》之名。

李光地早年的學術宗尚是陸王心學，他說：「予十八歲看完《四書》，十九歲看完本經，廿歲讀完《性理》，廿一至廿五歲，看陸子靜、王陽明集及諸雜書。」〔註27〕有學者考證，李光地從二十九歲到四十八歲，學術宗尚一直游移於程朱、陸王之間。從他五十一歲開始，才堅定地站在程朱理學的立場上。〔註28〕李光

〔註22〕李光地：《榕村集》卷二十四，文淵閣四庫全書第 1324 冊，臺北：商務印書館，1983 年，第 871 頁。

〔註23〕李光地著，陳祖武點校：《榕村語錄·榕村續語錄》，北京：中華書局，1995 年，第 325 頁。

〔註24〕李光地：《榕村集》卷十九，文淵閣四庫全書第 1324 冊，臺北：商務印書館，1983 年，第 796 頁。

〔註25〕李清植纂輯：《李文貞公年譜》，道光乙酉刻本//沈雲龍主編：《近代中國史料叢刊》第六十三輯（總第 621 冊），臺北：文海出版社，1973 年，第 136 頁。

〔註26〕李光地：《注解正蒙》，文淵閣四庫全書本第 697 冊，臺北：商務印書館，1983 年。

〔註27〕李光地著，陳祖武點校：《榕村語錄·榕村續語錄》，北京：中華書局，1995 年，第 773 頁。

〔註28〕李光地著，陳祖武點校：《榕村語錄·榕村續語錄》，北京：中華書局，1995 年，《點校說明》第 10 頁。

地五十九歲時完成的《注解正蒙》，就是他站在程朱理學的立場上的著述。

現存的《注解正蒙》的版本，均無李光地自己的序跋，我們無法得知他為《正蒙》作注的真實原因，以及他本人對注本的評價。不過，後世對該注本的引用頗多，故而也有一些評論。李光地的再傳弟子、楊名時的弟子王植，在其《正蒙初義》中對李光地注引用和討論達一百餘次。方潛的《正蒙分目解按》，則是為了童生考科舉而選取《正蒙》部分章節，「因述李安溪先生解，附以管見以按，曰《分目解按》」〔註29〕。楊方達《正蒙集說》對《注解正蒙》有所引用，並作了評價。楊方達認為李光地的《注解正蒙》「自出心裁，闡明要旨，多發前人所未發，但略而不詳。初學者或未能得其條理。」〔註30〕《注解正蒙》五萬餘字，除去《正蒙》原文兩萬餘字，李光地的注解文字比張載原文稍多。相比王植和王夫之這樣大部頭的注解，「略而不詳」確實是李注的一個特點。

第二節　「虛者，其本體」的天道論

一、「以和言道」

「太虛」與「太和」都是張載哲學的重要範疇。李光地在注釋中也非常重視這兩個範疇。朱熹在《周易本義》中把「太和」注解為「陰陽會合沖和之氣」〔註31〕，《正蒙》歷代注者多受其影響，把張載的「太和」也解讀為「氣」。李光地則認為，張載是「以和言道」，準確地道出了張載「太和」範疇的實質。李光地解釋《太和篇》「太和所謂道」章時說：

> 此節以「和」言道，所謂「和也者，天下之達道也」。下節以「靜」言性，所謂「人生而靜，天之性也」。在人為和、為靜，在天則為太和、太虛。和者其大用，虛者其本體也。〔註32〕

李光地引用《中庸》和《樂記》〔註33〕之言，為張載的說法找到了經典依據。他認為，「太和所謂道」之意，就是《中庸》所謂的「和也者，天下之達道

〔註29〕方潛：《正蒙分目解按》，《述餘》第五冊，毋不敬齋全書本。

〔註30〕楊方達：《正蒙集說·例言》，復初堂本。

〔註31〕朱熹：《周易本義》，北京：中華書局，2009年，第33頁。

〔註32〕李光地：《注解正蒙》，文淵閣四庫全書本第697冊，臺北：商務印書館，1983年，卷上1b頁。

〔註33〕「人生而靜，天之性也」，出自《禮記·樂記第十九》，瀋陽：遼寧教育出版社，1997年，第109頁。

也」〔註34〕。《中庸》此句以「和」為「道」，比較側重於人倫，認為「和」是通行天下的普遍準則。李光地則在宇宙論哲學的層面，通過類比《中庸》的以和言道，進而把張載的「太和」也解釋為「道」。與一般注家認為「太和」是指「氣」的說法不同，李光地認為張載是「以和言道」，即「太和」是指「道」而言，恰切地理解了張載的本意。現代新儒家唐君毅對「太和所謂道」的解讀，可謂是李光地的解讀在當代的迴響。唐氏認為：「『太和所謂道』，自是就總體宇宙而言其中具此太和之道。」〔註35〕太和是道不是氣，太和之道是一種最和諧的秩序。唐君毅進一步解釋說，萬物生成之後都有對反仇和，「然自其所自來而觀，則無此對反與仇和，而初只在一太和中，其既終既息，亦『仇必和而解』。……知不和出於和，歸於和，方能更合此不和與和，為一太和之道，以觀天地。而聖人乃更有於此對反相仇之世界中致中和，求於不和而使之和之道，以貫徹此幽明也。」〔註36〕作為秩序的太和之道，先天地存在於萬物生成之前的太和之中。萬物和人類生成之後，萬有不齊，如莊子所說的「物之不齊，物之情也」，只有聖人才能讓參差不齊、對反相仇的人類世界達到實現太和之道，也即《中庸》所謂的「致中和，天地位焉，萬物育焉」〔註37〕。當然，張載所謂「太和」主要是在宇宙論哲學層面（天道層面）講，「究其實，『太和之道』亦即『太虛即氣』之道，或『天參』之道」〔註38〕。李光地則從天道、人道兩方面展開，從宇宙論哲學的「太和之道」貫穿到了人倫世界的「致中和」。在李光地看來，「和」與「靜」皆為人的優秀品質，而張載分別為其找到了宇宙論基礎「太和」與「太虛」。當然，李光地之所以能夠把張載之「太和」與《中庸》之「和」聯繫起來，與朱熹用「此以『太和』狀道體，與『發而中節』之『和』無異」〔註39〕來解釋張載《太和篇》此章，可能也有一定的關係。朱熹用《中庸》「發而皆中節」之「和」來理解張載的「太和」，對李光地有一定啟發。李光地雖然沒有像其他朱子學者一樣，用朱熹的「陰陽會合沖和之氣」來理解張載的太

〔註34〕朱熹：《四書章句集注》，北京：中華書局，1983 年，第 18 頁。

〔註35〕唐君毅：《中國哲學原論·原教篇》，北京：中國社會科學出版社，2006 年，第 60 頁。

〔註36〕唐君毅：《中國哲學原論·原教篇》，北京：中國社會科學出版社，2006 年，第 62 頁。

〔註37〕朱熹：《四書章句集注》，北京：中華書局，1983 年，第 18 頁。

〔註38〕林樂昌：《正蒙合校集釋》，北京：中華書局，2012 年，第 15 頁。

〔註39〕黎靖德：《朱子語類》，北京：中華書局，1986 年，第 2533 頁。

和，但其對張載的解讀中從《正蒙》首章開始，就一直有朱熹的影響在裏面。以朱熹解張載，作為《正蒙》清代注的一個特色，在李光地的注解中體現的非常明顯。

二、「太虛」與「太極」

　　作為有思想原創性的清初朱子學領袖，李光地對張載的「太虛」範疇，既有明顯的朱子學特色，又有自己的獨特理解。李光地在解釋「太虛無形，氣之本體」章時說：

> 言「太虛無形」之中，而「氣之本體」存焉，即太極也。朱子《圖解》云：「此所謂無極而太極也。所以動而陽靜而陰之本體也」，正此意也。然周子謂之太極，而張子謂之太虛者，太極如性字，太虛如靜字；太極如中字，太虛如未發字。人生而靜，天性具焉，非以靜為性也。喜怒哀樂未發，而中存焉，非以未發為中也；太虛無形，而無極之真在焉，非以太虛為太極也。太虛以天言；至靜以人言。虛氣一體也，動靜一源也，性無有無、隱顯，無物我、內外故也。言太和而歸之於清通不可象之神，言太虛而極之於變化不可窮之感，互發之義也。〔註40〕

李光地把「太虛無形」理解為「太虛無形之中」，又認為太極是氣的本體，顯然不合文本原意。按照張載的本意來解讀此句，作為重要哲學範疇的「太虛」是名詞，「無形」是「太虛」的一個特點。「太虛無形，氣之本體」是說，「太虛」是「氣」的本體。李光地避而不用張載的「太虛」範疇，卻使用了朱子理學所常用的「太極」範疇，認為「氣之本體」是「太極」。這顯然是要用朱子理學的話語系統來詮釋張載的哲學。李光地指出，正如朱熹《太極圖說解》所揭示的那樣，周敦頤以「太極」為陰陽之氣的本體。張載用「太虛」也想表達同樣的意思，但與周敦頤也有所不同。周敦頤「太極」和張載「太虛」的區別在何處呢？李光地認為，「太極如性字，太虛如靜字；太極如中字，太虛如未發字。」《樂記》「人生而靜，天之性也」，但並非以「靜」為「性」。《中庸》「喜怒哀樂未發之謂中」，但並非以「未發」為「中」。就像《樂記》之「靜」、《中庸》之「未發」，雖然可以指向「性」、「中」，但本身並非「性」和「中」。

〔註40〕李光地：《注解正蒙》，文淵閣四庫全書本第 697 冊，臺北：商務印書館，1983年，卷上 2b～3a 頁。

張載的「太虛」雖然也可以指向周敦頤的「太極」，但其本身並非「太極」。也就是說，在李光地看來，張載的「太虛」不如周敦頤的「太極」準確。實際上，這裡的周敦頤更多地是朱子通過《太極圖說解》詮釋出來的周敦頤。朱子認為，「太極只是天地萬物之理」、「太極只是理字」〔註41〕。朱子「太極」詮釋為「理」，把周敦頤「無極而太極」的宇宙論納入自己理氣論的宇宙論哲學體系中。作為清初朱子學領袖的李光地在這點上是繼承了朱子，以朱子的觀點來解釋張載，以朱子對張載的評價來評價張載。朱子的理氣論借用了周敦頤《太極圖說》中的框架，以太極為理，以陰陽為氣，主張以理主宰氣。張載很少論及「太極」概念，二程兄弟從不提及太極。〔註42〕朱子則經常談論太極與氣，即理與氣的關係。理為本體，氣為用，理氣不離不雜，一起生成萬物。理是主導，氣聽命於理，譬諸西方哲學形式與質料之說，則理為形式，氣為質料。這是典型的以朱子之理氣觀詮釋張載的宇宙論。李光地此處就是以這種朱子學的「前理解」視域去注解《正蒙》的，這是一切思想家（區別於注疏家）的注疏的一個鮮明特色。這樣的結果是，注釋者有時會扭曲文本的原意，以屈就於自己的學說或自己尊崇的學說，成了「六經注我」，而這種注釋之作在另一種意義上則成了注釋者本人思想的展覽場，可以被用來作為研究注釋者的思想的材料。

李光地解釋「氣之聚散於太虛，猶冰之凝釋於水，知太虛即氣，則無無」〔註43〕章時說：

> 凝而成冰，釋而為水，不可以水為無也；聚而成氣，散而歸虛，不可以虛為無也。所以然者，以虛之與氣，水之與冰，本為一體而非二物也。張子非以虛為性也，蓋性無所不在，而虛則其本體，猶人性無所不貫，而靜則其淵源。天人相形，則不得不以虛對靜，而非以性為虛也。原其每以太虛立說者，特以釋老好言虛無之蔽。故為之通虛實，貫有無，使知性之無內外耳。參伍之神者，變易也。變易者，氣之聚散也。而性與天道在是，此外烏有所謂無者，而以為見性論道之極乎？〔註44〕

〔註41〕黎靖德：《朱子語類》，北京：中華書局，1986年，第1～2頁。
〔註42〕陳榮捷：《朱熹集新儒學之大成》，載氏著《朱學論集》，華東師範大學出版社，2007年，第7頁。
〔註43〕張載：《張載集》，北京：中華書局，1978年，第8頁。
〔註44〕李光地：《注解正蒙》，文淵閣四庫全書本第697冊，臺北：商務印書館，1983年，卷上7a～8b頁。

李光地未究張載冰水之喻的深意〔註45〕，按照日常生活中的理解做了解釋。在李光地看來，水凝結成為冰，冰融化後又成為水，雖然存在狀態不同，但都是水。氣聚為物，氣散歸虛，同樣都是氣，虛空之中充滿了氣，不能認為虛空就是空無一物的真空。虛與氣的關係，就像水與冰的關係一樣，是同一物質而非兩種物質，只是這同一種物質具有不同的存在狀態而已。水與冰，虛與氣，都是「本為一體而非二物」。李光地的解釋，沒有顧及太虛的超越性。不過，從這段解釋中也可看到李光地對「性」的強調，他認為「性無所不在」，性是貫通有無虛實內外的。李光地認為，張載以「太虛」立說的原因，是為了駁斥佛老的虛無之論。氣聚成物，氣散歸虛，性都貫穿其中。

李光地注釋「天地之氣」章時說：「太虛，無形者也。氣與萬物之聚散，所謂客形者也。然而二者本一，是以氣散則適得太虛之體，氣聚亦不失太虛之常，皆所謂順而不妄者也。所以然者，以太虛不離氣物以為體。故虛生氣，氣生物，物歸於虛，理之不得不然，何妄之有？」〔註46〕李光地認為，太虛是無形體的。但所謂「無形者」指的是人肉眼看不見而又實際存在之物（比如氣）呢，還是指形而上的超越存在？李光地這裡並未說清楚。氣散之後的狀態是太虛嗎？還是原來就作為超越本體的太虛，在氣散之後能夠更加凸顯其地位與作用？氣聚為物之時，太虛如何存在？是內在於物的超越本體（比如理）呢？還是僅僅強調氣散之後的太虛狀態的特性，在氣聚為物之後仍然可顯現其作用與力量？「太虛不離氣物以為體。故虛生氣，氣生物，物歸於虛。」李光地認為太虛是氣和物的「體」，且從不與氣和物分離。這與前面他認為張載的太虛和周敦頤的太極同樣指稱超越本體的意思是一致的。但是，「虛生氣，氣生物，物歸於虛」，似乎暗示存在一個「虛——氣——物——虛」的宇宙生成論的無限循環連續體。在這個連續體中，虛只是一個環節，虛、氣、物三者是「同質異態」。這種理解的實質是虛仍然是氣，只是氣的一種狀態，物是氣聚合而成的。總之，是一種氣一元論的理解。

李光地解釋「知虛空即氣」章時說：

「太虛無形，氣之本體」，是「虛空即氣」也。虛空即氣，則有

〔註45〕張載冰水之喻的深意，請參考林樂昌：《正蒙合校集釋》，北京：中華書局，2012年，第54頁。

〔註46〕李光地：《注解正蒙》，文淵閣四庫全書本第697冊，臺北：商務印書館，1983年，卷上3b頁。

無、隱顯、神化、性命豈有二哉？散入無形，適得其本體而非無也。
聚為有象，亦不失太虛之常而非始有也。……老佛皆知體虛空為性，
似於太虛若有見矣。不知本天道為用，則於太和之理罔不能體之而
盡也。〔註47〕

李光地此處對「虛空即氣」的解釋是，有無、隱顯通一無二。萬物消散無形之
後，又成為最清通的氣，此時並非空無一物的「無」，而且「得其本體」。這裡
的「本體」，已經不是張載所謂的體用論意義上的「本體」。李光地在注釋「氣
塊然太虛」章時，對「本體」一詞也如此使用。他說：「『氣塊然太虛』，是其
本體然也。……其清通而不可象者，為太和，為太虛。」〔註48〕李光地認為，
氣塊然流行於太虛之中，這是氣最本然的狀態。在此意義上，「太虛」只是氣
的一種清通不可象的狀態。張載以「太虛」為超越的本體，與氣之聚散並無直
接的關聯。李光地接著解釋說，氣聚合為有象形之物，並非從無到有的創生，
不是此時才開始有物存在，未聚合為有形之物前，無形之物也是存在。有形之
物，亦不失去「太虛之常」。

李光地受朱子把張載「太和」與《中庸》相聯繫的影響，用《中庸》的「和
者，天下之達道」解釋張載之「太和」，準確地把太和歸結為道。在詮釋張載
「太虛」範疇之時，李光地借用了朱子對周敦頤的「太極」的理解，認為張載
言「太虛」指向超越於氣的獨立存在。但是，他同時指出，張載的「太虛」畢
竟不如周敦頤的「太極」更準確。李光地在部分注釋中依照朱子的看法，以太
極（理）與氣的模式注釋張載的虛氣觀。在具體的注釋中，李光地有時又把「太
虛」、「虛」理解為氣，認為太虛是處於清通狀態的氣。這種理解不符合張載的
本意。

三、「性者，理之總名」

程朱理學以「天理」、「理」為其宇宙論哲學的最高範疇。作為清初朱子學
領袖的李光地，其理氣論很大程度上也繼承了程朱尤其是朱子的理氣論。不
過，李光地在繼承的基礎上，也有自己的新見。李光地在注釋「性其總，合兩
也」章時說：「性者，理之總名。著而為道，則有陰陽、剛柔、仁義之兩名，

〔註47〕 李光地：《注解正蒙》，文淵閣四庫全書本第 697 冊，臺北：商務印書館，1983
年，卷上 5a～5b 頁。

〔註48〕 李光地：《注解正蒙》，文淵閣四庫全書本第 697 冊，臺北：商務印書館，1983
年，卷上 6a～6b 頁。

而性其合也。」〔註49〕李光地在這裡卻把「性」看作「理」的總名。作為程朱理學宇宙本體論中最高的範疇的「理」，在李光地的宇宙論哲學中成了次一級的哲學範疇。在李光地的宇宙本體論哲學體系中，「性」成了最高的哲學範疇。〔註50〕這是他與程朱在宇宙論哲學上的不同之處。

在宋代理學中，胡宏以「性」為宇宙論哲學的最高範疇。「胡宏認為，性是萬理皆具，萬物皆有的『天命之全體』，不只是一事一物之理；是『大本』而不是『達道』。一句話，是超越的道德本體。」〔註51〕胡宏認為，性是氣之本，性是氣的主宰。他說：「非性無物，非氣無形。性，其氣之本乎！」「氣之流行，性為之宰。」〔註52〕同時，他認為：「性外無物，物外無性。」〔註53〕「性，天下之大本也。」〔註54〕把「性」看作天下萬物的本質。在以程朱理學為主流的時代，胡宏以性為本體的觀點並無大的影響。李光地對性與氣的看法，與胡宏有相似之處。正如有學者指出的，「李光地正是從此性論去繼承朱學的，所以他也講性是理的總名」〔註55〕。

李光地卻從未提及自己和胡宏觀點的一致，也沒有表達過對胡宏的讚賞。相反，他在《注解正蒙》中僅一次提及胡宏時，表達了對他的批評。張載《正蒙・參兩篇》首章曰「地所以兩，分剛柔、男女而效之，法也；天所以參，一太極、兩儀而象之，性也。」〔註56〕張載於此表達了他的天參觀，以「『一太極、兩儀』解天道之『參』，並歸結為『性』，此皆見張載解《易》之新意」〔註57〕。李光地注釋此章說：

> 此張子之學微與周、程間隔處也。蓋太極雖不離乎陰陽，而實不離乎陰陽，安得與之對而為三哉？其後胡氏之學有所謂「無對之

〔註49〕 李光地：《注解正蒙》，文淵閣四庫全書本第 697 冊，臺北：商務印書館，1983 年，卷上 48b 頁。

〔註50〕 侯外廬等撰：《宋明理學史》（下），北京：人民出版社，1997 年第二版，第 1003 頁。

〔註51〕 蒙培元：《理學範疇系統》，北京：人民出版社，1989 年，第 206 頁。

〔註52〕 胡宏：《胡宏集》，北京：中華書局，1987 年，第 22 頁。

〔註53〕 胡宏：《胡宏集》，北京：中華書局，1987 年，第 6 頁。

〔註54〕 黃宗羲原著，全祖望補修：《宋元學案》卷四十二，北京：中華書局，1986 年，第 1370 頁。

〔註55〕 向世陵：《理氣心性之間——宋明理學的分系與四系》，北京：人民出版社，2008 年，第 346 頁。

〔註56〕 張載：《張載集》，北京：中華書局，1978 年，第 10 頁。

〔註57〕 林樂昌：《正蒙合校集釋》，北京：中華書局，2012 年，第 101 頁。

善」及「與惡對之善」,「無對之靜」及「與動對之靜」。朱子以為,

　　如此則是三角底太極者,意其源流於此也。〔註58〕

李光地接受程朱對太極、兩儀的解釋,即以太極為理,以陰陽兩儀為氣,把太極與兩儀的關係理解為理氣關係。因此,他認為張載對太極、陰陽的理解與周敦頤、二程不一樣,並指責張載以太極和陰陽為三的「天參觀」。李光地在注解《正蒙・乾稱篇》「有無虛實通為一物者性也」章時也說:「此發明性字極精,明其有對而通為一,則天參之說不用可矣。」〔註59〕胡宏區分了善(與惡對之善)、惡以及無對之善,動、靜(與動對之靜)以及無對之靜,其哲學也具有一分為三的特色。朱子因此批評胡宏的哲學原理是三角的太極,認為胡宏繼承了張載分太極陰陽為三的觀點。李光地顯然也贊成朱熹對胡宏和張載的批評。

　　李光地雖然對胡宏持批評態度,可是,他的宇宙論哲學中對「性」與「氣」關係的看法,與胡宏性為氣之主宰的看法極其相似。李光地說:

　　　　盈天地間皆氣也,而性為之主宰,語其性之理則實,語其性之
　　　　體則虛。實者,立天立地之道。虛者,陰陽不測之神。鬼神,又神
　　　　之乘於氣而有跡者也。鬼神之體物不遺,即神之所以妙萬物而不測,
　　　　性之所以體物而無不在也。〔註60〕

李光地認為天地之間充滿了氣,而性是氣之主宰。程朱理學以理氣關係解釋萬物生成及其本質問題,在李光地則以「性」與「氣」的關係代之。在李光地的宇宙論哲學體系中,理、體、鬼神,都成為附屬於「性」的次一級哲學範疇。實理是指氣化流行的天地之道。虛體,是陰陽之氣變化不測的神妙作用。鬼神,則是氣化流行過程之痕跡。作為李光地哲學最高範疇的「性」,則貫穿於整個氣化流行的過程之中,無時無處不在。在生成萬物的過程中,「性」是主宰「氣」生成萬物的動力,在「氣」成為萬物的形體之後,「性」則成為萬物的本質,亦即萬物之性。

　　李光地最高哲學範疇的「性」,還具有「無死生」的永恆存在性。李光地

〔註58〕　李光地:《注解正蒙》,文淵閣四庫全書本第697冊,臺北:商務印書館,1983年,卷上14b頁。

〔註59〕　李光地:《注解正蒙》,文淵閣四庫全書本第697冊,臺北:商務印書館,1983年,卷下64b～65a頁。

〔註60〕　李光地:《注解正蒙》,文淵閣四庫全書本第697冊,臺北:商務印書館,1983年,卷下63b～64a頁。

說：「性無死生。」〔註61〕在解釋「聚亦吾體」章時，他說：「既散而適得吾體，則雖死而不亡矣。蓋亡者形氣也，性則何存亡之有？」〔註61〕形氣有聚散之存亡，作為萬物本質的「性」，則無所謂存亡，「性」永存不亡，具有超越時間的永恆性和普遍性。如此，以「性」為本的萬物，就具有了道德上至善的可能性和普遍性。李光地還認為：「性者，道之源也。」〔註63〕以「性」為道的本源。

第三節　「性出於天」的心性論

儒家自孔孟開始就非常重視人的道德生命。儒家主張，人生的價值主要體現在的個人的道德上，而不是在人的肉體生命。人生之目標在於以聖賢這樣的道德模範為目標，踐履道德，這樣的人生才有價值。理學區別與先秦儒學和漢唐儒學之處在於，為道德倫理建構了本體論。理學家的人生價值觀與孔孟原始儒學實際上相差無幾。理學家對人生價值和道德生活的思考，集中在他們的心性論中。「理學道德主體論的人性學說，就是通過『心性』範疇全面展開的。」〔註64〕張載《正蒙》中有大量的關於心性論的內容，李光地在注釋中通過繼承和發揮，體現了他自己的心性論思想。

聖人是人倫道德踐履的典範，是人性的光輝所能達到的最光明的境地。李光地說：「在人曰聖者，乃至誠合於天德之謂。」〔註65〕聖人，就是他的真誠的品德與天的真誠幾乎一樣的人。李光地說：「天地既生人物，則人物之品質惟其所賦。」〔註66〕人與萬物同為天地所生，人與萬物之品質，也都由天地所賦予。然人與物有區別，物之中動物與植物又有區別，「能相感者，動物

〔註61〕李光地：《注解正蒙》，文淵閣四庫全書本第 697 冊，臺北：商務印書館，1983年，卷上 5b 頁。

〔註62〕李光地：《注解正蒙》，文淵閣四庫全書本第 697 冊，臺北：商務印書館，1983年，卷上 4a 頁。

〔註63〕李光地：《注解正蒙》，文淵閣四庫全書本第 697 冊，臺北：商務印書館，1983年，卷上 49b 頁。

〔註64〕蒙培元：《理學範疇系統》，北京：人民出版社，1989 年，第 194 頁。

〔註65〕李光地：《注解正蒙》，文淵閣四庫全書本第 697 冊，臺北：商務印書館，1983年，卷上 10a 頁。

〔註66〕李光地：《注解正蒙》，文淵閣四庫全書本第 697 冊，臺北：商務印書館，1983年，卷上 40b 頁。

也。不能相感者，植物也。」〔註67〕相對漢唐儒者把聖人看作不可學的天縱之聖，宋明儒者普遍認為聖人與我同類，聖人可學而至。李光地在注解中也認為聖人可學而至，並描述了聖人的誠明仁智等德性，以及獲得這些德性的方法。

一、「誠者，天德也」

《中庸》、《孟子》都以「誠」為天之道，以「思誠」、「誠之」為人之道。真誠是人的一種高貴品質，人應該效法天道之誠而真誠地做人。張載對「誠」的看法繼承了《中庸》、《孟子》之說，他說：

> 性與天道合一存乎誠。〔註68〕

> 天所以長久不已之道，乃所謂誠。仁人孝子所以事天誠身，不
> 過不已於仁孝而已。故「君子誠之為貴」。〔註69〕

誠是天之道，仁人孝子應該效法天來事天誠身。周敦頤、二程、朱熹也非常重視「誠」。周敦頤認為「誠」是聖人最根本的德性。他說：「誠者，聖人之本」〔註70〕、「聖，誠而已矣。」〔註71〕二程認為：「不妄之謂誠，不欺其次矣。」〔註72〕朱子繼承二程之說，在注釋周敦頤「誠者，聖人之本」一句時說，「誠者，至實而无妄之謂」〔註73〕。朱子《大學章句》首章注解「先誠其意」時，認為「誠者，實也。」〔註74〕朱子《中庸章句》注解「誠者，天之道也。誠之者，人之道也。」時，認為「誠者，真實无妄之謂，天理之本然也。誠之者，未能真實无妄，而欲其真實无妄之謂，人事之當然也。聖人之德，渾然天理，真實无妄。」〔註75〕程朱把誠解釋為「无妄」或者「至實而无妄」，偏重強調

〔註67〕李光地：《注解正蒙》，文淵閣四庫全書本第697冊，臺北：商務印書館，1983年，卷上41a頁。

〔註68〕張載：《張載集》，北京：中華書局，1978年，第21頁。

〔註69〕張載：《張載集》，北京：中華書局，1978年，第22頁。

〔註70〕周敦頤：《通書·誠上第一》，《周敦頤集》，北京：中華書局，2009年，第13頁。

〔註71〕周敦頤：《通書·誠下第二》，《周敦頤集》，北京：中華書局，2009年，第15頁。

〔註72〕程顥、程頤：《二程集》，北京：中華書局，2004年，第92頁。

〔註73〕周敦頤：《通書·誠上第一》，《周敦頤集》，北京：中華書局，2009年，第13頁。

〔註74〕朱熹：《四書章句集注》，北京：中華書局，1983年，第3頁。

〔註75〕朱熹：《四書章句集注》，北京：中華書局，1983年，第31頁。

天道、天理的真實性和聖人德性的實有性。李光地對「誠」的認識綜合了以上的看法。

李光地首先認為，「誠」是天德。他說：「誠者，天德也。」〔註76〕其次，李光地認為「誠」也是聖人之本，這點和周敦頤認識一致。李光地說：

> 誠者，命之道而聖人之本，在天與在人一也。〔註77〕

> 天以誠為道，人亦以誠事天。〔註78〕

> 聖人之誠，天德也，故與天無異用；聖人之明，天明也，故與
> 天無異知。在聖者性也，在天者天道也，無小大之別也。〔註79〕

李光地把「誠」看作聖人最重要的德性，即「聖人之本」，並認為這是天與聖人共同具有的德性。不同的是，天的運行自然而然都是誠，聖人是通過修養達到了誠。普通人則需要把誠作為目標來追求，通過工夫修養，讓自己達到誠的境界，使得誠內化為自己的所具有的德性。作為人倫典範的聖人，他通過工夫修養，已經達到了誠的境界。普通人只要立志學聖人，以誠為追求目標，也會逐漸接近，直至獲得這種品質。所謂「獲得」，並非是說誠這種品質是外在於人，人通過學習而習得而來，毋寧說誠是天地生人之時賦予人的本性，人的工夫修養只是發現了自己本身所具有的這種積極的道德力量。以誠為原則待人處世，只是遵循了自己的本性，否則，是違背人的本性的。只是，通過學習才能獲得這種認知，通過漫長而艱苦的道德修養來堅定自己的道德意志，才能使自己按照誠的本性行事。

二、「仁智一而聖人之事備」

仁智統一是孔子以來儒家的傳統。「孔子既主張傳統的天命論，又著重考察了人道，提出來仁智統一的新學說。」〔註80〕「在孔子和儒家看來，仁且智

〔註76〕李光地：《注解正蒙》，文淵閣四庫全書本第697冊，臺北：商務印書館，1983年，卷上44a頁。

〔註77〕李光地：《注解正蒙》，文淵閣四庫全書本第697冊，臺北：商務印書館，1983年，卷上45a頁。

〔註78〕李光地：《注解正蒙》，文淵閣四庫全書本第697冊，臺北：商務印書館，1983年，卷上45a頁。

〔註79〕李光地：《注解正蒙》，文淵閣四庫全書本第697冊，臺北：商務印書館，1983年，卷上44a頁。

〔註80〕馮契：《中國古代哲學的邏輯發展》（上），上海：東方出版中心，2009年，第58頁。

是理想人格（聖人）的主要特徵。」〔註81〕張載繼承了儒家以仁智統一來規定聖人的傳統。他說：「仁智合一存乎聖。」〔註82〕也就是說，作為道德楷模的聖人，既有仁愛的情感，又有理性的智慧。李光地對張載此句注解曰：「仁智一而聖人之事備，故曰存乎聖。」〔註83〕顯然，他認可張載對聖人所作的仁愛與智慧兩方面的規定。李光地又說：

> 理之在聖，性也。〔註84〕

> 智以知命，仁以守義，能盡乎理之分者，聖也。〔註85〕

李光地把「理」看作是聖人的本性，仁智合一且能「盡理」的人就是聖人。為傳統的聖人觀，增加了「理」的規定。孟子認為，仁義禮智是人之四端，是人人天生具有的善性之端倪。擴而充之，則人人皆可以為聖賢。李光地發揮孟子和張載之說，以仁、智、義、命、理來界定聖人，更加強調「理性」的分量。程朱理學以「理」為其思想的最高範疇。「理」以「理氣」和「理欲」貫穿了天道和人道兩個方面，既是自然宇宙的本體，又是人倫道德的本體。李光地為聖人增加「理」的規定，顯然也受到程朱理學的影響。

李光地「全其心之德」的說法也受到了朱熹的影響。李光地注釋「浩然無害，則天地合德」章時說：

> 浩然無害者，全其心之德也。心德，即天地之德也。〔註86〕

朱子以「心之德，愛之理」定義「仁」。《論語集注》卷四「子曰：志於道，據於德，依於仁，游於藝」一章，朱子注解曰「依於仁」時說：「仁，則私欲盡去而心德之全也。」〔註87〕《論語集注》卷一「孝悌也者，其為仁之本與」，朱子注解曰：「仁者，愛之理，心之德也。」〔註88〕李光地「全其心之德」的

〔註81〕馮契：《中國古代哲學的邏輯發展》（上），上海：東方出版中心，2009年，第59頁。

〔註82〕張載：《張載集》，北京：中華書局，1978年，第20頁。

〔註83〕李光地：《注解正蒙》，文淵閣四庫全書本第697冊，臺北：商務印書館，1983年，卷上44b頁。

〔註84〕李光地：《注解正蒙》，文淵閣四庫全書本第697冊，臺北：商務印書館，1983年，卷上45b頁。

〔註85〕李光地：《注解正蒙》，文淵閣四庫全書本第697冊，臺北：商務印書館，1983年，卷上44b～45a頁。

〔註86〕李光地：《注解正蒙》，文淵閣四庫全書本第697冊，臺北：商務印書館，1983年，卷下2b頁。

〔註87〕朱熹：《四書章句集注》，北京：中華書局，1983年，第94頁。

〔註88〕朱熹：《四書章句集注》，北京：中華書局，1983年，第48頁。

說法，顯然是受到朱子以「仁」為「心之德」的影響。

三、「性出於天」

孟子在《盡心篇》曰：「盡其心者，知其性也。知其性，則知天矣。存其心，養其性，所以事天也。」〔註89〕孟子以天為人性的根據。「盡心知性，主要是一種理性的反省，存心養性則是一種道德涵養，二者在孟子那裡又構成了同一過程的二個方面，其目標在於上達於天（知天事天）。」〔註90〕在孟子看來，具有道德反思能力的心，通過「盡心」的道德思考活動，就能覺知自己人性根源於天，人性乃天之所命。李光地的宇宙論哲學，以「性」為最高範疇，其心性論則認為「性出於天」。李光地說：

> 知性而又曰知天云者，性出於天，故性即天也。天無外，性亦無外。〔註91〕

「性出於天」，是把天作為人性善的最終根據。人性之善從終極根源來講，需要真誠无妄的天來保證。完滿地實現了人性的聖人，其人性也與天同其至善，在這個意義上，可以說「性即天」。李光地「性出於天」心性論思想，顯然是對孟子盡心知性知天思想的繼承。不過，李光地「天無外，性亦無外」的認識，把性看作同天一樣悠久廣大的存在，則是他以性為最高哲學範疇的宇宙論哲學在其心性論領域的反映。

李光地對張載的人性論相當認可。張載對儒家人性論的貢獻是，提出了天地之性和氣質之性二重化的人性論。有學者指出，「張載對孟荀以來的人性理論作了相當完整和富有哲理深度的重新建構，使之成為儒學史上的主流。」〔註92〕程朱繼承了張載二重化的人性論。朱子對張載提出此一理論極為讚賞，認為「極有功於聖門」。李光地曾認為張載和周敦頤、二程、朱熹論人性，為繼承孟子論性之絕學。李光地注解「形而後有氣質之性」章，曰：

> 形既生矣，則有剛柔善惡之不齊，是之謂氣質之性。然人之生也，受天地之中，得五行之秀，在萬物之中獨靈且貴，雖有氣質之

〔註89〕朱熹：《四書章句集注》，北京：中華書局，1983年，第349頁。

〔註90〕楊國榮：《孟子的哲學思想》，上海：華東師範大學出版社，2009年，第180頁。

〔註91〕李光地：《注解正蒙》，文淵閣四庫全書本第697冊，臺北：商務印書館，1983年，卷上58a頁。

〔註92〕林樂昌：《張載對儒家人性論的重構》，《哲學研究》2000年第5期，第48頁。

> 偏，而無害為得天地之性之全，惟善反之，則知天地之性，固渾具
> 於氣質之性之中也。故氣質之性，君子不謂性。〔註93〕

氣質之性是人出生以後善惡不齊的自然人性，此性善惡混雜，偏頗不齊。但是作為萬物之靈的人類，每一個體的人都是天地造化所生的靈秀之物，人人都天生完全地具有天地之性。作為天賦予人的本質的天地之性，純然全善，是完美的人性，是現實人性可以為善的根據。雖然天地之性人人具有，但需要做反己克制的自修工夫，才能使得純然全善的天地之性完全實現在人身上，使人性的道德光輝顯現。李光地認為，「天地之性，固渾具於氣質之性之中」，顯然承認存在天地之性和氣質之性兩種人性。這與張載的看法一致，與朱熹的看法則不同，因為朱熹所謂的氣質之性不具有實存性。

四、「人心皆化為道心」

李光地運用道心人心和天理人慾的範疇對張載思想作詮釋。實際上，張載是道學家中最早提出天理、人慾範疇的哲學家，也是第一個把天理、人慾和道心、人心結合起來的哲學家。〔註94〕但後來二程和朱子也講這些範疇，而且程朱理學又成為宋明理學主流，所以，張載對此兩對範疇的貢獻反而不彰顯了。所謂「道心」，是指「自我體驗的道德本心」，「是一種道德意識和道德觀念」，「是一種內在的理性原則，也就是道德本體的自我呈現，實際上是內化了的社會倫理觀念。」所謂人心，是指「感性的自然本能、物質欲望等個體意識。」〔註95〕天理、人慾相對時，天理是指人先驗的道德意識和道德觀念，人慾是指人的感性自然欲望。李光地注解「莫非天也」章說：

> 物慾者，形感物之所發，推所自來，莫非天也。但百體順令於天君，則人心皆化為道心矣；天君下徇於百體，則天理將滅於人慾矣。清明在躬，氣志如神，陽明勝德性用之效也；蔽交於前，其中則遷，陰濁勝物慾行之時也。陰本非惡，不順於陽則流為惡耳，引其惡以歸於善，則莫非天也。此條義最精粹。〔註96〕

〔註93〕李光地：《注解正蒙》，文淵閣四庫全書本第 697 冊，臺北：商務印書館，1983年，卷上 50b 頁。

〔註94〕參閱林樂昌：《正蒙合校集釋》「上達反天理」章「林按」，北京：中華書局，2012 年，第 316 頁。

〔註95〕蒙培元：《理學範疇系統》，北京：人民出版社，1989 年，第 286 頁。

〔註96〕李光地：《注解正蒙》，文淵閣四庫全書本第 697 冊，臺北：商務印書館，1983年，卷上 55a～55b 頁。

李光地認為，人對物質的欲望來自於人的肉體和外物的感通。追究其根源，物慾也是天所生。但是，只要人的肉身聽命於心靈的主宰，那麼，人追求物質欲望滿足的「人心」，也會在道德心靈的主持之下，變為道德義理之心，即所謂「道心」。如果心靈任由感性自然欲望作主宰，那麼，人的道德理性就不會發揮作用，而只聽令感性慾望的主張。此種狀態下的人，是沒有任何道德感的感性人。儒家道德教化的目的，則是希望以道德心靈主宰感性慾望，使每個人都成為具有道德感的道德理性人。每一個人都具有陰陽兩面，即道德理性和感性慾望，因為每個人都具有超越肉身的道德心靈，同時也不得不擁有會產生自然欲求的沉重肉身。道德心靈與肉體的分裂，是每個人不可避免地要遇到的道德抉擇境遇。因為二者都是來自於天生，任何人無法逃避這種道德境遇。

五、「安死順命」

死亡，是每個人在最不確定的時間裏，又最確定地會遭遇的事件。二十世紀最深邃的哲學家海德格爾這樣定義「死亡」：「死作為此在的終結乃是此在最本己的、無所關聯的、確知的、而作為其本身則不確定的、不可逾越的可能性。死，作為此在的終結存在，存在在這一存在者向其終結的存在之中。」〔註97〕人終有一死的必然結局，刺激了眾多的哲學思想和宗教體系的誕生。在中國，儒釋道三家有著不同的生死觀。佛教以人生為幻妄，以追求成佛涅槃為終極追求。道家則對現實世界的生活十分執著，希望通過服食藥餌成為肉體不死的神仙。與此二者不同，儒家對現實世界的真實性和人的肉體生命的有限性，都有清醒而理性的認識。因此之故，儒家對佛道的生死觀都有所批評。

張載的生死觀，遵循著儒家重視現世的理想主義方向。張載在《西銘》的結尾說：「富貴福澤，將厚吾之生也；貧賤憂戚，庸玉汝於成也。存，吾順事；沒，吾寧也。」〔註98〕存順沒寧，可謂是對張載生死觀最凝練的概括。「張載依據孔孟，吸收道家，為儒家構造生死觀之新範式，乃儒家真知死者也。」〔註99〕

李光地對待生死的態度，受到了張載的影響。「在張載看來，佛教的寂滅

〔註97〕海德格爾：《存在與時間》，北京：生活・讀書・新知三聯書店，2006年，第297頁。

〔註98〕張載：《張載集》，北京：中華書局，1978年，第63頁。

〔註99〕林樂昌：《正蒙合校集釋》，北京：中華書局，2012年，第915頁。

觀和道教的長生論，各執一偏，俱非中道。」〔註100〕李光地同樣批評佛教說：

> 以心法起滅天地，以心之妄想，一起一滅，遂生萬有觀之，謂
> 天地亦若是，故謂大地山河，眾生萬有，皆幻妄也。此乃因人心之
> 末流，而疑天地之本始，烏知天命之所以流行哉？因此疑彼，夏蟲
> 疑冰之喻也。〔註101〕

佛教認為山河大地、人世間的眾生，皆由人的幻妄所生，世界是不真實的。在李光地看來，佛教的這種看法是以心之妄念幻想，來對待真實的世界，就像目光短淺的夏蟲一樣，因為沒有見過冰就懷疑它存在的真實性。佛教以人生為虛幻，則把涅槃作為最終的追求。李光地並不認可佛教的生死觀。在傳統儒家生死觀的基礎上，李光地主張一種「安死順命」的生死觀。在注解「從心莫如夢」章時，李光地說：

> 夢者，思勉所不及，故曰「從心」。老而不安死，是不順命也，
> 猶未免於願外也。「願外」是逾矩也，不夢周公，是安死順命，雖思
> 勉所不至者，亦無越思也。〔註102〕

孔子以不夢周公來表徵自己的能力的衰退，暗示著復興禮樂文明的願望難以實現。李光地認為，這是孔子承認己力無法控制和改變的命運之安排，是一種安死順命的態度。世界上的事情，有的通過自己的努力可以改變，比如追求自我道德的完善，只要不斷努力就會逐漸接近目標；有的通過自己的努力無法改變的，比如肉體生命的自然衰亡，以及其他個人無法左右的冥冥力量。對待死亡及其他己力無法改變的命運安排，儒家採取以平常心處之的態度。張載對待生死主張「存順沒寧」，坦然處之。李光地「安死順命」的命運觀和生死觀，是對包括張載在內的儒家傳統生死觀的繼承和發展。

第四節 「養而完之，以復其初」的修養工夫論

立志向學的儒者，如何通過道德踐履和道德涵養，獲得誠、仁、智等道德

〔註100〕楊立華：《氣本與神化：張載哲學述論》，北京：北京大學出版社，2008年，第48頁。

〔註101〕李光地：《注解正蒙》，文淵閣四庫全書本第697冊，臺北：商務印書館，1983年，卷上60a頁。

〔註102〕李光地：《注解正蒙》，文淵閣四庫全書本第697冊，臺北：商務印書館，1983年，卷下17a頁。

品質，成為具有高尚道德情操和人格境界的儒家君子或聖賢呢？這需要通過修養工夫而致。李光地在注解《正蒙》的時候，比較注重詮釋和闡發其中論及修養工夫的道德實踐。他主要從立志、守禮、勉學、完養、誠敬和樂、持重改過等修養條目展開。

一、立志與守禮

理想人格的培養和道德境界的提升，這是從作為個體的人自我立志開始的。儒家道德修養非常注重立志，孔子十五歲志於學被歷代儒者作為立志的楷模。李光地說：「志定，則自然有所持守；心純，則玩物不足喪志。」〔註103〕追求成聖成賢的志向確立，才會自然有所持守，其他的修養工夫才能在此基礎上展開。「博文、集義，皆志學以後事。」〔註104〕志向確立，博文約禮，集義以養浩然之氣等工夫才有了明確的目標。

立志就要重視心的作用。「心者，人之主也；性者，道之源也。苟非其人，則道不虛行，蓋秉彝雖在，而人心有操舍存亡故也。」〔註105〕心是人真正的主宰，道德人格的培養就是要使人具有道德敏感的心靈。但人心操則存、舍則亡，所以人並不能做到時時刻刻以道德心作主宰。每個人的性善本性因此也就不能時時顯發。立志的人，就是通過工夫修養，時時提撕自己的道德心，使人性的光輝體現在每一個道德決斷中。

禮是對道德原則的規定，是一種外在的他律規範。李光地非常重視自覺的「守禮」工夫。「器於禮者，禮與性成；強立者，守禮不返。」〔註106〕勉力遵循禮的規定行事，對於德性養成有好處。李光地認為，禮是按照「自卑尊人，與人為善」〔註107〕的精神而制定的。對人恭敬有禮，謙虛自處，與人為善，這些都對道德人格的養成有積極意義。

〔註103〕李光地：《注解正蒙》，文淵閣四庫全書本第 697 冊，臺北：商務印書館，1983 年，卷上 69a 頁。

〔註104〕李光地：《注解正蒙》，文淵閣四庫全書本第 697 冊，臺北：商務印書館，1983 年，卷上 69a 頁。

〔註105〕李光地：《注解正蒙》，文淵閣四庫全書本第 697 冊，臺北：商務印書館，1983 年，卷上 49b 頁。

〔註106〕李光地：《注解正蒙》，文淵閣四庫全書本第 697 冊，臺北：商務印書館，1983 年，卷下 16a 頁。

〔註107〕李光地：《注解正蒙》，文淵閣四庫全書本第 697 冊，臺北：商務印書館，1983 年，卷下 10a 頁。

二、「學」以去蔽而復吾之良能

孟子認為每個人都有天生的道德本性，即「良知良能」，這是一切善行的最終依據，也是人人都可以成聖成賢的理論依據。張載曰：「天良能本吾良能，顧為有我所喪爾。」他認為人的道德本性之所以沒有完全顯現出來，是因為人有一切只為我自己著想的私欲。李光地注釋說：「為有我所喪者，拘於氣而未之學也。」〔註108〕李光地認為人的善性被氣質遮蔽，如果再不學習，就會被私欲纏繞。但他認為，人通過學習可以去除氣質對善性的遮蔽。他說：「知天知人，則不蔽於氣，盡性至命，則不戕於遇，此皆學之功也。」〔註109〕通過對道德學問的學習與實踐，人就可以盡性至命，不被氣質遮蔽。

學是一個寬泛的概念範疇，關聯到道德知識的學習與道德學問的踐履。學的修養工夫是一個綜合的知識和行動體系，通過學，人會明白什麼是道德，如何做才是道德君子。通過學，人就明白了不應該著眼於「氣」和「遇」這些沒有確定性、人力所不可左右的因素，而應該注目於「理」和「性命」之類道德德性的信念追求。氣、遇是不可捉摸的、具有偶然性的。一個人因為不確定的機遇而得福或遭禍，都不能因此斷定他是道德的或者不道德的人。真正的道德，要建基於具有不可移易的確定性之上，如張載的「太虛」、程朱的「理」，這些至上的絕對超越的理念，才能為道德提供堅實而永恆的基礎。因此，道德修養中應該以理、性、命等超越理念為追求目標。這是希聖希賢的君子立志的時候就應該確定的方向性選擇。方向確定只是開始，接下來在任何時候、任何境遇之下，都不以形勢和利害為轉移，堅持按照道德上的正義和「應該」為方向，這就需要很大的勇氣才能堅持下來。

關於道德方向的選擇，孟子有精彩的論述。孟子曰：「口之於味也，目之於色也，耳之於聲也，鼻之於臭也，四肢之於安佚也，性也。有命焉，君子不謂性也。仁之於父子也，義之於君臣也，禮之於賓主也，知之於賢者也，聖人之於天道也，命也。有性焉，君子不謂命也。」孟子此處的性命之辨中，性指天賦予人的道德性，是作為道德根基的理命。命指的則是人不可控制的氣命、遇命。孟子主張，人應該把注意力集中在自己可以控制的道德上，努力追求仁義禮智信等道德品性。對於人力所不能控制，有著偶然性的耳目口鼻等生理欲

〔註108〕 李光地：《注解正蒙》，文淵閣四庫全書本第697冊，臺北：商務印書館，1983年，卷上48b頁。

〔註109〕 李光地：《注解正蒙》，文淵閣四庫全書本第697冊，臺北：商務印書館，1983年，卷上47b頁。

望，人只要盡自己所當為，不求必然如何。

　　李光地認為，君子「當自勉於學問，以倡學、明道、立教為己任。」〔註110〕也就是說，君子不僅要自我學習和實踐，還有影響他人學習道德學問、進行道德踐履，使儒家的仁義之道發揚光大，在社會上起到移風易俗的作用。

三、「養而完之，以復其初」和「以德勝氣」

　　李光地在人性論上繼承了張載的觀點。張載把人性分為天地之性和氣質之性兩層，並以純善無惡的天地之性為人性的根據和道德修養的目標；以有善有惡的氣質之性為人的現實人性，需要通過工夫修養而恢復到天地之性。

　　李光地對張載的氣質之性作了解釋：「形既生矣，則有剛柔善惡之不齊，是之謂氣質之性。」「剛柔、緩急，即氣質之性；參和不偏者，天地之性也。」〔註111〕人出生以後，因其氣質不同而有剛柔、緩急、善惡等氣質之性。同時，天生人時，也把純善無惡、參和不偏的天地之性賦予了每個人。李光地認為，天地之性是人的「性之本」〔註112〕，故提出「養而完之，以復其初，則我之性即天地之性。」〔註113〕人通過「養而完之，以復其初」的完養工夫，可以使偏雜的氣質之性恢復到天地之性。李光地說：「惟善反之，則知天地之性固渾具於氣質之性之中也。故氣質之性，君子不謂性。」〔註114〕通過克己自反的工夫，作為人道德本性的天地之性就可以做主宰。

　　李光地認為氣質之性、氣數之命皆根於氣。在注解「德不勝氣，性命於氣」時他說：「德能勝其氣，則不為氣質之性所拘，而不為氣數之命所制。故所謂性者，皆天德，所謂命者，皆天理。性命皆根於德，而拘於氣，制於氣者，君子不謂性，不謂命也。」〔註115〕德根源於天，是天所命、為天之理。「性命皆

〔註110〕李光地：《注解正蒙》，文淵閣四庫全書本第 697 冊，臺北：商務印書館，1983年，卷下 10a 頁。

〔註111〕李光地：《注解正蒙》，文淵閣四庫全書本第 697 冊，臺北：商務印書館，1983年，卷上 51a～51b 頁。

〔註112〕李光地：《注解正蒙》，文淵閣四庫全書本第 697 冊，臺北：商務印書館，1983年，卷上 51b 頁。

〔註113〕李光地：《注解正蒙》，文淵閣四庫全書本第 697 冊，臺北：商務印書館，1983年，卷上 52a 頁。

〔註114〕李光地：《注解正蒙》，文淵閣四庫全書本第 697 冊，臺北：商務印書館，1983年，卷上 51a 頁。

〔註115〕李光地：《注解正蒙》，文淵閣四庫全書本第 697 冊，臺北：商務印書館，1983年，卷上 52b 頁。

根於德」，則人的性命最終都根源於天。以德勝氣的工夫，要求人遵循德性的
規範和引導，克制因氣質而帶來的私欲，做個有道德的君子，成就自己的德性
人格。

四、誠敬和樂以養其德性

李光地注解「不誠不莊」時說：「古人自小學則教之以誠敬，所以養其德
性也。」〔註116〕誠和敬都是儒家推崇的道德品質。誠是天道，誠之是人道。
敬則是宋明道學比較重視的修養工夫。張載說：「『敬，禮之輿也。』不敬，則
禮不行。」〔註117〕張載教育學生十分重視禮，把敬看作是禮的精神支撐，也
顯現出對敬的重視。二程修養工夫論常提主敬的涵養工夫，主張「涵養須用敬，
進學則在致知。」〔註118〕李光地認為，誠和敬的精神狀態可以涵養童蒙的德
性。這是對張載和二程修養工夫論的繼承。

李光地還主張和樂的修養工夫。李光地注解「和樂，道之端乎」時說：「和
者，天下之達道，故可大；樂則生矣，生則烏可已也，故可久。」〔註119〕和、
樂本來都是《樂記》的用語，張載用來表達為學君子歡欣的精神狀態。李光地
則用《中庸》的「天下之達道」來解釋「和」。和樂的精神風貌，是學者的一
種健康的心理狀態，是修養工夫可以持續下去積極動力。讓克制欲望以復歸天
理的艱苦磨練過程，多了一些喜慶歡愉的因素。

李光地說：「敬則內直，直哉惟清；不敬，則為邪所撓而昏矣。敬純則和，
和至則樂。」〔註120〕敬的修養工夫，看似古板嚴肅，最終也可以達到內心和
樂的精神境界。誠敬與和樂的修養工夫，可以相互促進。

五、對《東銘》修養工夫的詮釋：進學本於誠與持重改過

張載的《西銘》和《東銘》非常有名，尤其是《西銘》。李光地沒有注
解《西銘》，用了很大的篇幅詮釋《東銘》，特別注重《東銘》「進學本於誠」

〔註116〕李光地：《注解正蒙》，文淵閣四庫全書本第697冊，臺北：商務印書館，1983
年，卷上56a頁。

〔註117〕張載：《張載集》，北京：中華書局，1978年，第36頁。

〔註118〕程顥、程頤：《二程集》，北京：中華書局，2004年，第188頁。

〔註119〕李光地：《注解正蒙》，文淵閣四庫全書本第697冊，臺北：商務印書館，1983
年，卷上55a頁。

〔註120〕李光地：《注解正蒙》，文淵閣四庫全書本第697冊，臺北：商務印書館，1983
年，卷下10b頁。

與「持重改過」的修養工夫。李光地認為《正蒙》「其以《東銘》終篇,乃初學之門也,故「益物必誠」及「修己厚重」二章實以見進學之本於誠,而其要在於持重改過,以起《東銘》之指。」李光地對《東銘》的思想進行了闡釋:

> 言動之戲者,有心之過也,乃自以為出於無心,而欲人之不己疑,曰:「吾聊為戲耳」,而不知戒其出汝者,是之謂長傲;言動之過者,無心之失也,乃自以為當然,而欲人之己從,曰:「吾誠欲如此耳」,而不知歸咎其不出汝者,是之謂「遂非」。凡此者皆不能思省、檢察之過,故曰「不知莫甚焉」。〔註121〕

李光地認為,語言和行為上的不莊重和戲謔,不管是有心之過還是無心之失,都是由於個人不能經常自我反省、自我檢察而導致的。因此,他認為進行道德修養的君子,應該持重改過、主敬徙義。李光地說:

> 持重而無戲言、戲動者,主敬之事也;改過而無過言、過動者,徙義之事也。長傲則不敬,遂非則害義,不敬、無義而初學之本失矣。愚謂,此《銘》雖本《論語》「重威」章之意,為初學之門。然究其極,則直內方外,夾持而上天德者,實在於此。蓋如此,則言有教,動有法,而所謂晝為、宵得以至於息養、瞬存者,皆自此而充之、熟之爾。雖不能如《西銘》之徹上徹下,一以貫之,然下學上達之序,則又安可以偏廢哉?〔註122〕

李光地認為《東銘》雖然是初學入德之門的工夫,但是成聖成賢的工夫也無非如此。他還化用了張載「言有教,動有法;晝有為,宵有得;息有養,瞬有存。」〔註123〕的「六有」修養工夫。李光地極力讚揚《東銘》所提倡的慎言動工夫,認為這是通過下學以上達天德的必經之途。

第五節 不可「恃法制禁令」的社會政治論

李光地在注解《正蒙》的時候,也表現出了他重視德治的政治思想。不恃

〔註121〕李光地:《注解正蒙》,文淵閣四庫全書本第 697 冊,臺北:商務印書館,1983年,卷下 73b～74a 頁。

〔註122〕李光地:《注解正蒙》,文淵閣四庫全書本第 697 冊,臺北:商務印書館,1983年,卷下 74b～75a 頁。

〔註123〕張載:《張載集》,北京:中華書局,1978 年,第 44 頁。

法制禁令，提倡以仁德化民，雖然是孔子以來儒家的傳統〔註124〕，但也與李光地生活的特殊時代有關係。

一、不可「恃法制禁令」

李光地注釋「為政不以德，人不附且勞」時說：

> 無仁心仁聞，故人不附，恃法制禁令而已，故勞。〔註125〕

「為政以德」是孔子以來儒家所提倡的政治原則，張載則從反面為之論證，使得此說更細密周匝。李光地進一步闡發，認為「德」就是仁心，以仁慈之心為政，則民受其惠益，故而其善政之名揚於四方，民得其惠而傳其仁，故有仁聞。這樣就會有更多的人來依附，正所謂得民心者得天下。假如僅僅想依靠嚴刑酷法來鎮壓民眾，法網密織以武力之淫威震懾百姓，人民不會心服口服，總是想方設法鑽法律禁令的空子。

需要指出的是，古代的法家所提倡的法制，並不同於我們今天所說的法制。古代的法制，是君主以法為工具來統馭民眾。法只是專制集權統治的工具之一而已。今天所言法治，則是官員和民眾在法律面前一律平等，法的主要作用是限制公權力，保護所有公民的財產、自由、生命等一切權利。這是古今法治之別。古代儒家雖然不完全廢除法律的作用，但一直比較貶斥法制的地位而強調德治、仁政。根據具體的歷史背景予以具體的分析，儒家的立場在消解皇權的集權專制主義上，是有積極作用的。學術研究，就是要給予古人更多同情的理解，設法還原古代思想家提出其思想的具體歷史情境，具體地分析其得失利弊。不能因為我們今天講法治，就片面地說法家在古代是好的，對歷史的作用是正面的、積極的。儒家批判法制，講德治和仁政，那就是壞的，是人治。對法家和儒家在古代的具體歷史情境中的作用，都要具體地予以分析。大致言之，法家學說在客觀上有助於專制皇權加強其獨裁統治。而儒家士大夫講仁政與德治，以善兼天下，為民請命的情懷，在專制面前極力抗爭，為普通民眾贏得了輕賦稅等實際利益，緩解了獨裁專制的消極作用，其正面和積極的作用是主要的。

李光地主張德政，而不主張法制禁令，與當時的社會氛圍是密切相關的。

〔註124〕《論語·為政篇第二》子曰：「道之以政，齊之以刑，民免而無恥；道之以德，齊之以禮，有恥且格。」

〔註125〕李光地：《注解正蒙》，文淵閣四庫全書本第697冊，臺北：商務印書館，1983年，卷下30b頁。

康熙皇帝非常重視仁德，康熙九年九月頒布了《聖諭十六條》，其內容曰：「敦孝悌以重人倫，篤宗族以昭雍睦，和鄉黨以息爭訟，重農桑以足衣食，尚節儉以惜財用，隆學校以端士習，黜異端以崇正學，講法律以儆愚頑，明禮讓以厚風俗，務本業以定民志，訓子弟以禁非為，息誣告以全良善，誠窩逃以免株連，完錢糧以省催科，聯保甲以弭盜賊，解仇忿以重身命。」〔註126〕雖然其中有「講法律以儆愚頑」一條，但主要還是主張以道德來教化，「和鄉黨以息爭訟」、「息誣告以全良善」，這些都是提倡不通過法律來解決問題的。康熙頒布這十六條的本意是什麼呢？康熙認為：「法令禁於一時而教化維於可久。若徒恃法令而教化不先，是舍本而務末也。」〔註127〕這裡，我們可以看到李光地所謂的「恃法制禁令而已，故勞」，與康熙所謂「若徒恃法令而教化不先，是舍本而務末也」，如出一轍。因為《聖諭》1670年頒布後，不久就通行全國。很多官員為之注解，向民眾宣講。作為康熙朝重要文臣的李光地，肯定熟知康熙之意，在1700年注釋《正蒙》的時候，提出不要「恃法制禁令」的思想，也就不奇怪了。

二、勸善沮不善

李光地在注釋「報者天下之利」時說：

> 「率德而致」，言由德所自致也。善，則致福而足以勸；不善，則致禍而足以沮。如此，則人皆棄惡而趨善，非天下之利而何？夫善惡之報不爽，所謂治也。君子以為利者，公也，小人以為不利者，私也。〔註128〕

「報」的觀念，是「中國社會關係中重要的基礎。中國人相信行動的交互性（愛與憎，賞與罰），在人與人之間，以至人與超自然之間，應當有一種確定的因果關係存在。」〔註129〕中國古代關於「報」的論述常常與「正義」的實現相關聯。懲惡揚善，既可以實現社會的公平正義，也有助於社會教化，促進社會風氣的改良。李光地通過詮釋「報」字之意，透漏出他對善惡禍福的看法。為善者得福，從而更加積極地做善事；為惡者得禍，從而改弦更張，開始為善。

〔註126〕《聖祖仁皇帝實錄》卷三四 11a，臺北：華文書局，1969年，第486頁。
〔註127〕《聖祖仁皇帝實錄》卷三四 10a～10b，臺北：華文書局，1969年，第485頁。
〔註128〕李光地：《注解正蒙》，文淵閣四庫全書本第697冊，臺北：商務印書館，1983年，卷下31b～32a頁。
〔註129〕楊聯陞：《中國文化中「報」、「保」、「包」之意義》，貴陽：貴州人民出版社，2009年，第67頁。

整個社會都「棄惡而趨善」，這是天下人的福報。「善惡之報不爽」，也就是現實社會中的獎懲機制運行良好，善有善報，惡有惡報，這樣的社會就是一個公序良俗得到實現、俗淳政美的社會。社會正氣得到弘揚，正人君子和普通百姓都生活的心情舒暢。只有那些想要做壞事得私利的小人以為這樣的社會秩序不好，那是他們的私心在作怪。

三、潛見與出處之宜

《正蒙·三十篇第十一》「顏淵從師，進德於孔子之門；孟子命世，修業於戰國之際。此所以潛見之不同。」李光地注解說：「以顏孟語潛見，於《易》爻之義甚合。顏子所以隱而未見者，見其進未見其止，而又時有孔子在焉。朱子與呂伯恭書，論之詳矣。」李光地在此處提到的是朱熹的《答呂伯恭》。朱熹寫信給呂祖謙，以表明自己堅持學術爭論的原因。

> 持養斂藏之誨，敢不服膺。然有所不得已者，世衰道微，邪詖交作，其他紛紛者固所不論，而賢如吾伯恭者，亦尚安於習熟見聞之地，見人之詭經誣聖，肆為異說，而不甚以為非，則如熹者，誠亦何心安於獨善，而不為極言核論，以曉一世之昏昏也？使世有任其責者，熹亦何苦而讁讀若是耶？
>
> 設使顏子之時上無孔子，則彼其所以明道而救世者，亦必有道，決不退然安坐陋巷之中以獨善其身而已。故孟子言禹、稷、顏子易地則皆然。惟孟子見此道理，如揚子雲之徒，蓋未免將顏子只作個塊然自守底好人看。若近世，則又甚焉。其所論顏子者，幾於釋老之空寂矣。某竊謂學者固當學顏子者，如克己復禮，不遷怒貳過，不伐善施勞之類，造次顛沛，所不可忘。但亦須審時措之宜，使體用兼舉，無所偏廢，乃為盡善。若用有所不周，則所謂體者，乃是塊然死物而已，豈真所謂體哉？觀伊川先生十八歲時上書所論顏子、武侯所以不同，與上蔡論韶、武異處，便見聖賢之心無些私意，只是畏天命、循天理而已。此義與近世論內修外攘之說者亦相貫：夫吾之所以自治者，雖或有所未足，然豈可以是而遂廢其討賊之心。〔註130〕

〔註130〕朱熹：《答呂伯恭》，《朱熹集》卷三十三，//郭齊、尹波點校，朱熹著：《朱熹集》，成都：四川教育出版社，1996年，1412～1413頁。

朱熹認為，顏回之所以隱於陋巷的原因，是因為上有孔子，自己不必出，孟子則必須出來明道救世。李光地提到朱熹的這封信，也借機表明了他對出仕還是歸隱的政治觀點。在古代，出仕還是歸隱的儒家出處之道，是非常重要的。朱熹和呂祖謙所編《近思錄》卷七就是出處、進退、辭受之義。李光地通過對顏回、孟子在出處之際的不同抉擇，認為不論是明道救世、還是歸隱以獨善其身，都應該看具體的時機。

　　李光地的《注解正蒙》是一部對先儒著作進行注解的著作，目的是為了讓張載《正蒙》一書的思想能夠為當時的士人階層和知識團體所瞭解。但是，根據詮釋學理論，注解不可能是對原著作思想的還原，不可避免地要滲透注釋者的思想在裏面。從而，我們可以通過辨析注釋者與原著作之間的思想歧異來瞭解注釋者本人的思想。李光地通過對張載《正蒙》的注解，表達了他自己的宇宙論、心性論、修養工夫論等等方面的看法。作為清初朱子學的領袖人物，李光地注解張載《正蒙》的時候，不少地方表現出了「以程朱解釋張載」的傾向。以程朱之說為最終準則，來評判張載的學說的價值。在張載與程朱有異的地方，或者程朱對張載曾經有過批評的觀點上，大多仍然堅持以程朱評判張載。在張載與程朱思想相同的地方，讚賞張載，似乎只是因為他的觀點與二程和朱子符合。李光地的注釋，表現出強烈的朱子學立場。

第五章　張伯行《正蒙注》研究

第一節　張伯行及其《正蒙注》

一、張伯行學行述略

　　張伯行（1651～1725），字孝先，號恕齋，晚號敬庵，河南儀封（今河南蘭考縣）人。「由儀封縣學廩生，中康熙辛酉（1681）科舉人、乙丑（1685）科進士。」[註1] 張伯行中進士的名次為三甲第八十名，賜同進士出身，並未被選入翰林院。康熙帝命他回家依舊讀書，不可荒廢學業。張伯行回家後建書屋，購書數千卷，日夜批覽。讀《小學》、《近思錄》、程朱《語類》、《文集》後，恍然大悟，以為「此孔孟正傳也，入聖門庭盡在此矣。」於是遍讀濂洛關閩之書，口誦手抄，不舍晝夜。康熙二十八年（1689）九月選任內閣中書，但這只是閒職，他仍然回家讀書。康熙三十一年（1692）九月補授內閣撰文中書，在京師與《正蒙補訓》著者河南中牟人冉覲祖初次相識[註2]。此次任職方為實職，從此開始為官生涯。康熙三十三年（1694）五月，改授中書科中書舍人。同年十二月，他迎養於京城的父親去世，開始守喪，後扶柩回鄉。康熙三十七年（1698）為家鄉建成「請見書院」，並聘請冉覲祖執掌書院。

　　康熙三十八年（1699）六月，黃河儀封段因大雨決堤，此時在家等待授職

的張伯行帶領鄉民堵塞決口，使儀封縣免於難。此舉受到總河張鵬翮的認可，次年即推薦他任職河道官員，負責監督黃河河堤修築。張伯行在此其間所著《困學錄》，《前錄》二十四卷，《續錄》二十四卷。此書仿照薛瑄《讀書錄》、胡居仁《居業錄》而成，是他早年主要的理學著作。該書今存《困學錄集粹》八卷，被《四庫全書》收錄為《存目》書。此後升任山東濟寧道。康熙四十四年（1705）拜謁文廟，見啟聖祠配享宋儒周程朱蔡之父，而唯獨缺少張載之父張迪，作《張迪宜配享啟聖祠議》。〔註3〕他不僅主張朝廷把張載之父張迪配享啟聖祠，還希望朝廷遵照朱子之後人在福建和祖籍婺源兩地都世襲五經博士的先例，再選張載祖籍河南大梁的子孫一人世襲五經博士。〔註4〕這些建議當時未被採納，到雍正初年才得以實現。此奏議後收入《正誼堂文集》卷十。〔註5〕康熙四十五年（1706）升任江蘇按察使司按察使，曾拜謁寄居江寧的理學名臣熊賜履，又拜謁常州的楊龜山（楊時）祠。

　　康熙四十六年（1707）年三月康熙帝親自薦舉他為福建巡撫，六月到任，十月建鼇峰書院，書院建有正誼堂。因為福建是朱子教學最久、影響亦最深的地方，而張伯行本人又極其推崇程朱理學，所以，在福建任職期間，他以鼇峰書院為基地，通過教學、刊刻理學書籍等方式，大力弘揚程朱理學。張伯行經常到書院教導士子，命他們分任編輯，並親自校正論定，刊刻了以程朱理學為主的大量書籍，收錄書五十餘種。這些書後來散佚，晚清時左宗棠在福建重刻，總名為「正誼堂全書」。張伯行在閩期間，還自著《道統錄》、《家規類編》、《濂洛風雅》、《濂洛關閩書集解》等書。其中《道統錄》一書的下卷，他只選擇了周敦頤、程顥、程頤、張載、朱熹五人，這表明了他嚴格遵守朱子在《近思錄》中所定的以周、程、張為次序的理學道統。

　　張伯行康熙四十九年（1710）正月調任江蘇巡撫。三月，至無錫東林書院瞻拜顧憲成、高攀龍遺主（塑像）並講學，招耆儒高愈、錢仲選、顧培、顧鏊

〔註3〕張師軾，張師載：《張清恪公年譜》卷上，乾隆四年正誼堂刻本，第24b頁。
〔註4〕作為河南人的張伯行可能並不知道，張載的祖籍河南大梁此時並沒有張載的後人。即使在張載講學之地關中張載的後人，也是明朝末期在關學學者馮從吾和地方官員配合努力之下從河北接回來的。參閱：呂妙芬：《明清之際的關學與張載思想的復興：地域與跨地域因素的省思》，載劉笑敢主編《中國哲學與中國文化》第七輯（明清儒學研究），桂林：廣西師範大學出版社，2010年。
〔註5〕張伯行：《張迪宜配享啟聖祠議》，《正誼堂續集》卷十，乾隆三年刻本，第1a～3b頁。

等講學其中。在此間結識《正蒙輯釋》作者無錫華希閔。〔註6〕在江蘇期間，他同樣刊刻理學書籍，興建了紫陽書院等，但規模和影響都不如在福建之大。在康熙五十三年（1714），他與來江蘇講學的關學學者王心敬論學。王心敬是心學家李二曲的弟子。王心敬在與張伯行的談論中認為，學問「以靜坐澄心為入德之要，謂不必分門別戶，詆誹前人」。張伯行認為王心敬是陸王之學，並非正學。王心敬又與張伯行的門人吳澍、金潮等人往復辨難，終因彼此為學宗旨相牴牾，不歡而散遂辭去。在江蘇巡撫任上，張伯行彈劾總督噶禮，反被誣陷，被召回京城任職。回京後先後任倉場總督管理錢法堂事，戶部右侍郎，禮部尚書加二級誥封光祿大夫，特贈太子太保等職。雍正帝曾欽賜他「禮樂名臣」四字。雍正二年奉旨詳議增加文廟從祀者，他力主明儒羅欽順、清儒陸隴其入孔廟兩廡，並提出應該按照周敦頤、二程、朱子等人之父入崇聖祠〔註7〕之例，加入張載之父張迪，這些建議最終都被採納。〔註8〕張伯行在雍正三年去世，時年七十五歲，朝廷賜諡「清恪」。

二、張伯行「編釋」過《正蒙》

　　王植《正蒙初義》所引用的明清九家《正蒙》注中，就包括了張伯行注。但是，王植在該書的《臆說》中提及，張伯行當面對他說過，此書是別人假他的名字而為。《正蒙初義·臆說》曰：「張《注》，大宗伯儀封張伯行孝先甫著。然余嘗面質之，宗伯曰：『非我所為，他人假我之名者耳。』」〔註9〕那麼，張伯行是否注釋過《正蒙》呢？

　　筆者通過對校發現，王植《正蒙初義》共有二十六章引用張伯行注，內容與張伯行正誼堂全書《張橫渠集》中對《正蒙》的注釋文字完全吻合。也就是說，《正蒙初義》所引用的張伯行注，來源於張伯行正誼堂全書《張橫渠集》中對《正蒙》的注釋。

〔註6〕　參見華希閔傳。張伯行講學中提到高攀龍《復七規》，當時為無錫邑學諸生的華希閔在場聽講，認為張所講之意違背高攀龍本意，故與張辯論。張伯行不以為忤，反而索要華希閔的著作。華希閔贈送《性理四書輯釋》，其中包括《正蒙輯釋》、《西銘輯釋》、《太極圖說輯釋》、《通書輯釋》。

〔註7〕　據《皇朝（清）文獻通考》卷七十四記載，雍正元年（1723）四月，改「啟聖祠」之名為「崇聖祠」。

〔註8〕　張師軾，張師載：《張清恪公年譜》卷下，乾隆四年正誼堂刻本，第40a頁。

〔註9〕　王植：《正蒙初義》臆說，文淵閣四庫全書第697冊，臺北：商務印書館，1983年，第421頁。

　　張伯行主持刊刻的正誼堂全書，其中理學家的著作有：《周敦頤集》、《張橫渠集》、《二程文集》、《朱子文集》、《楊龜山集》、《尹和靖集》、《羅豫章集》、《張南軒集》、《黃勉齋集》、《陳克齋集》、《許魯齋集》、《薛敬軒集》、《胡敬齋集》、《羅整庵集存稿》、《陳剩夫集》、《陸稼書集》、《魏莊渠集》。筆者一一查閱了以上諸書的序言，這些文集確實是諸位福建士子「分任編輯」而由張伯行「親為校正論定」之後刊刻的。這些文集每卷卷首標題之後正文之前的署名，大多為儀封張伯行孝先甫「訂」、「編輯」、「編訂」、「重訂」、「輯訂」。唯一例外的是，《張橫渠集》卷二至卷五為「編釋」，而這四卷內容正是《正蒙》。《張橫渠集》卷一為《西銘》和《東銘》，卷二至卷五共四卷為《正蒙》，之後為《經學理窟》、《語錄抄》、《文集抄》、《性理拾遺》等。除卷二至卷五為「編釋」，其餘各卷均為「編輯」。而且，對比除此四卷之外其他各卷以及其他理學家文集，《張橫渠集》的這四卷內容在張載《正蒙》的原文之外有注釋。這些注釋包括了二程、朱子對《正蒙》某些篇章的論說，以及高攀龍、徐必達的《正蒙》注。當然，也有以「按」字開頭的注釋，顯然是當時編輯《張橫渠集》者的按語。雖然並沒有以「張伯行按」這樣更明確的形式，確認這些按語是張伯行所下。但是，這四卷在每卷卷首標題之後正文之前的署名，都是「儀封張伯行孝先甫編釋、受業諸子參校」，署名明確說明「編釋」這些按語的正是張伯行。再者，據《張橫渠集》刻本前的序言，落款為「康熙四十七年戊子（1708）孟秋月儀封後學張伯行書於榕城之正誼堂」，該序文後收入《正誼堂續集》卷三。此年是張伯行任福建巡撫的第二年，他在一年多時間以後的康熙四十九年正月才轉任江蘇巡撫，所以，他有足夠的時間從事於「編釋」《正蒙》的工作。

　　綜上，王植《正蒙初義·臆說》所述面質張伯行的話，在沒有更多旁證的情況下，可備一說。或許存在福建士子注釋《正蒙》後，經張伯行修訂並以他的名義發表的可能性。但是，筆者更傾向於認為，張伯行主持編輯正誼堂全書《張橫渠集》時「編釋」過《正蒙》，實際上就是他注釋過《正蒙》。

三、張伯行《正蒙注》及其《濂洛關閩書》中對《正蒙》的注釋

　　張伯行在福建時刊刻《張橫渠集》的時間，據書前的序言，為「康熙四十七年戊子（1708）孟秋月」，即他任福建巡撫的第二年。《濂洛關閩書集解》的完成時間則為康熙四十八年（1709）十二月，即他任職福建巡撫的最後一個月。

關於《濂洛關閩書集解》的名字，有兩種不同的說法，《張清恪公年譜》最初用此名。〔註10〕康熙五十二年八月，時任江蘇巡撫的張伯行向康熙「進《濂洛關閩書集解》」。三個月後，「冬十一月，再進《濂洛關閩書》」，並且說明是「更加訂正奉表恭進」。〔註11〕《正誼堂續集》卷一所收康熙五十二年的《恭進濂洛關閩書表》，其中說：「謹將臣集解《濂洛關閩書》恭呈睿覽，伏冀聖裁，並請欽賜嘉名，御製大序。」〔註12〕應該是康熙賜名為《濂洛關閩書》。正誼堂叢書所刊刻的此書，名《濂洛關閩書》，每卷卷首均有「張伯行集解」五字。《正誼堂續集》卷四所收該書自序，亦名《濂洛關閩書序》。〔註13〕當然，不論名為《濂洛關閩書》，還是《濂洛關閩書集解》，二者實際上是同一本書。現存的《濂洛關閩書》，應該是張伯行採納了康熙的建議，「更加訂正」後的版本。本書採用《濂洛關閩書》之名。

在《濂洛關閩書》中，張伯行選擇了周敦頤、張載、程顥、程頤、朱熹五人的著作，並加以集解。卷一為周子《太極圖說》和《通書》，卷二為張載，剩餘卷數為二程和朱熹。其中，張伯行選擇了張載的《西銘》、《東銘》、《正蒙》五十八章、《經學理窟》五十三章、《語錄》和《文集》三十一章，為之作了集解。張伯行此所謂的「章」，有時只是《正蒙》一章的一句話，而非整章文字。

通過對比這五十八章《正蒙》的注解，與《張橫渠集》中的《正蒙》注，我們發現二者對其中的約三十章都作了注釋或下了按語，但二者在文字上沒有重複。當然，這些章節的注釋也沒有相互違背之處。說明張伯行先後獨立地作了注釋。

《正蒙初義》的作者王植讀過此書後，曾寫信給張伯行，對其周張程朱的取材範圍都作了商榷。其中，針對其中張載的文字，王植說：「《正蒙》一書，二萬五百餘言。自謂『如腔盤示兒，百物具在』。朱子取入《近思錄》者二十六條，餘所援引推重者，又復倍之。閱其精義，多在首末二篇，而中十五篇微言要論，亦復不少。惜注釋少善本，讀者每以艱深自阻耳。今僅取二十章，其

〔註10〕張師軾，張師載：《張清恪公年譜》卷上，乾隆四年正誼堂刻本，第39b頁。
〔註11〕張師軾，張師載：《張清恪公年譜》卷下，乾隆四年正誼堂刻本，第3a～3b頁。
〔註12〕張伯行：《正誼堂續集》卷一，上海：上海商務印書館，民國二十五年，第174頁。
〔註13〕張伯行：《正誼堂續集》卷四，上海：上海商務印書館，民國二十五年，第211頁。

見《近思錄》者，又祇四之一。疑所遺者尚多也。」〔註14〕王植說《濂洛關閩書》只選取了《正蒙》「二十章」文字，與我們現在所見版本所選《正蒙》「五十八章」，有所區別。王植認為，《正蒙》的精粹之處在首末二篇，而張伯行所選首篇只有三章，末篇更是一章未選。需要說明的是，現在的《正蒙》文本都把《西銘》和《東銘》分別置於《乾稱篇》的首尾。但明清通行的做法，則是把《西銘》、《東銘》提到《正蒙》之前，別為一卷。張伯行的《濂洛關閩書》，以及他注釋的《張橫渠集》，均置二銘於《正蒙》前。王植自己的《正蒙初義》，雖有《東銘》，但未收《西銘》。當然，《正蒙》的精粹之處是否只存在於首末兩篇，王植和張伯行的看法，可能會見仁見智，我們暫且不究。但是，從王植所見的《正蒙》「二十章」本，到我們現在所見的《正蒙》「五十八章」本，張伯行可能採納了王植的建議，作了一次修訂。我們沒有更多的資料來作證明，只能暫且作此推斷。

本書在下面的哲學研究中，只以張伯行在《張橫渠集》中對《正蒙》的注釋為文本，並不涉及《濂洛關閩書》對《正蒙》中五十八章的注釋。因為前者被王植在《正蒙初義》中引用，是當時公認的張伯行的《正蒙》注。後者當然也可以從廣義上算作張伯行的《正蒙》注，但從嚴格意義上來講，則可以排除不講。

第二節　以理氣觀解讀張載的宇宙論哲學

張伯行對張載的「太和」概念作了恰當的解讀。在注釋《正蒙‧太和篇》「太和所謂道」一句時，張伯行說：「《易》曰：『保合太和。』太和本屬氣，分繫言「所謂道」，道即理也。似言氣中之理。」〔註15〕張伯行雖然也認同朱熹把「保合太和」之「太和」理解成「氣」。但是，他並未像許多其他的《正蒙》注者把張載此處的「太和」也理解為「氣」，而是準確地指出，張載此處之「道」即是程朱理學的「理」，張載「太和所謂道」是「言氣中之理」，而非言氣。這樣的認識，相當準確。

在《困學錄集粹》中，張伯行借用程子之說表達了對張載「太虛」的批評。

〔註14〕王植：《上座師儀封大宗伯書》，《崇雅堂稿》卷四，乾隆刻本，第20b～21a頁。續修四庫全書集部第272冊第242～243頁。

〔註15〕張伯行編釋：《張橫渠集》卷二，福州正誼書院藏版本。

他說：「或問太虛。程子曰：『亦無虛』。遂指虛曰：『皆是理也，安得謂之虛，天下無實於理者。』又曰：『有形只是氣，無形總是道。』薛文清曰：『天地萬物渾是一個理氣。理萬古只依舊，氣則日新。』」〔註16〕張伯行認同程子的說法，認為張載所說的「太虛」、「虛空」都並非真正的空無一物的真空。虛空中有氣，氣中有理。

張伯行把張載的「太虛」理解為「氣」。在注釋《正蒙・太和篇》「氣之聚散於太虛，猶冰凝釋於水」〔註17〕句時說：「水凝而為冰，冰釋則仍為水，無二物也。氣之於虛，亦猶是耳。」〔註18〕他注釋《正蒙・太和篇》「知虛空即氣」句時說：「天地之氣塞滿虛空，無少曠缺。」〔註19〕此外，張伯行在《正蒙》原文後，數次引用朱熹認為太虛是氣的說法。在《正蒙・太和篇》「氣坱然太虛」章之後，他引用了朱子的說法：「朱子曰：『坱然太虛』，此張子所謂『虛空即氣』也。蓋天在四畔，地居其中，減得一尺地，遂有一尺氣。此是未成形者。及浮而上、降而下，則已成形者。若融結糟粕煨燼，即是氣之渣滓。要之皆是示人以理。」〔註20〕如上所知，張伯行認為「虛空即氣」是「氣塞滿虛空」，那麼，他所引用朱子之說「『坱然太虛』，此張子所謂『虛空即氣』也」，必然把「氣坱然太虛」也理解為「氣塞滿虛空」。當然，張伯行把「太虛」理解成「氣」，不合張載本意。不過，這並不意味著張伯行不作形而上、形而下的區分，他完全按照朱熹的理氣說，對張載的宇宙論哲學作了解讀。

張伯行用程朱理學的理氣觀，解讀了張載的宇宙論哲學。從現存資料看，張伯行自己論理氣的資料較少。《困學錄集粹》中所收文字，大量地講人性與工夫，不過，我們也發現了少量張伯行對理氣的論述。他說：「羅整庵認理氣為一物。予謂理寓於氣，氣具夫理，謂為一物，與陽明心即理之說何別？」〔註21〕又說：「論天賦予之初，則先有理而後有氣。」〔註22〕張伯行堅持了朱子的理氣二分以及理先氣後的理氣觀。

張載在《正蒙・太和篇》說：「天地之氣，雖聚散攻取百途，然其為理也

〔註16〕張伯行：《困學錄集粹》卷八，清同治重刻正誼堂全書本，卷八第 16a～16b 頁。
〔註17〕張載：《張載集》，北京：中華書局，1978 年，第 8 頁。
〔註18〕張伯行編釋：《張橫渠集》卷二，福州正誼書院藏版本。
〔註19〕張伯行編釋：《張橫渠集》卷二，福州正誼書院藏版本。
〔註20〕張伯行編釋：《張橫渠集》卷二，福州正誼書院藏版本。
〔註21〕張伯行：《困學錄集粹》卷八，清同治重刻正誼堂全書本，卷八第 9b 頁。
〔註22〕張伯行：《困學錄集粹》卷八，清同治重刻正誼堂全書本，卷八第 13b 頁。

順而不妄。」〔註23〕這裡也涉及到理氣關係。馮友蘭認為張載此處之「理」即「規律」。他說：「氣之聚散攻取，雖百途不同，然皆遵循一定的規律。……氣之聚散攻取，皆順理而不妄。如此說法，則於氣之外，尚須有理。以希臘哲學中之術語說之，則物為質（Matter）而理為式（Form）。質入於式，乃為一個具體的物。不過橫渠於此點，僅發其端，至于大成，則有待於後起之朱子。」〔註24〕按馮友蘭的看法，張載只是理氣論的發端者，朱子則是理氣觀的大成者。總體而言，「張載有關理氣的言論甚少，理氣關係直到朱熹那裡才成為一個成熟的思考框架。」〔註25〕張伯行運用理氣的觀念來解讀張載的宇宙論哲學，主要是受程朱理氣觀的影響。在注釋《正蒙·天道篇》「運於無形之謂道，形而下者不足以言之」〔註26〕時，他說：「道不離器，而但不倚於氣耳。此卻兩開說了，未免抑揚太過。不若形而上謂道，形而下謂器，截得界限分明而理復渾全。」〔註27〕這裡肯定了《易經·繫辭傳》的道器之分，對張載的道的定義則稍微有所批評。從下面張伯行對《正蒙》的注釋中，我們可以看到他是用程朱的理氣觀來解讀張載。

張伯行在注釋《正蒙·太和篇》首章「中涵浮沉升降、動靜相感之性」、「是生絪縕相蕩、勝負屈伸之始」、「散殊而可象為氣，清通而不可象為神」〔註28〕等三句時，他分別說：「此即太極本具有陰陽之理也」、「有是理而後有是氣，氣則載理而出者也」、「所可象者，形下之器也。所不可象者，形上之道也。凡物之生，有是氣則必有是理」。〔註29〕張伯行認為，萬物生成之時既有理又有氣，氣為質料，理為形式。理氣二者同時出現，有理必有氣，有氣必有理，作為物質載體的氣，承載著理出現。在注釋《正蒙·太和篇》「氣之為物，散入無形，適得吾體；聚為有象，不失吾常」〔註30〕章時，張伯行說：「『氣之為物，散入無形』，非無也，適還天地於穆之本體而已。『聚為有象』，非有也，不失天地變化之常理而已。世目但見萬物倏無倏有，而不知為氣之聚散使然也；知氣之為聚為散，而又未知

〔註23〕張載：《張載集》，北京：中華書局，1978年，第7頁。
〔註24〕馮友蘭：《中國哲學史》（下），《三松堂全集》（第三卷），鄭州：河南人民出版社，2001年，第289～290頁。
〔註25〕林樂昌：《張載理觀探微》，《哲學研究》2005年第8期，第24～30頁。
〔註26〕張載：《張載集》，北京：中華書局，1978年，第14頁。
〔註27〕張伯行編釋：《張橫渠集》卷二，福州正誼書院藏版本。
〔註28〕張載：《張載集》，北京：中華書局，1978年，第7頁。
〔註29〕張伯行編釋：《張橫渠集》卷二，福州正誼書院藏版本。
〔註30〕張載：《張載集》，北京：中華書局，1978年，第7頁。

皆理為之主宰也。」〔註31〕張伯行認為，氣聚為萬物和萬物散為氣的這兩種過程，都是由理主宰的。在注釋《正蒙‧太和篇》「兩不立則一不可見，一不可見則兩之用息」〔註32〕章時，張伯行說：「兩，謂陰陽，氣也。一，謂太極，理也。太極本無極，無方所名狀之可言也。必因陰陽而後可見。《易》所謂『一陰一陽之謂道』是也。然氣不能以自運，必有理焉以為之宰。設無太極，則陰陽之為用亦息矣。故凡言虛實、動靜、聚散、清濁，雖皆指陰陽而言，莫不原本於太極而已矣。」〔註33〕張伯行認為，太極是理。這是受到了朱子的影響。「朱熹以《太極圖說》首句為『無極而太極』，又以『理』解釋太極，這就明確地把周敦頤的《太極圖說》納入『理』學的體系裏來。」〔註34〕張伯行把張載的一兩解讀為太極之理和陰陽二氣，又指出理為氣之主宰，氣不能自行運動，理是氣運動變化的動力與原因。這些顯然是受到了朱熹的影響。

第三節「天命我以性，必待修道之教而後有復性之功」

　　在人性論方面，張伯行認為，朱子的人性論對小程和張載都有所繼承。他說：「程子曰：『天所賦為命，物所受為性。』張子曰：『天授於人為命，人受於天為性。』朱子注《中庸》首句謂：『天以陰陽五行化生萬物。』從伊川也。謂：『人知己之有性而不知其出於天』，從橫渠也。從伊川兼人物道理為全，從橫渠專責人身上。以二節三節專言君子體道之功也。」〔註35〕同時，張伯行的人性論，深受程朱「性即理」說的影響。他說：「程子曰：『性即理也。』是指在心之理而言也。」〔註36〕張伯行在注解張載《正蒙》的人性論時，也吸收了二程「性即理」之說，用以闡發張載的人性論。

　　張伯行注釋《正蒙‧乾稱篇》「天包載萬物於內，所感所性，乾坤、陰陽二端而已」〔註37〕章時，說：「此可見性是天地間公共之物，非有我之所得私也。盡人盡物皆吾分內事耳。程子所謂『性即理』也，無私之謂理。張子謂所感所性，乾坤陰陽二端而已。是氣載理而行者也，都從大公起見。人能不以蕞

〔註31〕張伯行編釋：《張橫渠集》卷二，福州正誼書院藏版本。
〔註32〕張載：《張載集》，北京：中華書局，1978 年，第 9 頁。
〔註33〕張伯行編釋：《張橫渠集》卷二，福州正誼書院藏版本。
〔註34〕陳來：《朱子哲學研究》，上海：華東師範大學出版社，2000 年，第 77 頁。
〔註35〕張伯行：《困學錄集粹》，清同治重刻正誼堂全書本，卷七第 1b 頁。
〔註36〕張伯行：《困學錄集粹》，清同治重刻正誼堂全書本，卷七第 1a 頁。
〔註37〕張載：《張載集》，北京：中華書局，1978 年，第 63 頁。

然一己自私，則與天地合德矣。上蔡論性，謂『吾儒本天』，本之以此也，謂『釋氏本心』，本心者蕞爾之見也，亦私而已矣。」〔註38〕在張伯行看來，性是天賦予天地間每一人、每一物的。他用二程的「性即理」來解釋，認為理是無私的，而性是公共的，也就是說性也是無私的。他認為，張載所謂的「性」，是天下共通的大公之性。他又用理氣論詮釋說，「氣載理而行」，凡是有血氣之人，必有天所賦予的大公之性。人只要不受血氣欲望的限制，不只為自己一身考慮，而能從天下人同具大公之性的角度來思考人生，那麼他就能夠「與天地合德」而成為品性高尚的君子。

張載在《正蒙》中論心性，主要集中在《誠明篇》。張伯行注解此篇時，對張載的心性論作了詮釋。在注釋「心能盡性」章時，張伯行說：「性止是理，理無為而心能盡之，盡性則盡道矣。天雖命我以性，必待修道之教而後有復性之功，此性之所以不知檢其心也。」〔註39〕二程的人性論主張「性即理」之說。張載論性曰：「性者，萬物之一源。」〔註40〕把「性」看作「包括人類在內的萬物生成的共同根源」〔註41〕。張伯行「性止是理」的說法，顯然繼承了二程而非張載。張伯行認為理無為而心能盡性，主張發揮心的能動作用。

張載的人性論區分了天地之性和氣質之性兩個層面，對宋明理學人性論有著重要貢獻。張伯行在注釋中繼承並發展了張載的人性論。張載的人性論中，還有「攻取之性」。張伯行認為：「此『性』字是言氣質之性。」〔註42〕也就是說，他認為張載所謂的「攻取之性」就是「氣質之性」。在注釋「形而後有氣質之性，善反之則天地之性存焉。故氣質之性，君子有弗性者焉」〔註43〕章時，張伯行說：「自有生以後，本然之體雖存，而氣質之操權甚重。又況物慾之乘千端萬緒，習俗之移日久日深，『善反』兩字正未易言。苟有不甘自暴棄之人，能勝以百倍之力，其或庶幾。人一己百，人十己千，是乃『善反』之良方也，然其要莫先於窮理。」〔註44〕在張伯行看來，張載所謂的「天地之性」是人出生以後的「本然之體」。因為張伯行曾說過：「理雖無形，然凡有氣之物，

〔註38〕張伯行編釋：《張橫渠集》卷五，福州正誼書院藏版本。
〔註39〕張伯行編釋：《張橫渠集》卷三，福州正誼書院藏版本。
〔註40〕張載：《張載集》，北京：中華書局，1978年，第21頁。
〔註41〕林樂昌：《張載成性論及其哲理基礎研究》，《中國哲學史》2005年第1期，第51～58頁。
〔註42〕張伯行編釋：《張橫渠集》卷三，福州正誼書院藏版本。
〔註43〕張載：《張載集》，北京：中華書局，1978年，第23頁。
〔註44〕張伯行編釋：《張橫渠集》卷三，福州正誼書院藏版本。

皆不能捨理以為之體也。」〔註45〕那麼，他認為張載的天地之性就是理在人身上的落實。張伯行此處似乎把「氣質之性」直接理解為「氣質」，強調「氣質」在現實的人實現天地之性過程中的巨大負面影響。他指出氣質、物慾、壞的習俗都對人的德性修養有負面作用，因此「善反」工夫是非常艱巨的。他建議作修養工夫者使用《中庸》提倡的「人一己百，人十己千」工夫。他也提示說，「窮理」是返回天地之性的入手工夫。

第四節　「在明誠分上，『窮』與『盡』字煞有工夫」

張伯行非常重視為學的修養工夫，此一特點在其注《正蒙》時也有所體現。張伯行說：「格物窮理、存誠主敬，是為學實地工夫。古來善學者無如朱夫子，而或者每議其支離。無他，避難而就易，務為苟道而已。豈知捨格物窮理、存誠主敬而言學，舉非學乎。」〔註46〕又說：「道莫大於體仁，學莫先於主敬。」〔註47〕也就是說，他非常重視窮理、主敬、體仁等為學工夫。這些為學工夫，大都繼承自程朱。張伯行自己也承認這一點：「學者恪守程朱，是入聖賢的大道。泛濫諸家，便是走錯了路頭，所以學貴知要。」〔註48〕他又說：「程子曰：『涵養需用敬，進學則在致知。』又曰：『學莫先於致知，未有致知而不在敬者。』可知，涵養、進學皆需以敬為主。」〔註49〕又說：「朱子之學，主敬以立其本，窮理以致其知，反躬以踐其實。為功切實可循。」〔註50〕主敬是程頤推崇的修養工夫，格物窮理則是朱子最重要的修養工夫。〔註51〕可見，張伯行的修養工夫從總體上看接近程朱。不過，在此前提下，張伯行也相當讚賞張載的修養工夫論。

張伯行很看重張載的「以禮為教」，讚揚說「張橫渠先生以禮教人，使人有所持守」〔註52〕。他比較了張載的「以禮為先」和二程的「主敬」工夫，

〔註45〕張伯行編釋：《張橫渠集》卷三，福州正誼書院藏版本。
〔註46〕張伯行：《困學錄集粹》卷一，清同治重刻正誼堂全書本，第1b頁。
〔註47〕張伯行：《困學錄集粹》卷一，清同治重刻正誼堂全書本，第1a頁。
〔註48〕張伯行：《困學錄集粹》卷一，清同治重刻正誼堂全書本，第2b頁。
〔註49〕張伯行：《困學錄集粹》卷二，清同治重刻正誼堂全書本，第8a頁。
〔註50〕張伯行：《困學錄集粹》卷二，清同治重刻正誼堂全書本，第8a頁。
〔註51〕陳來：《宋明理學》，上海：華東師範大學出版社，2004年，第81~86頁、第139~142頁。
〔註52〕張伯行：《困學錄集粹》卷二，清同治重刻正誼堂全書本，第16a頁。

認為二者雖著眼不同，實際上是相通的。他說：「或問：『橫渠先生教人以禮
為先，明道先生教人從主敬入，二者同否？』予曰：『橫渠意思，大要欲正容
謹節，其意謂世人汗漫無守，當以禮為地。教他就上面做工夫。明道先生以
今人少了小學工夫，故教人從主敬入，使補小學之缺。大約教人以禮，亦是
個敬的意思。蓋禮主於敬，有敬然後有禮，禮所以將敬也。』」〔註53〕張伯行
認為張載的以禮為教和程顥的主敬工夫相通。實際上，二程兄弟雖然都講敬，
但以程頤最為重視主敬，程顥則更為重視對萬物一體之仁的體會。張載以禮
為教的目的，是要培養人的道德敬畏感；人有敬畏感，才能更認真地對待儒
家禮儀。在儒家傳統中，禮「對於人類完善，尤其是屬人所特有的美德或力
量而言，依『禮』而行的能力和克己復禮的意志乃是最基本的」，「只有當其
原始衝動受到『禮』的型塑時，人們才成為真正意義上的人。『禮』是人的衝
動的圓滿實現，是人的衝動的文明表達——不是一種剝奪人性或者非人性化
的形式主義。『禮』是人與人之間動態關係的具體的人性化形式。」〔註54〕可
以說，敬是禮的精神內核，而禮是實現敬的途徑。「『禮』通過自發的協調而
起作用，這種自發的協調則植根於虔敬的尊嚴之中。」〔註55〕實踐禮的過程，
培養了人對他人、對社會以及對超越事物的敬畏感。人的尊嚴，也正是通過
人以社會規範性的禮儀而克制人性的原始欲望衝動，從而得到了實現。從整
個社會範圍來看，如果能夠實現人人依禮而行，那麼，這樣的社會是值得嚮
往的道德社會。正是基於此，張伯行進一步認為：「孔子曰：『不學禮無以立。』
張子厚教人以禮為先。禮者，立身之幹也。今日世道人心，惟禮可以整頓得
起。奈舉世不講，何哉？」〔註56〕他把張載的以禮為教看作提振人心、整頓
世道、移風易俗的重要途徑。從這裡可以看出，張伯行對張載「以禮為教」
的重視。

　　張伯行對張載的「變化氣質」也十分欣賞。他說：「雖貴乎學者，未能變
化氣質也。自己氣質尚且不能變化，更說甚學。」〔註57〕在注釋《正蒙·乾稱
篇》「性通極於無，氣其一物爾」章時，他說：「學問所以變化氣質，苟有未變，
當咎氣不當咎性也。福善禍淫，理之常也。有反是者，非天命之逆施，乃境遇

〔註53〕張伯行：《困學錄集粹》卷二，清同治重刻正誼堂全書本，第17b頁。
〔註54〕芬格萊特：《孔子：即凡而聖》，南京：江蘇人民出版社，2002年，第5～6頁。
〔註55〕芬格萊特：《孔子：即凡而聖》，南京：江蘇人民出版社，2002年，第7頁。
〔註56〕張伯行：《困學錄集粹》卷三，清同治重刻正誼堂全書本，第1b頁。
〔註57〕張伯行：《困學錄集粹》卷二，清同治重刻正誼堂全書本，第3b～4a頁。

之適然。君子亦安之而已矣。」〔註58〕張伯行認為，學問的目的就是變化人的氣質。人性本善，若氣質未變，只說明修養工夫還不夠，不能懷疑人性之善。

《正蒙・誠明篇》說：「『自明誠』，由窮理而盡性也；『自誠明』，由盡性而窮理也。」〔註59〕張載區分了自明誠和自誠明兩種不同的修養工夫。他認為二者工夫有異同，而他自己的工夫更多地是明誠工夫。張載說：「須知自誠明與自明誠者有異。自誠明者，先盡性以至於窮理也，謂先自其性理會來，以至窮理；自明誠者，先窮理以至於盡性也，謂先從學問理會，以推達於天性也。某自是以仲尼為學而知者，某今亦竊希於明誠，所以勉勉安於不退。」〔註60〕自明誠的工夫，需要學者從窮理開始，勉力而行。張伯行在注釋《誠明篇》上引章節時說：「在明誠分上，『窮』與『盡』字煞有工夫。在誠明分上，止是性無不盡而理無不窮也。須有分別。」〔註61〕張伯行繼承了張載對誠明工夫和明誠工夫的區分。他認為，在明誠工夫中，窮理和盡性的「窮」與「盡」都是要下工夫去實踐。相比之下，誠明工夫中則不需要下如此大的工夫。應該說，誠明工夫比較注重直覺體悟，孔子的「生而知之」、禪宗的頓悟、陽明心學的致良知等等修養工夫，大都可以歸為此類；明誠工夫則注重道德修養的漸進性，孔子的「學而知之」、佛教的漸修、朱子的格物窮理等等修養工夫，屬此類。張載對自明誠和自誠明兩種工夫的區分，說明他清楚地瞭解歷史上修養工夫論的差別。他對自明誠工夫的認可，與他提倡的「以禮為教」具有相通性，雖然所針對的對象有自我和社會民眾之別，但都強調工夫修養和化民成俗的漸進性。張伯行指出，張載的自明誠工夫中的「窮」與「盡」都需要下工夫去實踐。一方面，說明了他對張載工夫論的深刻理解。另一方面，作為程朱理學者的張伯行，在工夫論上反對陽明學的「以無忌憚為圓妙」〔註62〕，強調切實作窮理、主敬等修養工夫。張載「明誠」修養工夫的漸進性取向，深得張伯行的認可。

張載和二程對《易傳》窮理、盡性、至命的理解有所不同，張伯行認同二程而批評張載之說。張、程對此問題問題的不同理解，蘇昞在《洛陽議論》中有所記載。「二程解『窮理盡性以至於命』，只窮理便是至於命。子厚謂『失於

〔註58〕張伯行編釋：《張橫渠集》卷五，福州正誼書院藏版本。

〔註59〕張載：《張載集》，北京：中華書局，1978年，第21頁。

〔註60〕張載：《張載集》，北京：中華書局，1978年，第330頁。

〔註61〕張伯行編釋：《張橫渠集》卷三，福州正誼書院藏版本。

〔註62〕張伯行：《困學錄集粹》卷二，清同治重刻正誼堂全書本，第8a頁。

太快，此義盡有次序。須是窮理，便能盡得己之性，則推類又盡人之性；既盡得人之性，須是並萬物之性一齊盡得，如此然後至於天道也。其間煞有事，豈有當下理會了？學者須是窮理為先，如此則方有學。今言知命與至於命，盡有遠近，豈可以知便謂之至也。』」〔註63〕二程主張「只窮理便是至於命」，體現了其工夫的圓融性，張載論學則重視工夫的次第漸進。〔註64〕在注釋「盡其性能盡人物之性，至於命者亦能至人物之命」〔註65〕章時，張伯行說：「一盡性萬事畢，何消又說到『至於命』，蓋在人言之謂之性，自天言之謂之命。命者，天理至善之極也，猶《大學》言明德、新民而必要之於止至善，至善便是至命。非成己成物之外，而別有『至命』道理也。」〔註66〕張伯行認為，理、性、命三者是對同一事物的不同描述，因此窮理、盡性、至命三種工夫其實只是一種工夫。針對張載對盡性與至於命的區分，張伯行則認為盡性同時意味著至於命，二者之間沒有層次的差異。

第五節　以程朱解張載

　　張伯行的《正蒙》注釋以程朱為標準。在《正蒙》的題解中，張伯行引用了程子、朱子之語，既有對張載的讚揚，也有對張載和《正蒙》的批評〔註67〕。同時，張伯行下按語說：

> 《正蒙》所說道理，如《太和》、《參兩》、《天道》、《神化》等篇，皆不出周子《太極圖》範圍之中。苟熟通《太極》，以意會之，則《正蒙》精奧無不可了然心目、渙然冰釋矣。……清虛一大是當時立言之過，而意則實，說道體其理未嘗非也。今經說破，善會之可耳。〔註68〕

張載《正蒙》的前四篇，較為集中地建構了其宇宙論哲學體系。張伯行認為，

〔註63〕程顥，程頤：《二程集》，北京：中華書局，2004年，第115頁。
〔註64〕參閱張金蘭：《關洛之別》，西安：陝西師範大學博士學位論文，第五章第一節，2010年，第68～80頁。
〔註65〕張載：《張載集》，北京：中華書局，1978年，第22頁。
〔註66〕張伯行編釋：《張橫渠集》卷三，福州正誼書院藏版本。
〔註67〕張伯行所引用的程子對張載的批評之語是：「子厚以清虛一大名天道，是以器言，非形而上者。道體物不遺，不應有方所。」所引朱子之批評語是：「《正蒙》說道體處，如太和、太虛、虛空云者，止是說氣。……」
〔註68〕張伯行編釋：《張橫渠集》卷二，福州正誼書院藏版本。

張載在此四篇中所建構的宇宙論哲學體系，並沒有超出周敦頤《太極圖說》的宇宙論哲學體系，只要理解了《太極圖說》，也就能很容易地把握《正蒙》的精深奧妙之處。他也認同二程對張載的批評，認為《正蒙》用「清虛一大」等詞語描述道體，有不當之處。張伯行主張「善會」張載之說，實際上是用程朱之說來解釋、會通張載的學問。

張伯行在注釋中，也多次引用周敦頤《太極圖說》之語來解釋張載之意。在注釋《正蒙‧太和篇》「游氣紛擾，合而成質者，生人物之萬殊」〔註69〕章時，張伯行說：「此段是倒裝文法，陰陽循環不已了，而後有游氣紛擾，散出而生人物。要看這道理明白，無如《太極圖》所云『無極之真，二五之精，妙合而凝』等語，尤見說得詳細。」〔註70〕也就是說，張伯行認為《太極圖說》的無極而太極的宇宙生成論模式以及陰陽二氣和金木水火土五行生成萬物的過程，比張載游氣紛擾的宇宙生成論模式，更為詳細透徹。在注釋《正蒙‧參兩篇》「日質本陰，月質本陽」〔註71〕句時，張伯行說：「此即《太極圖》『陽根於陰，陰根於陽』之說也。」〔註72〕在注釋《正蒙‧參兩篇》「陽陷於陰為水，附於陰為火」〔註73〕章時，張伯行說：「周子《太極圖》以水陰盛居右，火陽盛居左，均是一義，不可易之至理也。」〔註74〕以上二者，張伯行均認為張載之說與周敦頤之說意思相同，似乎在暗示張載的思想繼承了周敦頤。此外，張伯行還有兩次引用了周敦頤的說法。在注釋《正蒙‧大易篇》「易為君子謀，不為小人謀」〔註75〕章時，張伯行說：「周子云：『君子修之吉，小人悖之凶。』是禍福皆因道義而有，原無一定之事，故曰『為君子謀，不為小人謀』」。」〔註76〕「君子修之吉，小人悖之凶」〔註77〕，語出周敦頤《太極圖說》。在注釋《正蒙‧太和篇》「然其為理也，順而不妄」〔註78〕句時，張伯行說：「理謂所以宰乎變化之權者也。順謂有序，如晝夜寒暑以漸相推是也。不妄謂實理具在，不害不悖是也。『元、亨，誠之通。利、

〔註69〕張載：《張載集》，北京：中華書局，1978年，第9頁。

〔註70〕張伯行編釋：《張橫渠集》卷二，福州正誼書院藏版本。

〔註71〕張載：《張載集》，北京：中華書局，1978年，第11頁。

〔註72〕張伯行編釋：《張橫渠集》卷二，福州正誼書院藏版本。

〔註73〕張載：《張載集》，北京：中華書局，1978年，第13頁。

〔註74〕張伯行編釋：《張橫渠集》卷二，福州正誼書院藏版本。

〔註75〕張載：《張載集》，北京：中華書局，1978年，第48頁。

〔註76〕張伯行編釋：《張橫渠集》卷四，福州正誼書院藏版本。

〔註77〕周敦頤：《周敦頤集》，北京：中華書局，1990年，第7頁。

〔註78〕張載：《張載集》，北京：中華書局，1978年，第7頁。

貞，誠之復。』此理萬古不易，皆『順而不妄』者也。」〔註79〕「元、亨，誠之通；利、貞，誠之復」〔註80〕，語出周敦頤《通書·誠上第一》。

張伯行多次使用周敦頤的說法來印證張載之說，明確地表示了他對周敦頤的推崇。不過，周敦頤作為道學開山，實際上只是朱子追認而建構的道統譜系。張載是當之無愧的道學奠基者。張伯行推崇周敦頤而貶低張載的做法，受到了程朱的影響，並不符合史實。

二程批評張載之《正蒙》立言誠有過者，朱子附和了程子之說。張伯行在注釋中，也數次重複程子之言。《正蒙·太和篇》說：「聚亦吾體，散亦吾體，知死之不亡者，可與言性矣。」〔註81〕張伯行注釋曰：「《正蒙》立言之過，多在乎此。」〔註82〕張伯行在注釋《正蒙·大心篇》「大其心，則能體天下之物」章時說：「橫渠所說性命道理，都從源頭最上一層說。理固是如此，學者亦不可不知。但入德須有次第，方有實地可據。若一向便從聖人盡性至命地頭做起，未有不莽蕩招殃者。如象山、新建之學，誤人不少，不可不戒。聖人與仁智，百姓公平受用而泯於無所避之辨。名當物則上下皆通矣。伊川謂：『橫渠之言多有過者，乃在《正蒙》。』此類是已。」〔註83〕這裡兩次強調張載《正蒙》之言有過失，明顯地尊程而貶張。《正蒙·動物篇》曰：「海水凝則冰，浮則漚，然冰之才，漚之性，其存其亡，海不得而與焉。推是足以究死生之說。」〔註84〕此章有小注「伊川改『與』為『有』字」，這是歷代版本都有的。小程改「與」字為「有」字究竟為何意，其實很難說清。王夫之在注解此章時曾說：「伊川程子改『與』為『有』，義未詳。」〔註85〕王夫之是十分客觀的說明。張伯行在注解中則大為讚賞小程的改字。他說：「用『與』字未免太疏，有判然不相涉之意，改『有』字便活。」〔註86〕這種明顯地尊程而貶張的話語，未免個人感情色彩太濃，而有失客觀。

張伯行也數次用朱子之意來糾正張載之說。張伯行在注釋《正蒙·參兩篇》

〔註79〕張伯行編釋：《張橫渠集》卷二，福州正誼書院藏版本。
〔註80〕周敦頤：《周敦頤集》，北京：中華書局，1990年，第14頁。
〔註81〕張載：《張載集》，北京：中華書局，1978年，第7頁。
〔註82〕張伯行編釋：《張橫渠集》卷二，福州正誼書院藏版本。
〔註83〕張伯行編釋：《張橫渠集》卷三，福州正誼書院藏版本。
〔註84〕張載：《張載集》，北京：中華書局，1978年，第19頁。
〔註85〕王夫之：《張子正蒙注》，長沙：嶽麓書社，2011年，第103頁。
〔註86〕張伯行編釋：《張橫渠集》卷三，福州正誼書院藏版本。

「地所以兩」章時說：「《傳》曰：『參天兩地而倚數。』朱子就方圓取義，以明數之所由起，其義甚長。張子以剛柔男女、太極兩儀說參兩，別是一義。要之，參兩之說，當以《本義》為正解。」〔註87〕對《周易·繫辭傳》「參天兩地而倚數」的解釋，張伯行認為朱熹《周易本義》之說為「正解」，張載之說「別是一義」，並非正解。在注釋《正蒙·大心篇》「以身體道，道之本也」章時，張伯行說：「以身體道，必如朱子說方貼實，橫渠本意恐未必如此，他將體身、體道分作兩樣看，未免將身與道作二見矣。既說『體物體身，道之本也』，則體身份明是道了，又何須再說。以身體道，身乃道之軀殼也。無此身，則道亦無掛搭處，故聖人但說修身則道立，一語便了。即如顏子克己，亦止言克去己私耳。何嘗直將己身看作無物，都要擺脫了。」〔註88〕他認為張載「以身體道」之說將道與身二分，不如朱子之說為確切。

在《正蒙·樂器篇》「禮矯實求稱」章，張伯行更是說：「自此以下，所解經義多有出入，姑存其文可也。」〔註89〕實際上，張伯行注釋《正蒙》，集中在前七篇，對《中正篇第八》、《至當篇第九》、《大易篇第十四》、《乾稱篇第十七》等篇有少數注釋，其餘數篇幾乎沒有注釋。《正蒙·樂器篇第十五》是張載對《詩經》和《尚書》的注釋，《王禘篇第十六》是張載對《禮記》的注釋。張伯行所謂「自此以下，所解經義多有出入」的評價，明顯地是對張載注釋《詩經》、《尚書》、《禮記》等儒經的批評。

總之，作為清初程朱理學家的張伯行，在其《正蒙》注中明顯地體現出以程朱解釋張載的特點。在宇宙論哲學上，他引用朱熹的說法，把張載的太虛解讀為氣，又用理氣觀解釋了張載的宇宙論哲學。在人性論上，他認可張載對人性所作的「天地之性」和「氣質之性」的二分，並指出「攻取之性」也是氣質之性。他更加關注的是氣質之性或者氣質對於現實人性的負面影響。作為程朱理學學者，他也吸收了程朱的「性即理」說，同時也以此來解釋張載的人性論。在修養工夫上，他重視張載的「以禮為教」，認為這與二程的主敬工夫相同。他認同張載對「自明誠」和「自誠明」兩種工夫的區分，和張載一樣，他更為認同漸進性的工夫一途，對「自明誠」工夫更加重視。張伯行的《正蒙》注，和李光地的《注解正蒙》一樣，都是在清初程朱理學盛行的背景下，以程朱解釋張載的力作。

〔註87〕張伯行編釋：《張橫渠集》卷三，福州正誼書院藏版本。
〔註88〕張伯行編釋：《張橫渠集》卷三，福州正誼書院藏版本。
〔註89〕張伯行編釋：《張橫渠集》卷五，福州正誼書院藏版本。

第六章　華希閔《正蒙輯釋》研究

第一節　華希閔的學思歷程及其著述

　　華希閔（1672～1751），字豫原，號劍光，又號芊園，江蘇無錫人。無錫顧棟高（1679～1759）為其撰《華劍光先生墓誌銘》，詳細地介紹了華希閔的生平。〔註1〕我們以此為基礎，再參考其他文獻資料，對華希閔的生平略作介紹。華希閔十二歲補博士弟子員，康熙庚午（1690）鄉試、會試二場開始用性理命題。他得到《性理大全》，手抄口誦，幾忘寢食。於是十八歲開始服膺濂洛之書。〔註2〕二十二歲拜謁昆陵金闇齋先生。闇齋倡高攀龍的主靜之學，並與人同為靜坐會。問答之間深受闇齋賞識，授以劉宗周的《證人譜》以及《紀過法》。華希閔為學不為空言，務實致於用，尤以利濟民物為己任。庚寅（1710）年張伯行任江蘇巡撫，來無錫拜謁東林書院的道南祠。此時仍為諸生的華希閔與張伯行相識，並論學。辛卯（1711）年以副貢任安徽涇縣訓導之職。庚子（1720）年四十九歲時才中舉人，兩次赴京參加會試均落第，從此決意仕進。雍正壬子（1732）年秋天，任浙江鄉試考官。〔註3〕之後又參與修纂《江南通志》、《無錫縣志》。乾隆辛未（1751）年，乾隆南巡經過無錫時，已經八十歲的華希閔曾迎駕並受賜知縣，因年老只賞給知縣銜，並未赴任。同年八月去世。

〔註1〕顧棟高：《萬卷樓剩稿》稿本，見《清代詩文集彙編》第245冊，上海：上海古籍出版社，2010。
〔註2〕華希閔：《上儀封張公論學第一書》，「某生十八年而服膺濂洛之書」。《延綠閣集》卷九1a，雍正十一年刻本。
〔註3〕華希閔：《余明臺古文序》，「雍正壬子秋，余分校浙闈。」《延綠閣集》卷六20a。

一、華希閔的家學淵源與師承

華希閔的學問主要來源於三個方面：其父華汝修、其師陳體乾、以及金敞。在為學取向上，華希閔主要宗尚高攀龍以及劉宗周。

華希閔的父親華汝修，字理奇，又字履祺。「幼能文章，遭時不偶，以青衿終其身。三試棘闈不中，遂不複試。以事親治生為重。」華汝修雖然沒有取得生員的資格，但是，也喜好讀書。他「最喜讀秦儼海先生《範身》、《範家》二集」。華汝修雖然不和他人談論理學，但是對理學也有體會，並且以生在理學家顧憲成、高攀龍之鄉為榮，他在生活中以薛瑄和高攀龍的教誨為準則。華希閔曾說：「吾父在人前未嘗談理學二字，然體會特深。嘗謂不肖孤曰：『前明一代理學，薛、胡開其始，顧、高集其成。幸生顧、高之鄉，可不勉乎？』吾父老年言加謹、行加飭，得力薛、高二子為多。不肖孤有《薛子節要》、《性理輯釋》諸刻。奉吾父教也。」〔註4〕華汝修對薛瑄和高攀龍的推崇，以及教導華希閔刊刻《薛子節要》、《性理輯釋》，對華希閔都有影響。這是華希閔學問的家學淵源。

華希閔的老師陳人龍（1654年生，字震先，又字體乾），是對華希閔的為學影響最主要的人。陳人龍則曾師從高攀龍的外甥秦吉生。在《先師體乾陳公言行略》中，華希閔說：「閔少不知學，年二十歲，受業先師之門。」〔註5〕裴大中《無錫金匱縣志》記載：「陳人龍，字震先，十歲喪父，事寡母孝，少善飲，母戒之，終身不過三爵。母歿年逾九十，人龍亦老，禁斷酒肉。既禫，適館，固安主人治盛具，瞿然曰：『禮始食乾肉飲醴耳。』撤去，乃即席。人龍教授生徒多達者。年六十四（康熙丁酉，1717）始舉順天。又十年，雍正五年，特賜進士，其歿也，弟子華希閔為作《言行略》。」〔註6〕華希閔在《言行略》中記載了陳人龍的師承及學術取向。「先生侍師吉生秦公、西文丁公，執禮甚謹。」「先生三十後，猶從秦吉生先生，及呂子蓬公、周子柏嶽輩作讀書會，先六經，次《史》、《漢》，次韓、蘇文。」秦吉生是高攀龍的外甥。「先生愛舉高忠憲公『名節之堤防，詩書之滋味，稼穡之艱難』三語，訓弟子。」〔註7〕從此可見，陳人龍教學生也喜歡用高攀龍的語錄。經過老師的影響，當然會進

〔註4〕華希閔：《先考邑庠生履祺府君述略》，《延綠閣集》卷十 47b。
〔註5〕華希閔：《先師體乾陳公言行略》，《延綠閣集》卷十 36a。
〔註6〕裴大中：《無錫金匱縣志》卷二十四，光緒七年刊本。
〔註7〕華希閔：《先師體乾陳公言行略》，《延綠閣集》卷十 36a。

一步加深華希閔對高攀龍學說的重視和學習。

　　華希閔曾在二十二歲時於無錫梁溪的共學山居拜謁金敞。金敞，字廓明，號閣齋，江蘇武進人，「其學私淑顧文端、高忠憲，與同志靜坐讀書，興起甚眾」。〔註8〕而金敞為學宗顧憲成、高攀龍、劉宗周。當時，金敞提倡高攀龍的主靜之學，並與人同為靜坐會。華希閔在拜謁金敞時，問答之間深受其賞識。金敞授以劉宗周的《證人譜》以及《紀過法》。〔註9〕現有資料並沒有保存華希閔與金敞之間更多的交往問學過程。但顧棟高把這件事放在華希閔的《墓誌銘》中大書一筆，可見此事對華希閔學問取向的重要影響。華希閔後來就與張伯行通信，為高攀龍的主靜之學辯護。而且，他後來也曾奉父命刊刻劉宗周的《人譜・紀過格》。〔註10〕臨終前三日，華希閔還出資令族弟修葺共學山居。

　　華希閔的學術思想，就是從其父華汝修、其師陳體乾、以及金閣齋三位身上得來的。這三個人的為學宗旨，影響了華希閔之後的學術取向。華希閔特別推崇高攀龍，又推崇劉宗周的《人譜・紀過格》。劉宗周是王陽明心學的殿軍，高攀龍雖然以程朱為主，批判王陽明，但又從陸古樵那裡接受了陳白沙的「主靜之學」。因為這個緣故，華希閔在清初崇朱黜王的學術氛圍中，雖然為學也以程朱為主，但並沒有完全否認王陽明的學術貢獻。並且，華希閔還曾與張伯行通信為王陽明辯護，在《正蒙輯釋》中還引用了王陽明的一句話。

二、華希閔與高攀龍的淵源及其注解《正蒙》的動因

　　華希閔生長在人文薈萃的無錫，明末著名的東林學派領袖顧憲成、高攀龍都生於無錫，東林學派的活動場所東林書院也在此地。華希閔家族與東林學派領袖高攀龍家族為世交。高攀龍的從曾孫、高世泰之孫高良孚與華希閔的父親年齡相仿，兩人為無錫郡邑庠的同窗好友。華希閔撰高良孚的墓誌銘，論及高、華兩家六世友好的情形。「按譜，高氏係出春秋子柴後。在錫邑可知者孟永公，贅福州守遯軒張公家，始居城南。與余六世祖海月公僚姻之好，世締婚媾。先

〔註8〕張惟驤：《清代毘陵名人小傳稿》，江慶柏主編《江蘇人物傳記叢刊》第15冊，揚州：廣陵書社，2011年，第126頁。

〔註9〕顧棟高：《萬卷樓剩稿》稿本，見《清代詩文集彙編》第245冊，上海：上海古籍出版社，2010年。

〔註10〕華希閔：《人譜・紀過格序》，《延綠閣集》卷六46b。

比部補庵公，與黃岩公同舉鄉闈。先曾大父、先大父與先生祖、若父，兩世同補諸生，以學業文藝相劘切。而先公與先生同入郡邑庠，尤水乳契，以故暮年舉弟希閔訂婚先生。臨歿，所以屬先生者甚勤懇。」〔註11〕推算下來，高、華兩家應該從高攀龍的父祖輩就開始交好。華希閔的弟弟華希閎，又訂婚高家的女子。華希閔注釋《正蒙》，一個重要的原因就是要保存和流傳高攀龍的《正蒙集注》。

華希閔在《正蒙輯釋》自序中說：「吾邑高忠憲公，有《正蒙集注》四卷，嘉興徐德夫氏加之《發明》，合以付刻。福清葉公序其端，會忠憲公罹禍，不果行世，后德夫之嗣君□□為長洲令，重梓之。又會去官遂寢。嗚呼！自有《正蒙》以來，閱四百餘年始得高公之注，微辭奧義煥然以明，豈非斯文大幸！乃再刻而再廢，未能嘉惠後學。意者，書固待時而出與！然則後公七十餘年而有命題之功令，不可謂非其時也。希閔幸生公之鄉，篤服其遺書，粹然朱子之學，因不揣固陋，敬以朱子所注三書與公注合為一編，付之剞劂，又徇坊人之請，□其上方輯諸儒論說，並附臆見於後。」華希閔所謂「自有《正蒙》以來，閱四百餘年始得高公之注」的說法，未免誇大。但他本人為《正蒙》作注解的動機，卻主要是因為高攀龍。華希閔與高攀龍同邑，兩家又世代交好。他信服高攀龍之學是純粹的朱子學，刊刻其《正蒙集注》的一個重要原因，就是要讓該書能夠保存和傳播。我們今天可見的該書版本，的確與古代的普通書籍有所不同。該書每頁下半部分首列張載《正蒙》原文，次列高攀龍集注，再次列徐必達發明；書每頁的上半部分則是華希閔自己對《正蒙》的注解，稱為「輯釋」。

三、華希閔與張伯行的交往

華希閔與理學名臣張伯行開始交往，也與高攀龍有關。據顧棟高《墓誌銘》，「庚寅（1710）儀封張公撫吳，詣東林謁道南祠。先生以諸生侍坐。儀封語次頗與忠憲《復七規》相枘鑿。先生為舉延平觀未發氣象，及朱子半日靜坐半日讀書語相質。公亦不為忤。及登舟，索先生著述，先生進《性理輯釋》及劉念臺《人譜》。公稱善，嗣是遂訂文字交。」張伯行做江蘇巡撫時，來無錫拜謁道南祠，華希閔以諸生的身份陪侍。張伯行談及高攀龍的《復七規》時，

〔註11〕華希閔：《常州府學生憲獎行優互夫高先生偕配安孺人合葬墓誌銘》，《延綠閣集》卷十 22a～22b。

與高攀龍的本意相違背，華希閔對張伯行的說法有所質疑。〔註12〕張伯行並不生氣，反而索要華希閔的著述。因為這個緣故，兩人開始了學術交往。之後，華希閔以副榜貢生的身份前往安徽涇縣任訓導，曾向張伯行諮詢，到任以後是否應該接受學生的見面禮的問題。「辛卯（1711）赴涇縣訓導之任，謁張公問諸生謁見校官，例有贄儀，卻與受贄宜？」而且，還請張伯行為其父華汝修（字理奇）及其母親撰寫合傳。張伯行《正誼堂續集》卷六《文學華理奇偕配孺人合傳》記載：「余於己丑臘移撫三吳，越明年之任。錫邑華生希閔來謁，晉接周旋，規言矩行，知其家學淵源，非復世俗詞章訓詁馳逐聲華者比。又明年夏，華生將之官涇邑，則持其父理奇君所自撰墓誌銘並生述略造余。垂涕洟言曰：『希閔不肖，弗克負荷先業，顧惟先人志事卓然可表見，而非得長者一言，恐終爾湮沒，末由示後人，敢請為傳以貽子孫。』」〔註13〕把華希閔和張伯行聯繫在一起的，除了高攀龍之外，當然最主要的還是他們共同的學術志向，維護和發揚程朱理學。張載作為程朱的輔翼，張伯行也曾為張載的《正蒙》作注。弘揚包括張載在內的程朱理學，這是清初理學家張伯行、華希閔等人的共識。

另外，華希閔《延綠閣集》卷九收錄兩封與張伯行論學的書信，《上儀封張公論學第一書》、《上儀封張公論學第二書》。在《第一書》中，華希閔為王陽明辯護，認為「無善無惡心之體」是陽明弟子提出來的，並非陽明的學說。針對有人說陽明「略修而言悟」，華希閔認為，「陽明致良知三字，從萬死一生得來，且功在國家，澤在生民，其修何如，而謂其略修也哉！」這裡否認了王陽明忽略道德踐履。至於說王陽明「言悟」，華希閔舉曾子、顏淵、程子、朱子之說，認為「悟非聖學所諱」。華希閔對待王學的態度，應該是繼承自高攀龍。高攀龍折衷朱王，以朱為主，但不苛責陽明。這種學術立場，與陸隴其、張伯行一以程朱為歸，批判陸王為禪而全盤否定的苛責態度、偏狹立場，有所區別。

四、華希閔的學術宗旨

在清初尊朱黜王的學術氛圍中，華希閔在學術上也以朱子為尊，他雖對王

〔註12〕華希閔在丁酉順天鄉試對策中，也維護高攀龍的復七規。他說：「其最純者，惟梁溪（指高攀龍）之學乎？或訾其復七一規稍偏靜坐，然而體認未發，本乎延平，薛（指薛瑄）開其始終，高（指高攀龍）集其成。明儒論定，在是矣。」見《對策》「問治天下之法存乎道」條，《延綠閣集》卷四35b。

〔註13〕張伯行：《正誼堂續集》卷六，上海：商務印書館，民國二十五年本，第248頁。

陽明心學有所批評，但並不完全否定。這種學術立場，從他和張伯行的論學書信中可以反映出來。

華希閔《上儀封張公論學第一書》，時間在 1711 年左右。在信的開頭，華希閔表示贊同張伯行的看法，認為為學應該「奉程朱以為準繩而不惑於異說」。接著讚揚了程朱的論學宗旨，之後轉入對陸王之學的評論，這才是他此書的目的所在。他說：

> 金溪子乃置精一博約於不講，而止云「先立乎其大者」以為孟子之言云爾。夫孟子不曰盡心知性乎？不又曰知言養氣乎？何以一不提及也。越二百年而姚江以致良知立教。夫金溪不言知而姚江言之，似補其罅漏。然而隱然以良知二字，將博文約禮學問思辨之功一力掀翻，意欲以救末學支離之失。然語過快矣。其徒《傳習》一錄，大書深刻，重誣其師，則有「無善無惡心之體」一語。嗚呼！陽明之集具在，果有無善無不善之語哉！夫良知二字何昉？昉孟子也。孟子良知以愛親敬兄證之，所謂性善也。陽明宗其良知，而肯以無善無惡立說哉？且善即良也，既云「無善無惡心之體」，則當云「無良無不良知之體」，又何云「知善知惡是良知」哉？甚矣！其徒之誣其師也。
>
> 但其教尚頓不尚漸，略下學喜上達。精一博約，唐虞洙泗分言之，而陽明合之。以生安之事而概之困勉，並以生安之聖所不敢一語道破者而揭以為宗，縱曰因時立說，別有苦心，而矯枉過正，究非依乎《中庸》之指。故吳桂森氏之論陽明曰：「不可謂非聖人之學，然而非聖人之教。」斯言也，砭陽明者切矣，而斷陽明者亦允矣。
>
> 而今人之攻陽明，則謂其略修而言悟。夫陽明「致良知」三字從萬死一生得來，且功在國家、澤在生民，其修何如而謂其略修也哉？至其言悟者，不得謂之淪於禪也。曾子之唯、顏淵之歎，不悟而然乎？程子曰：「下學可以言傳，上達必由心悟。」朱子曰：「一旦豁然貫通。」竊以為，悟非聖學所諱，不當與「無善無惡」一言同類而並訾之也。〔註14〕

華希閔認為，陸九淵置程朱的精一博約工夫不講，而專講孟子的「先立乎其大者」一語，工夫失之太快。這種做法為王陽明所繼承。但是，華希閔認為「無

〔註14〕華希閔：《上儀封張公論學第一書》，《延綠閣集》卷九 3a～4a。

善無惡心之體」一語是王陽明的弟子之語，王陽明的文集中沒有這句話。華希閔為王陽明辯護說，「良知」學說是從亞聖孟子的「孩提之生也，無不知愛其親，無不知敬其兄」來，孟子此說是其性善論的明證。陽明的「良知」說既然從此發揮而來，他當然也是認同性善論的。所以，「無善無惡心之體」一語只是陽明弟子的說法，不是他本人的思想，不能因此而批評陽明。當然，我們以現代學術的視野看，王陽明的「無善無惡心之體」所確立的是超越善惡的人性本體，其說法並沒有問題。可是，在當時的學術氛圍中，孟子的性善論作為學術的正統，荀子的性惡論被視為異端，「無善無惡心之體」被機械地理解為主張性惡，反對性善。張伯行就說：「陽明曰：無善無惡心之體，……吾謂：有善無惡心之體……」〔註15〕張伯行認為心之體應該是有善無惡的，而不能是無善無惡的。王陽明論心的超越本體視野，張伯行是沒有達到的。張伯行以有善無惡論心，是一種經驗實然的視野。華希閔的辯護，是從王陽明所流傳文本的角度認為此語並非陽明所講，不見於陽明的文集中。這種辯護雖然不是從學理上為陽明辯護，但是華希閔在事實上對王陽明及其學說的認同，在當時的學術氛圍中是相當理智的，也是很難得的。

華希閔接著也批評了王陽明「其教尚頓不尚漸，略下學喜上達」，認為陽明講學尚頓悟不尚漸修，喜上達而忽略下學，並認為陽明的有些講法與儒家經典《中庸》的說法是違背的。但是，他引用「吳桂森氏」對陽明的評價作為定論，認為陽明之學「不可謂非聖人之學，然而非聖人之教。」基本上肯定了王陽明。

最後，華希閔針對當時學者（包括張伯行在內）批評王陽明「略修而言悟」，為陽明作了辯護。他認為，陽明「致良知」三字從萬死一生得來，並且陽明本人對國家、生民均有功勞，不能說他忽略在人生事務上的修為。華希閔引用曾子、顏回、程子、朱子之說，說明他們也講「悟」，以此證明儒家並不避諱講「悟」，從而反駁了學者對王陽明重言悟的說法。

總之，針對當時學者對王陽明「無善無惡心之體」一語的批評，華希閔認為此語並非陽明之語，而是其弟子之語，不應該以此來批評陽明。華希閔又通過反駁王陽明針對的「其教尚頓不尚漸，略下學喜上達」、「略修而言悟」等批評，為陽明正名。這在當時尊朱黜王的學術大氛圍下，對正確評價陽明學是有積極作用的。

〔註15〕張伯行：《困學錄集粹》卷一 12b，清同治重刻正誼堂全書本，四庫存目子 24，第 499 頁。

五、華希閔的著述

華希閔的著述，據《清儒學案》第五十六卷記載有：《性理注釋》、《易書詩春秋集說》、《中庸剩語》、《論語講義》、《通鑒地理今釋》、《延綠閣集》。〔註16〕以上六種書除第一、第六種外，其餘四種已經散佚，也無關於其卷數的記錄。另外，還有《廣事類賦》四十卷。此外，華希閔還參與修纂《江南通志》和《無錫縣志》（乾隆七年 1742）。《性理注釋》據顧棟高《墓誌銘》，當為《性理輯釋》，此書共有四種，《正蒙輯釋》是其中的一種。其餘三種，是朱子為之作注的《太極圖說》、《通書》、《西銘》。《正蒙輯釋》今存康熙四十七年刻本。華希閔的文集《延綠閣集》十二卷，現存雍正十一年刻本。

華希閔的《正蒙輯釋》共四卷，每頁分為上下兩欄，下欄先列《正蒙》原文，次列高攀龍《集注》，再次列徐必達《發明》。下欄 9 行 17 字白口左右雙邊。上欄相應地針對《正蒙》每一章以「閔按」的形式作《輯釋》。另外，在《正蒙》十七篇每篇標題下，華希閔都為之概括該篇全旨。

《正蒙輯釋》作為一本注釋性的著作，對深化研究張載《正蒙》有幫助，同時，在注釋中所體現出的思想，則可以作為對華希閔本人思想作研究的文獻資料。我們下面分幾個方面，來研究華希閔注解《正蒙》的思想特色。

第二節 「氣有聚散，而太虛之體無聚散」

一、《正蒙》「與（周敦頤）《太極圖》相表裏」

華希閔在《太和篇》全旨中說：「此篇總是闡明《易》理，與《太極圖》相表裏。其大旨言理氣合一、有無相通。天地間虛而無形、實而有象，總是陰陽，陰陽即道。所以探性命之原，闢異端之謬也。」〔註17〕這裡，華希閔認為《太和篇》闡發的是《周易》的道理，與周敦頤的《太極圖說》相表裏，可以相互參看。這種看法，頗有見地。北宋五子建構儒家形上學以對抗佛老，都很重視挖掘先秦儒家本有的形上學資源，《周易》因此受到他們的重視。周敦頤的《通書》，張載的《橫渠易說》，程頤的《易傳》，無不是對《周易》的推衍闡發。而且，以張載對形而上學的興趣最為濃厚。

〔註16〕徐世昌：《清儒學案》第五十六卷，石家莊：河北人民出版社，2008 年，第 2001 頁。
〔註17〕華希閔：《正蒙輯釋》卷一，康熙四十七年刻本。

張載跟周敦頤的關係，王夫之《張子正蒙注》認為，《正蒙》「即《太極圖說》之旨而發其所函之蘊」〔註18〕；《西銘》是對《太極圖說》引而未發的問題作闡發，「補周子天人相繼之理」〔註19〕。也就是說，王夫之認為張載是繼承和發揮了周敦頤的思想。相比之下，華希閔認為《太和篇》「與《太極圖》相表裏」的看法，對張載的地位有所提高。

二、「氣是形而下，道是形而上」

張載的「太虛」概念是其宇宙論哲學的核心範疇。對太虛的詮釋和理解，歷來爭議頗多。華希閔對太虛有自己的理解。

《正蒙・動物篇》曰：「海水凝則冰，浮則漚，然冰之才，漚之性，其存其亡，海不得而與焉。推是足以究死生之說。」〔註20〕過去有學者認為，張載把海水和冰看作同一種物質的兩種不同狀態，並用這種關係來類比太虛與氣的關係。因此，他們認為太虛是氣的一種狀態。這種頗有影響的看法，未得張載海水之喻的本意。華希閔注釋說：「其凝其浮，猶人之生也。其亡猶人之死也。冰漚有存亡，而海水之本體無存亡。氣有聚散，而太虛之體無聚散。」〔註21〕此章意在用水之凝聚為冰和冰之融化為水，來說明人的死生。人是兼具精神和肉體的二元存在者，因此，僅僅用一種物質的聚散來解釋人的死生，必然是只能解釋人存在的一個維度，而忽視了另一個維度。華希閔注解認為，氣有聚散，而作為氣之本體的太虛則無所謂聚散。這是明顯地把太虛看作超越的本體，把太虛與氣看作是兩種異質的存在者。用氣的聚散說明人肉體的存在與滅亡，用太虛的無聚散說明超越本體的永恆性。因此，學者評價說：「華希閔所謂『氣有聚散，而太虛之體無聚散』，解氣與太虛之別最分明。」〔註22〕

華希閔注釋《正蒙・太和篇》第二章「太虛無形，氣之本體」章時說：「『太虛無形』，即中涵之體也。聚散變化，即絪縕相蕩云云也。玩兩段語氣，似重在無感無形邊。蓋此章先離說而後合言，重在氣之體上，故以『太虛』二字起也。」〔註23〕需要指出的是，「中涵」和「絪縕相蕩」都是《太和篇》

〔註18〕王夫之：《張子正蒙注》，長沙：嶽麓書社，2011年，第15頁。

〔註19〕王夫之：《張子正蒙注》，長沙：嶽麓書社，2011年，第353頁。

〔註20〕張載：《張載集》，北京：中華書局，1978年，第19頁。

〔註21〕華希閔：《正蒙輯釋》卷二，康熙四十七年刻本。

〔註22〕林樂昌：《正蒙合校集釋》，北京：中華書局，2012年，第265頁。

〔註23〕華希閔：《正蒙輯釋》卷一，康熙四十七年刻本。

首章用語。華希閔認為，「太虛無形」是指「中涵之體」，即認可太虛是氣的本體。他又指出，因為張載強調「氣之體」，所以本章以「太虛」開始。顯然，華希閔認為「太虛」是「氣之本」。作為「氣之體」的「太虛」，具有「無感」、「無形」的特徵。太虛的「無感」特徵，是指「至靜無感，感而遂通」之意，這是說明作為超越本體的太虛，在未參與到生成萬物過程之前所具有的唯一性等超越的品格。在參與到萬物生成過程的時候，太虛作為本體恰恰具有「感而遂通」的「感通」的作用。張載哲學中的「感」字，有其特殊涵義。正如有學者所指出的：「感，指特定主體對異質的他者發揮關聯作用時的感應、感通機制，此機制能使『有異』亦即異質之物整合為一體，成為統一的宇宙創生力量。」〔註24〕華希閔用「無感」形容太虛本體，正說明了太虛本體在未生物之前的獨立性特徵。當參與生物之時，太虛本體則成為主導萬物生成的「宇宙創生力量」。

不過，華希閔對「太虛」的理解似乎並不一致。華希閔在注釋《正蒙·太和篇》的「氣之聚散於太虛，猶冰凝聚於水，知太虛即氣，則無無」〔註25〕章時，他說：「水即冰也，太虛即氣也。若謂氣為有，虛為無，則水亦無乎？佛老皆溺於無，故以有為病，以無為宗，而不知其無無也。無無，故語性與天道不能懸空說，但變易而已無餘蘊矣。未嘗於參伍之外，別求無者以為宗也。」〔註26〕華希閔此處使用的「水即冰也」和「太虛即氣也」，是一個相同的句式。他把太虛與氣的關係，理解為水與冰一樣的等同關係。同時，他認為若以氣為實有，以虛為空無，那麼，不正像以冰為實有，以水為虛無一樣嗎？並以此來駁斥佛老的以無為宗。但是，華希閔對張載冰水之喻的理解並不準確。有學者敏銳地指出，「張載喜用冰水之喻以明氣與太虛本體之關係。湯用彤云：『此類譬喻不可拘泥，因水為一物而本體則非物也。《老子》八章水幾於道，王注曰道無水有，故曰幾也。此言深可玩味。』〔註27〕湯氏以《老子》之『道』言本體，而張載則以『太虛』言本體。」〔註28〕張載使用冰水之喻只是一種比喻性思維，不能坐實了來理解。由於華希閔無法理解張載冰水之喻的比喻性思維，

〔註24〕林樂昌：《正蒙合校集釋》，北京：中華書局，2012年，第17頁。

〔註25〕張載：《張載集》，北京：中華書局，1978年，第8頁。

〔註26〕華希閔：《正蒙輯釋》卷一，康熙四十七年刻本。

〔註27〕湯用彤：《王弼大衍義略釋》，載《魏晉玄學論稿》，北京：人民出版社1957年版，第69頁。按：此為原引者注。

〔註28〕林樂昌：《正蒙合校集釋》，北京：中華書局，2012年，第54頁。

對比水與冰的關係，他把太虛等同於氣。這種理解，既不符合張載「太虛」的本意，也與筆者上面所述華希閔本人區分「氣」與「太虛之體」的思想相矛盾。可見，華希閔在注釋中對「太虛」的理解不具有連貫性。在注釋《正蒙·太和篇》「太虛為清」章時，華希閔說：「無無者，虛空亦氣也。無有者，形象皆神也。」〔註29〕他把張載的「虛空即氣」理解為「虛空亦氣」。實際上，張載的「太虛即氣」與「虛空即氣」所表達意思相同，其中「即」字為「就、接近等義」。張載對「即」字的理解，是受到佛教把「即」字理解為「和融、相合、不二」等義的影響。〔註30〕華希閔以「即」字為等同義，顯然不合張載本意。

　　華希閔用理氣觀分析了張載的宇宙論。在注釋《正蒙·太和篇》「太和所謂道」章時，他說：「氣是形而下，道是形而上。太和是氣，而曰所謂道者，欲人就氣認理，非以氣為理也。」〔註31〕華希閔認為，氣是形而下者，道和理都是形而上者。其道氣二元、理氣二元的思想，明顯繼承了朱子等理學家的說法。就此點而言，華希閔可算是清初的程朱理學家。不過，華希閔對張載「太和」的理解並不準確。張載說「太和所謂道」，明確地是以太和為道。張載在《正蒙》的這一章，「描述世界的真實圖景，論述儒家『太和宇宙論』的智慧」〔註32〕。華希閔卻把太和理解為氣，說「太和是氣」。朱熹在《周易本義》中把太和理解為「陰陽會和沖和之氣」〔註33〕。華希閔如此詮釋，顯然是受了朱熹的影響。雖然，華希閔把太和看作氣，但是作為理學家的華希閔，清晰地區分了道氣、理氣的形上形下二元性。他說，張載講「氣」，是要人從氣上認識理，並非把氣當作理。這種看法，既符合張載的理氣觀，也符合朱熹理學的理氣觀。張載曾說：「天地之氣，雖聚散、攻取百途，然其為理也順而不妄。」〔註34〕他認為，聚散無窮、變化萬端的氣，在運動過程中遵循著「理」這樣的規律，因此其運動並非雜亂無章的。張載的理氣觀，明確地指出了理氣是異質的，同時又說明理氣不離，理總是內在於氣之中並主宰氣的運動變化。不過，張載言虛氣遠遠多於言理氣，所以其理氣觀並未受到後來理學家的重視。因為後來程朱理學大量使用理氣範疇，使理氣觀成為理學宇宙論的核心。華希閔非

〔註29〕華希閔：《正蒙輯釋》卷一，康熙四十七年刻本。

〔註30〕林樂昌：《正蒙合校集釋》，北京：中華書局，2012 年，第 54 頁。

〔註31〕華希閔：《正蒙輯釋》卷一，康熙四十七年刻本。

〔註32〕林樂昌：《正蒙合校集釋》，北京：中華書局，2012 年，第 15 頁。

〔註33〕朱熹：《周易本義》，北京：中華書局，2009 年，第 33 頁。

〔註34〕張載：《張載集》，北京：中華書局，1978 年，第 7 頁。

常服膺朱子格物窮理說，他說：「朱子之言曰：『居敬以立其本，窮理以致其知，反躬以踐其實。』此三言者，竊謂朱子生平之全學在焉。」〔註35〕華希閔言理氣主要是受到了程朱的影響。華希閔注釋「氣聚則離明得施而有形」章時說：「此章申言理之不雜乎氣者」。〔註36〕這裡堅持了程朱理學中理氣不雜的思想。他又說：「物之相感，氣也。而其所以相感者，理也。」〔註37〕這裡認為萬物以氣相感通，而理則是感通的原因，理氣不離而功能各異。華希閔既認為理氣不雜，又強調理氣不離，理氣在生物過程中功能各異。華希閔把程朱的理氣觀運用到對張載宇宙論的詮釋中，使其注釋顯現出較強的程朱理學色彩。

華希閔注釋《正蒙》的時候，非常重視「神」的概念。他說：「神介乎理氣之間。羅整庵謂：『天地間非太極不神，然以太極為神則不可。』得之矣。」〔註38〕華希閔繼承了程朱理學的理氣觀，而介於理氣之間的神的觀念，則是他的創造。「介乎理氣之間」的神到底是什麼？他在注釋《太和篇》首章時說：「『散殊』二句，又于跡象中剔出『神』字，以明其靈妙。天地間非理不神，然即以理為神又不可。神即《中庸》鬼神之神，在道器界縫中說。不可象即在有象中，但可意會不可目擊。故曰『清通而不可象』，非另有不可象之神也。」〔註39〕這裡明確地指出，在理氣關係中，神不屬理；但是，理是神的原因。神在道器之間，與在理氣之間同義。華希閔認為，神不可象，但是卻在象之中，並非離開象另有獨立存在的神。華希閔認為「神即《中庸》鬼神之神」，也就是說在理氣關係中，神是氣變化莫測的神妙屬性。在理氣關係中，理氣二者雖然不離，但是二者也不雜，都保持著自己的獨立性。但是，介於理氣二者之間的神，不是一種實存之物，不具有獨立性。華希閔說：「神者，不測之妙。」〔註40〕神並非獨立的，它只是表徵氣的運動變化的神妙。

在張載的哲學中，「神」有神妙莫測的變化之義，這是相對於比較慢的「化」而言的。華希閔認為，「言神者宜急，言化者宜緩」。〔註41〕他又認為：「陰陽中之推行有漸者為化，合一不測者為神。總不外乎氣也。知屬神，以其無所不

〔註35〕華希閔：《對策》，《延綠閣集》卷四25b，雍正十一年刻本。
〔註36〕華希閔：《正蒙輯釋》卷一，康熙四十七年刻本。
〔註37〕華希閔：《正蒙輯釋》卷一，康熙四十七年刻本。
〔註38〕華希閔：《正蒙輯釋》卷一，康熙四十七年刻本。
〔註39〕華希閔：《正蒙輯釋》卷一，康熙四十七年刻本。
〔註40〕華希閔：《正蒙輯釋》卷一，康熙四十七年刻本。
〔註41〕華希閔：《正蒙輯釋》卷一，康熙四十七年刻本。

通。象屬化，以其隨事得宜。」〔註42〕這是他對張載「氣有陰陽，推行有漸為化，合一不測為神」〔註43〕的詮釋。華希閔認為，神和化這兩種變化，「總不外乎氣」，都是描摹氣的變化的。

不過，華希閔對「神」似乎還有另外一種理解。他說：「變與化雖有精粗顯微之不同，總皆本乎神。神之為道，循環不已，故變化無窮。」〔註44〕這裡，把神理解為變化的動力因。把神理解為變化的動力因，張載就有這樣的思想。張載說：「惟神為能變化，以其一天下之動也。」〔註45〕華希閔對此注釋說：「一貫乎兩，故變化無窮，知兩則知一，故知變化之道則知神。」〔註46〕神為一，陰陽之氣為兩，「一貫乎兩」是說神主宰陰陽二氣的運動。反過來，通過瞭解二氣的運動，就可以認識推動二氣運動的神。

第三節　「變化氣質，則不離乎氣質而天地之性全矣」

張載的人性論，區分出天地之性和氣質之性。這是他對儒家人性論的一個重大貢獻。華希閔繼承了此一區分。他說：「天地之性，非形則無所受。形者，氣與質之所聚而成也。氣質有美惡，故性有純雜，而天地之性未嘗不存。君子能變化氣質，則不離乎氣質而天地之性全矣。」〔註47〕張載主張君子不以氣質之性為性，而應該以天地之性作為人性善的根據。華希閔認為，天地之性是寓於人的形體而顯現出來的，人的形體由氣與質聚合而成。因為氣質有美惡，因而作為現實人性的氣質之性有純雜善惡，遮蔽了純善無惡的天地之性的顯現。因此，只要通過變化氣質的工夫，就可以使得純善的天地之性在人身上彰顯出來。

程頤的人性論，用理來規定人性。他說：「性即理也。所謂理，性是也。天下之理，原其所自，未有不善。」〔註48〕又說：「性無不善，而有不善者才也。性即是理，理則自堯舜至於途人，一也。」〔註49〕這是以作為宇宙本

〔註42〕華希閔：《正蒙輯釋》卷一，康熙四十七年刻本。
〔註43〕張載：《張載集》，北京：中華書局，1978 年，第 16 頁。
〔註44〕華希閔：《正蒙輯釋》卷一，康熙四十七年刻本。
〔註45〕張載：《張載集》，北京：中華書局，1978 年，第 18 頁。
〔註46〕華希閔：《正蒙輯釋》卷一，康熙四十七年刻本。
〔註47〕華希閔：《正蒙輯釋》卷二，康熙四十七年刻本。
〔註48〕程顥、程頤：《二程集》，北京：中華書局，2004 年，第 292 頁。
〔註49〕程顥、程頤：《二程集》，北京：中華書局，2004 年，第 204 頁。

體的理，來作為人性善的依據。「性即理」理論的實質，「是以社會的道德原則為人類永恆不變的本性」。〔註50〕華希閔注釋張載關於人性的論述時，也吸收了了程朱理學「性即理」的觀點。張載在《正蒙・誠明篇》說：「性於人無不善，係其善反不善反而已。」〔註51〕華希閔注釋曰：「性即理也，有一定之則，故不可過。『過』字非與『不及』對。不專主佛教而言也。……氣有昏明，理則至善。即攻取之欲，自有本然之節。此性無不善也。」〔註52〕華希閔認為，在天之理下貫而為人性，因為理是至善的，所以人性無不善。這是就先驗人性而言。具體的現實人性，因為氣質的昏明，有時會遮蔽純善的人性。但是，理的至善，從根本上保證了本然人性的至善。華希閔認為，在人之性與在天之理同一。他說：「性在人，與天無間，皆陰陽鬼神之運行也。豈得謂非吾分內哉！曰分內，不惟可以通幽明之故，而裁成輔相之責，亦在我矣。」〔註53〕陰陽鬼神之運行，都有理主宰其中。這主宰之理落實於人，便是人之本性。

雖然天賦予人的天地之性的本性是純善無惡的，但是現實人性則由於氣質的善惡而有善惡。因此，人需要正確對待天地之性和氣質的關係。華希閔對性與氣質的關係也作了解釋，他說：「德薄則性拘於氣質，命亦不能幹旋造化，故曰『性命於氣』。德盛則性不為氣所拘，命不為天所制，故曰『性命於德』。其不可變者，獨死生修夭耳。」〔註54〕也就是說，有道德修養的人，通過變化氣質的工夫，他們的天地之性不會被氣質所蒙蔽。

華希閔說：「所性雖有昏明，能以學通極於道，則雖昏必明也。所命雖有吉凶，能以學通極於性，則雖凶必正也。性不雜乎氣，故曰『通乎氣之外』。命不過氣之剝復而已，故曰『行乎氣之內』。氣合有形無形而一者也。著人身而言，故曰『內外』耳。此句又幹旋上二句『內外』字，知天理之本純則可以盡人，全我性之本然，則立命在我矣。」〔註55〕人的氣質之性有昏明，但是作為人性善根據的天地之性卻純善無惡。通過修養工夫，人可以實現自己善的本性。所謂「性不雜乎氣」，性指天地之性，氣指氣質之性，這裡是說天地之性

〔註50〕陳來：《宋明理學》，上海：華東師範大學出版社，2004年，第79頁。
〔註51〕張載：《張載集》，北京：中華書局，1978年，第22頁。
〔註52〕華希閔：《正蒙輯釋》卷二，康熙四十七年刻本。
〔註53〕華希閔：《正蒙輯釋》卷二，康熙四十七年刻本。
〔註54〕華希閔：《正蒙輯釋》卷二，康熙四十七年刻本。
〔註55〕華希閔：《正蒙輯釋》卷二，康熙四十七年刻本。

與氣質之性有區別，二者不相互混雜。天地之性最終不會被氣質之性所限制，人在氣質之性之外別有天地之性。天地之性是天理在人的表現，天理純善，天地之性也純善。

華希閔在注釋中，既繼承了張載對天地之性和氣質之性的區分，又吸收了二程「性即理」的人性理論。天地之性的存在為性善提供了最終保證，而氣質之性的存在使得現實人性有善有惡，由此，修養工夫成為實現天地之性的不可缺少的環節。

第四節　「除惡為復性之基，省察又其先務」

在現實中，人需要通過工夫修養，以實現天地之性。張載的修養工夫，主要強調知禮成性和變化氣質。華希閔在注釋《正蒙》的時候，對張載的修養工夫有所繼承，也有所創新。首先，就工夫層次而言，華希閔與張載一樣，也把修養工夫分為三個層次。其次，就工夫內容而言，華希閔主張善反、窮理、存神、無我、慎獨、復性、和樂誠莊等等修養工夫。

一、工夫的「學者、大人、聖人」三層次

張載的工夫論，分為學者、大人、聖人三個依次漸進的層次等級。他說：「由學者至顏子一節，由顏子至仲尼一節，是節至難進也。二節猶二關。」〔註56〕張載把顏回和孔子分別看作大人和聖人的代表，並認為從大人到聖人，這一階段的修養工夫最為困難。華希閔論修養工夫，同樣張載一樣也有層次區別。他區分出學者、大人、聖人的階段，並對學者和大人階段的工夫修養有簡單的說明。他說，「學者但當盡力於可為，以馴至於不可為，勿分心於不可為也。精義利用，正是大人之事，所以幾於聖者。……若窮神知化，則熟後所致，不可勉也。」〔註57〕學者工夫應該盡力於可為，大人工夫是精義利用，聖人工夫則是窮神知化。大人和聖人差別不大，他說：「大與聖只分生熟，聖與神更無等級。但從其不可知上名之曰神耳。」〔註58〕大人工夫做到不思不勉、自然而然的程度，就是聖人。

〔註56〕張載：《張載集》，北京：中華書局，1978 年，第 278 頁。
〔註57〕華希閔：《正蒙輯釋》卷一，康熙四十七年刻本。
〔註58〕華希閔：《正蒙輯釋》卷一，康熙四十七年刻本。

二、學者工夫

　　華希閔主張學者先從可為處著手作工夫修養，而不要越級從事於聖人的神化工夫。他說：「大而化，所謂神化也。雖不可為，要須從可為處著力。」〔註59〕又說：「此章反覆申言下學上達之事。……張子恐人希心於神化，致有助長之病，故言君子未之或知，以見化不可為。」〔註60〕華希閔認為，張載主張學者應該從事於下學，逐漸得到上達的效果，不應該希心於聖人的神化工夫，以至於有拔苗助長的毛病。

　　華希閔說：「『無我』所以『正己』，即所以『存神』。『存神』所以『妙應物之感』，即所以『範圍天地之化』也。不及者不足言矣。過則遺棄萬有，既不能存神，又不能知化。以是為無我，豈聖人之無我哉？」〔註61〕這裡提出「無我以正己」、「存神以知化」的修養工夫。無我就是不以自我為中心，存神是指保持道德心靈的敏銳。華希閔特別指出，道德修養要使心靈保持在適當的狀態，不能「不及」，更不能過度。佛教和道教遺棄世界萬物和人倫世界而空談道德，實際上不懂得道德。

　　在《誠明篇》總旨，華希閔指出：「此篇以誠明二字名篇。篇末『順性命之理』是一篇大主腦。由盡性而窮理，與天人合一，惟無我之大人能之。下此由窮理而盡性以至命者，其功須在善反，不為攻取之欲所累，化其剛柔緩急之才，皆盡性之事。『纖惡必除』節下一『察』字，正窮理工夫也。順帝之則，在帝左右二條，與篇首天德相應。蓋誠明所知，乃天德良知，故自明誠者，亦須順帝則，察天理，方是達天之學。和樂是為學之方，誠莊是為學之實。」〔註62〕在這裡，華希閔指出了「盡性而窮理」和「窮理而盡性以至命者」兩種不同的修養工夫論路徑。前者是聖人的「盡性」工夫，是需要才智比較高的人才能踐行的；後者則是普通人都能夠實現的下學上達路線。華希閔明顯地傾向於後一種路線，並指出此種路線的工夫包括善反工夫和窮理工夫。華希閔對善反和窮理的強調，符合儒家重視後天學習的修養工夫論傳統。孔子雖然區分了生而知之、學而知之、困而知之等階段，但是自居於學而知之。張載則把修養工夫論分成「自明誠」和「自誠明」兩種路線。他說：「自明誠，由窮理而盡性也；自誠明，

<hr>

〔註59〕華希閔：《正蒙輯釋》卷一，康熙四十七年刻本。
〔註60〕華希閔：《正蒙輯釋》卷一，康熙四十七年刻本。
〔註61〕華希閔：《正蒙輯釋》卷一，康熙四十七年刻本。
〔註62〕華希閔：《正蒙輯釋》卷二，康熙四十七年刻本。

由盡性而窮理也。」〔註63〕華希閔注釋說：「上窮理『窮』字用力。下『窮』字不用力。」〔註64〕華希閔這裡揭示出張載明誠路線重在窮理工夫的實質。在張載那裡，由窮理以盡性的工夫，是要作艱苦窮理工夫的。正如後來朱熹的格致工夫，需要通過實踐許多的人倫之理，最終，「至於用力之久，而一旦豁然貫通」〔註65〕，實現了道德人格修養過程中的一次階段性突破。正如華希閔所言，「自誠明」工夫路線中所謂的「由盡性而窮理」，主要是「盡性」工夫，「窮理」工夫之「窮」並不用力。盡性工夫，主要是生而知之的聖人工夫，盡性已經從尊德性的角度對人倫之理有了總體性的道德性認知，接下來的窮理工夫只是聖人動容周旋皆中禮的過程，是自然的顯現，並不需要艱苦的探索。

三、聖人「窮神知化、存神過化」工夫

在概括《神化篇》全旨時，華希閔認為，「窮神知化、存神過化，即聖人之合德乎天也。知義用利，則其入手處。無我，則其工夫著實處。」〔註66〕這裡指出了聖人的工夫是窮神知化和存神過化。聖人是儒家理想人格的典範，也是道德修養所追求的目標。修養工夫具有階段性，知義用利和無我，則是切實下手的工夫。所謂知義用利，就是辨析義利，培養道德感，使每一次面臨利益時候的道德選擇符合正義標準。無我，則是不以自我為中心。二者都是初級階段的道德修養工夫。聖人則能夠窮神、存神，其行為方式自然地符合道德規範。

華希閔反對老莊純任自然的工夫。張載說：「天能謂性，人謀謂能。大人盡性，不以天能為能，而以人謀為能，故曰『天地設位，聖人成能』。」〔註67〕華希閔注釋說：「聖人盡人謀以合天，非若老莊純任自然，全無擺佈也。雖其理出於自然，人謀亦天謀。然天人分量，原有不相假借處，如『正德、利用、厚生』，以至『馬絡首，牛穿鼻』之類，非人謀何以輔贊天地。」〔註68〕張載所謂「天能即自然的變化作用。人謀為能，此即人的主觀能動作用」。〔註69〕

〔註63〕張載：《張載集》，北京：中華書局，1978年，第21頁。

〔註64〕華希閔：《正蒙輯釋》卷二，康熙四十七年刻本。

〔註65〕朱熹：《四書章句集注》，北京：中華書局，1983年，第7頁。

〔註66〕華希閔：《正蒙輯釋》卷一，康熙四十七年刻本。

〔註67〕張載：《張載集》，北京：中華書局，1978年，第21頁。

〔註68〕華希閔：《正蒙輯釋》卷二，康熙四十七年刻本。

〔註69〕張岱年：《中國古代哲學概念範疇要論》，《張岱年全集》第四卷，石家莊：河北人民出版社，1996年，第576頁。

華希閔指出，聖人的盡人謀以合天，為天下民眾謀福利的儒家入世主義態度，與老莊純任自然的逍遙出世主義不同。聖人的人謀，是順理而行，因而能夠與天謀相合而不違。

四、「復性」工夫

華希閔的工夫修養重視「復性」工夫，因此他詮釋《正蒙》時也主張除惡以復性和以習復性。華希閔早年奉父命刊刻劉宗周的《人譜‧紀過格》，在自序中就提出「復性」。他說：「聖人之教，教人復性而已。人之性粹然至善，而本於於穆之原、貫於人倫庶物之內。」〔註70〕又說：「聖人之旨在復性。」〔註71〕這都認為人的本性至善，現實生活中人的行為有過、不及之偏，因此導致過錯，違背人倫道德與至善本性。只要人通過復性的工夫來寡過、遷善改過，就可以讓至善本性顯現。所以，華希閔又說：「劉念臺先生《人譜》一編，止紀過而不紀功也。……凡其乖乎性體者，皆詳而列之。詳列其過，所以求寡過也。寡之又寡，以至於無，則復其粹然至善之體矣。」〔註72〕這裡認為，通過寡過可以復性善之本體。華希閔所推崇的高攀龍，其修養工夫也主張復性。高攀龍說：「聖人之學，復其性而已矣。」〔註73〕又說：「吾輩學問只是復性。」〔註74〕有學者把高攀龍學問的宗旨概括為「復性收攝」，並認為：「在高攀龍看來，學的基本任務和根本目的、學的本質就是復性。」〔註75〕劉宗周和高攀龍對「復性」工夫的重視，給予了華希閔影響。

華希閔主張通過省察除惡以恢復性之本體，他說：「除惡為復性之基，省察又其先務，而不可不加細密之功也。」〔註76〕通過對人生各個方面細密的自我反省，人可以發現自己的行為和思想上的過錯與罪惡。逐漸消除這些罪惡和過錯，人的純善無惡的天地之性就可以顯現出來。這是從消除影響性善的負面因素說。另外，華希閔認為，也可以通過日常行為中的善的習慣，激發性善的本性，以善習復性。他說，「下愚之習所以惡者，亦緣氣質之性昏蔽之極而然，

〔註70〕華希閔：《人譜‧紀過格序》，《延綠閣集》卷六45～46，672頁。

〔註71〕華希閔：《人譜‧紀過格序》，《延綠閣集》卷六45～46，672頁。

〔註72〕華希閔：《人譜‧紀過格序》，《延綠閣集》卷六45～46，672頁。

〔註73〕高攀龍：《尊聞錄序》，《高子遺書》卷九上，四庫全書本。

〔註74〕高攀龍：《講義‧絕四章》，《高子遺書》卷四，四庫全書本。

〔註75〕周熾成：《復性收攝——高攀龍思想研究》，北京：人民出版社，2007年，第203頁。

〔註76〕華希閔：《正蒙輯釋》卷二，康熙四十七年刻本。

其餘則皆可以習復性也。」〔註77〕這裡，華希閔指出下愚之人之所以常有過錯和罪惡，是因為他們的氣質之性的惡遮蔽了善的天地之性。但是，他認為大多數的普通人，可以通過培養行善的習慣，不斷地激發他們天地之性的顯現，做到以習復性。

五、工夫論的篤實特色

華希閔的工夫論，有重視篤實工夫的鮮明特色。在注釋張載《正蒙・誠明篇》「不識不知，順帝之則，有思慮知識，則喪其天矣」〔註78〕章時，華希閔認為：「思慮知識，非思勉之謂，謂徇物慾而滅天理也。除者除此，察者察此，若思焉勉焉，不過遜於不思不勉之聖人耳。正求合於天，烏云喪其天。」〔註79〕張載所謂的思慮知識，是指私心雜念。華希閔指出，張載的思慮知識並非思勉的意思。工夫修養正應該通過思勉察識到人內心的私欲，並進而滅除此私欲。通過思勉的修養工夫，如果無法到達聖人地位，也不會偏離儒學的本質。華希閔的這種詮釋取向，是針對晚明以來王學末流不作工夫，空談心性的流弊。這和他所推崇的高攀龍的思想是一致的。

在注釋《正蒙・誠明篇》「勉而後誠莊，非性也；不勉而誠莊，所謂不言而信，不怒而威者與」〔註80〕時，華希閔說：「此言誠莊之貴於自然，所謂成性也。然始學亦當由勉而至，至於熟後，則『反之者』亦『性之』矣。」〔註81〕張載強調的是聖人工夫的不待勉強，即華希閔所謂的成性之後的「誠莊之貴於自然」。但是，華希閔又指出「始學亦當由勉而至」，強調學者工夫要勉強用力。這也顯示出他重視篤實工夫。

華希閔對張載的和樂工夫也有所闡發。他說：「學者盡人合天，以艱難始，以和樂終。纖惡必除，下學之事，其始也。和樂，上達之事，其終也。至於可大可久，則同乎天地而天人合一矣。」〔註82〕工夫修養的過程以艱難的克制欲望開始，到了一舉一動都能夠自然符合禮的規定時，就到達了聖人的境地。下學的修養工夫，纖惡必除，是相當痛苦的磨練。但是，經過了這個磨練過程，

〔註77〕華希閔：《正蒙輯釋》卷二，康熙四十七年刻本。
〔註78〕張載：《張載集》，北京：中華書局，1978年，第23頁。
〔註79〕華希閔：《正蒙輯釋》卷二，康熙四十七年刻本。
〔註80〕張載：《張載集》，北京：中華書局，1978年，第24頁。
〔註81〕華希閔：《正蒙輯釋》卷二，康熙四十七年刻本。
〔註82〕華希閔：《正蒙輯釋》卷二，康熙四十七年刻本。

與天合一之時，人的精神境界得到了提升，內心也就自然充實而愉悅。

第五節　尊朱傾向

　　華希閔的《正蒙輯釋》，也有一定的尊朱傾向。正如他在《正蒙輯釋‧序言》中所言，由於康熙對程朱理學的推崇，當時的學術氛圍是「士思益殫心天人性命之旨，以仰副聖天子崇尚理學至意」〔註83〕。華希閔注釋中的尊朱傾向，表現在以下幾個方面。

　　第一，如前文所述，華希閔使用程朱的理氣論，對張載的宇宙論哲學作了詮釋。在詮釋張載人性論時，同時也認可程朱「性即理」之說。

　　天理人慾範疇，是張載最先提出來的。天理人慾說經過二程的闡發，至朱子而大成。〔註84〕明末清初，出現了對天理人慾批判的思潮。〔註85〕華希閔則仍然堅持張載和程朱理學的看法。華希閔說：「凡天理邊事，必蕩蕩平平，光明正大，順乎人心。人慾邊事，必猥瑣齷齪，隱僻曖昧，拂乎人心，故有陽明陰濁之別、惡與好之殊。」〔註86〕華希閔在這裡對天理、人慾的截然區分，對天理的推崇和對人慾的鄙夷的鮮明態度，和張載、程朱等如出一轍。這和當時一些學者，如陳確、顏元等批判張載和程朱理學家的天理人慾說形成鮮明對比。從華希閔對天理人慾說的觀點也可看出，當時學界仍然有不少人在堅持天理人慾說。對此一時期學術界在此問題上的爭論，不宜誇大。

　　張載在《正蒙‧誠明篇》中說：「不誠不莊，可謂之盡性窮理乎？性之德也，未嘗偽且慢，故知不免乎偽慢者，未嘗知其性也。」〔註87〕華希閔注釋此章時，引用了王陽明和高攀龍的話。他說：「陽明云：『戒慎恐懼是本體，不睹不聞是工夫。』高景逸曰：『敬之一字，即本體即工夫。』可謂此章『不莊不可為盡性』注腳。」〔註88〕引用高攀龍的說法，並無什麼特別之處。華希閔注釋《正蒙》，一個直接的原因就是為了讓高攀龍的《正蒙集注》能夠得到更廣的流傳。但是，引用王陽明的話，即使只有這一句，也顯得十分特別。在《正

〔註83〕華希閔：《正蒙輯釋‧序言》，康熙四十七年刻本。

〔註84〕張岱年：《中國哲學大綱》，北京：中國社會科學出版社，1982年，第455頁。

〔註85〕參閱蕭萐父、許蘇民：《明清啟蒙學術流變》，瀋陽：遼寧教育出版社，1996年，第67～93，344～372頁。

〔註86〕華希閔：《正蒙輯釋》卷二，康熙四十七年刻本。

〔註87〕張載：《張載集》，北京：中華書局，1978年，第24頁。

〔註88〕華希閔：《正蒙輯釋》卷二，康熙四十七年刻本。

蒙輯釋》刊刻的康熙四十七年（1708），上自康熙皇帝下至理學名臣、民間士紳，朝野的學術風氣都是尊朱黜王。華希閔在注釋中也表現出明顯的尊朱傾向，但是他並不貶斥陸王心學。注釋中所引用的王陽明之語，王陽明要說明本體與工夫合一之意。華希閔能夠理智地對待陽明學，吸收其思想，顯得難能可貴。

第二，華希閔在注釋中，比較了朱熹和張載對四書的不同之處，表現出尊朱的傾向。在注釋《正蒙·中正篇》「可欲之謂善」章時，他說：「此解《孟子》篇意，與朱《注》略同。但此以形外即屬美，為稍殊耳。」〔註89〕對於孟子所謂「充實之謂美」，張載解釋為「充內形外之謂美」〔註90〕，朱熹解釋為「力行其善，至於充滿而積實，則美在其中而無待於外矣」〔註91〕。朱熹的解釋偏重於德性的內在培養，張載的「充內形外」之說也是內在德性與德性的外在發顯並重。華希閔卻說張載「以形外即屬美」，並指出張載與朱熹對此解釋的不同，明顯地有尊朱貶張之意。華希閔注釋「有不知則有知」章說：「此與《論語》解異。」朱子《四書章句集注》的解釋是，「孔子謙言己無知識，但其告人，雖於至愚，不敢不盡耳。」〔註92〕張載的解釋則是以沒有具體的知識而隨時指點為大智慧，與朱熹不同。華希閔注釋《中正篇》「教人者必知至學之難易」說：「先傳後倦與《論語》解不同。」〔註93〕張載認為，「當知誰可先傳此，誰將後倦此。」〔註94〕朱熹的解釋是，「君子之道，非以其末為先而傳之，非以其本為後而倦教。」〔註95〕張載是就不同資質的人而言，朱熹則是說不同的學問類型，二者所言不同。在《正蒙·三十篇》中，華希閔指出，「『不試』解亦異朱《注》」，「洋洋盈耳，朱《注》謂贊其美，此言其不過如此而已。」〔註96〕在《正蒙·樂器篇》中，華希閔指出「采荼耳」章「與朱《注》異」〔註97〕。不過，相比張棠周芳注、王植注而言，華希閔注中引用朱熹來糾正張載之處，要少許多。華希閔注釋《中正篇》「以能問不能」

〔註89〕華希閔：《正蒙輯釋》卷二，康熙四十七年刻本。
〔註90〕張載：《張載集》，北京：中華書局，1978年，第27頁。
〔註91〕朱熹：《四書章句集注》，北京：中華書局，1983年，第370頁。
〔註92〕朱熹：《四書章句集注》，北京：中華書局，1983年，第111頁。
〔註93〕華希閔：《正蒙輯釋》卷二，康熙四十七年刻本。
〔註94〕張載：《張載集》，北京：中華書局，1978年，第31頁。
〔註95〕朱熹：《四書章句集注》，北京：中華書局，1983年，第190頁。
〔註96〕華希閔：《正蒙輯釋》卷三，康熙四十七年刻本。
〔註97〕華希閔：《正蒙輯釋》卷四，康熙四十七年刻本。

章時說，「『私淑艾』，《孟子》本言學者。此卻在教人者身上說，與《孟子》本義不同。」〔註98〕注釋「為山平地」章說：「《論語》『未止』作『方進未已』解，此作『未造其極』解。顏子欲化而未化，亦一簣之虧也。」〔註99〕注釋《樂器篇》「江沱之媵以類行而欲喪朋」章說：「以喪朋為忘私，不喪朋為不能忘私。解與本旨不合。」注釋《樂器篇》「禮矯實求稱」，認為張載對「繪事後素」的解釋「與《論語》大異」〔註100〕。華希閔所謂的本義、本旨，也都是以朱子的注釋為標準而言的。

　　華希閔的《正蒙輯釋》在高攀龍《正蒙集注》、徐必達《正蒙發明》的基礎上，以朱子學為立場注釋了《正蒙》。王植在《正蒙初義》中，多次引用華希閔的《正蒙輯釋》，說明華希閔的注釋在當時有一定的影響。

〔註98〕華希閔：《正蒙輯釋》卷二，康熙四十七年刻本。

〔註99〕華希閔：《正蒙輯釋》卷二，康熙四十七年刻本。

〔註100〕華希閔：《正蒙輯釋》卷四，康熙四十七年刻本。

第七章　王植《正蒙初義》研究

　　王植《正蒙初義》共彙集《正蒙》明清注本九種，是《正蒙》注的第一次集成。《正蒙初義》最大的特色是把張載《正蒙》的核心範疇「太虛」分成三層，並以此貫穿《正蒙》首尾兩篇。這對現代研究張載以「太虛」為核心範疇的宇宙論哲學，具有重要的啟發意義。

第一節　王植其人其學

　　王植（1685～1770），字槐三，號戇思，河北深澤人。有關王植的生平事蹟，《清史列傳》卷六十七、《大清畿輔先哲傳》卷十四、唐鑒《國朝學案小識》卷八、徐世昌《清儒學案》卷一百九十五、王植《崇德堂稿》卷十《自紀》等書皆有記載。

　　王植生於康熙二十四年（1685）正月初七，出身書香門第，其父親和祖父均為讀書人，在童蒙時期，他就跟隨父親和祖父接受了經學和性理學的啟蒙。七歲開始由父親在家指導學習，八歲起跟隨祖父就讀於私塾。王植在《正蒙初義》的《原序》中對此有所記載：「余家世讀書，未嘗就外傅，幼時從家君授讀，繼從先大父館於外。先大父為學，非聖之書不讀，歲《九經》、《性理》誦必周，年八十餘猶強記不忘。諸從遊問典故，必舉某經篇目分剖辭義示之，或取先儒之說相發明。余讀四子書成誦，即授《孝經》，繼以《太極》、《通書》、

《西銘》，繼以《正蒙》。」〔註1〕王植的家學淵源，對他日後成為理學家有深遠的影響。

王植十七歲入縣學，次年（1702）科試時，「學使楊賓實先生諱名時取為冠軍，使食廩餼」〔註2〕。《清儒學案》稱他「為諸生時，受知於督學江陰楊文定公」〔註3〕。楊名時（1661～1737），字賓實，諡文定，是理學家李光地的弟子，康熙四十一年（1702）至四十四年（1705）任順天學政。王植就是在楊名時任順天學政之時受其賞識和點撥。康熙四十四年乙酉（1705）中舉，由董佩笈（字岵瞻）薦卷，故而認其為座師，此後董佩笈督學江右時曾隨行。康熙辛丑（1721）中進士。雍正丙午（1726），「授廣東和平知縣，歷平遠、海豐，擢羅定知州。長於折獄，所至多惠政，持大體，舉卓異。又歷署欽州、新會、香山。大吏特疏薦之，奉旨引見，會連丁父母憂，服闋，發往山東，署滋陽，授沾化，調郯城。先後凡任三州九縣，廉直守正如一日。乾隆十四年（1749），以疾乞休，年已六十八矣。〔註4〕退居林下，撰述不輟。」〔註5〕王植卒於1770年。

王植的著述有：《四書參注》四卷、《濂關三書》不分卷、《正蒙初義》十七卷、《皇極經世書解》十四卷、《道學淵源錄》一卷、《讀史綱要》一卷、《韻學》五卷、《韻學臆說》一卷、《韻學原委》三卷、《權衡一書》四十一卷、《崇德堂集》十卷〔註6〕、《偶存草》一卷、《嘗試語》等等。他還纂輯了《深澤縣

〔註1〕 王植：《原序》，《正蒙初義》，四庫全書本。張舜徽引用此段後評論說：「其祖父之學術淺深不可知，然以一幼童，讀畢《論》、《孟》、《孝經》，遽授以《太極》、《通書》、《西銘》、《正蒙》之屬，吾知其陵躐而施，失緩急之序，非特欺世，亦已欺其子孫矣。」（張舜徽：《清人文集別錄》卷七，武漢：華中師範大學出版社，2010年，第170～171頁。）以常理而言，的確如此。但王植童蒙時期，恰是《正蒙》等四種性理書被納入科舉考試範圍的時期，王植祖父如此做法，亦無不妥。

〔註2〕 王植：《崇德堂稿》卷十2b，《自紀》。

〔註3〕 徐世昌撰，陳祖武點校：《清儒學案》，石家莊：河北人民出版社，2008年，第6843頁。

〔註4〕 按：《清儒學案》此處記載有誤，據《自紀》「己巳」年（1649，乾隆十四年）記載「於是余年六十有六矣。」《清儒學案》將「六十六」誤作「六十八」。

〔註5〕 徐世昌撰，陳祖武點校：《清儒學案》，石家莊：河北人民出版社，2008年，第6843～6844頁。

〔註6〕 《清儒學案》、《四庫全書存目》稱「八卷」，《清代詩文集彙編》第254冊所收即此本。張舜徽稱「崇雅堂全集本」所收為十卷，為定本，書名又稱《崇雅堂稿》。

志》、《定州志》等地方志。〔註7〕

王植「平生為學，體用兼備，剖析朱、陸異同，以宋六子為宗」，〔註8〕尤其尊崇朱熹。他的《濂關三書》就是選擇了《太極圖說》、《通書》、《西銘》這三種朱子做過注解的書，先抄錄朱子的注解，然後再簡擇黃榦、陳淳、真德秀等朱子後學的注解，以及清初朱子學者華希閔等的注解。王植還從朱子的語錄等處摘錄出朱子對此三書的評價，一併抄錄。其著述尊朱取向極為明顯。他的《四書參注》被列入《四庫全書》經部四書類存目。四庫館臣評價說：「是書多掊擊注疏，以自表尊崇朱子之意，而掊擊鄭元（玄）、孔穎達尤甚於趙岐、何晏、孫奭、邢昺。然先有漢儒之訓詁，乃能有宋儒之義理，相因而入，故愈密愈深。必欲盡掃經師，獨標道學，未免門戶之私。譬之天文、算數，皆今密而古疏，亦豈容排擊羲氏，詆諆隸首哉？且所採多近時王廷諍、崔紀、傅泰諸人之說，在諸人研究四書，固各有所得，然遽躋諸鄭、孔諸儒之上，恐諸人亦未必自安矣。」〔註9〕這裡也可以看出王植對朱子理學的尊崇。可以說，「尊朱」是王植為學的主要旨趣。王植注釋《正蒙》，亦有明顯的尊朱取向。

王植對張載《正蒙》很早就有興趣。他在童蒙時期就由其祖父授讀《正蒙》等性理書，發覺《正蒙》很能理解，於是就開始留心收集過去對《正蒙》的注釋。他說：「余苦《正蒙》難讀，且以少注說為憾，偶得一家言，皆質問大略，藏諸篋中。書不可得者，必借錄成帙。如是者，積之久。乙酉（1705）鄉薦後，沿歷四方，獲與十五國賢士遊，輒時時以此為志。蓋閱二十餘載，一再易稿，而後敢匯而次之。」〔註10〕據《崇德堂稿》卷十《自紀》，在康熙乙未（1715）三十一歲時，王植「輯《正蒙初義》」〔註11〕。該書現存版本有三：其一為，雍正元年（1723）刻本〔註12〕；其二為，乾隆七年崇德堂刻本〔註13〕；其三

〔註7〕 參閱徐世昌撰，陳祖武點校：《清儒學案》，石家莊：河北人民出版社，2008年，第6844頁。

〔註8〕 徐世昌撰，陳祖武點校：《清儒學案》，石家莊：河北人民出版社，2008年，第6844頁。

〔註9〕 永瑢等撰：《四庫全書總目》卷三七，北京：中華書局，1965年，第318頁。

〔註10〕 王植：《正蒙初義》原序，文淵閣四庫全書第697冊，臺北：商務印書館，1983年，第414頁。

〔註11〕 王植：《崇德堂稿》卷十4b，《自紀》。

〔註12〕 中國科學院圖書館有藏本。《四庫全書存目叢書》子部儒家類第2冊《朱子注釋濂關三書》，收錄了朱熹注釋過的《太極圖說》、《通書》、《西銘》，在末尾附有《正蒙初義》。書前鄭其儲的序及其王植的自序皆作雍正元年。

〔註13〕 現藏清華大學圖書館。

為，文淵閣四庫全書本〔註14〕。

王植在《正蒙初義》前撰有《臆說》十七條，簡要概括了他對《正蒙》的評價和整體思路的理解，以及所收錄的九家注的情況。首先，他高度評價了《正蒙》。他說：「《正蒙》一書，二萬五百餘言。其中窮理格物之事多，而工夫入手處亦未嘗不詳。蓋微而天人理氣、神化性命之精，顯而修齊治平、禮樂政教之賾，細而一名一物、曲文繁節之數，罔不研精探微，著厥要蘊。」〔註15〕認為《正蒙》既有窮理格物的理論，又有修養工夫，涵蓋了精微深奧的形而上學理論和修齊治平的形下實踐，體用兼備。其次，分析了《正蒙》十七篇的結構。他說：「《正蒙》十七篇，以首末二篇為經，中十五篇為緯。其間千條萬緒，無所不及，而皆以首末為之綱領。」〔註16〕認為《正蒙》首末的《太和》、《乾稱》兩篇是全書的綱領。再次，他說明了《正蒙》之說與周敦頤、二程之說有異有同。他說：「考其（指《正蒙》）所言，有與周、程同者，有與周、程異者。不同不足見本原之合，若盡同又何以見各得之妙？學者但當以張子之說還張子，若執程、周緒論以合之，反多轇轕，滋為擾耳。」〔註17〕提出了「以張子之說還張子」的理解張載和《正蒙》的方法。最後，他介紹了所收錄九家注的情況。他說：「考《正蒙》注，《大全》所收《集釋》、《補注》、《集解》外，嘗得數家焉。《集注》，明季無錫高忠憲公攀龍雲從甫著。《發明》，明季嘉興徐某德夫甫著。《補訓》，本朝詞林牟陽冉覲祖永光甫著。李《注》，大學士安溪李光地厚庵甫著。張《注》，大宗伯儀封張伯行孝先甫著。然余嘗面質之，宗伯曰：「非我所為，他人假我之名者耳。華《注》，康熙庚子舉人無錫華希閔豫原甫著。《集釋》三書，未詳纂述姓氏。或曰：《集解》，明正德間，四明余本子華甫著；《補注》，明正統間，副都御史常熟吳訥思庵甫著。」〔註18〕這九家注包括，明代《性理大全》所收三注，即無名氏《正蒙集釋》、余本《正蒙集解》、吳訥《正蒙補注》；明末高攀龍《正

〔註14〕臺灣商務印書館影印文淵閣四庫全書第697冊收錄王植《正蒙初義》。

〔註15〕王植：《正蒙初義》臆說，文淵閣四庫全書第697冊，臺北：商務印書館，1983年，第418頁。

〔註16〕王植：《正蒙初義》臆說，文淵閣四庫全書第697冊，臺北：商務印書館，1983年，第418頁。

〔註17〕王植：《正蒙初義》臆說，文淵閣四庫全書第697冊，臺北：商務印書館，1983年，第418頁。

〔註18〕王植：《正蒙初義》臆說，文淵閣四庫全書第697冊，臺北：商務印書館，1983年，第421頁。

蒙集注》、徐必達《正蒙發明》；清代冉覲祖《正蒙補訓》，以及李光地、張
伯行、華希閔的《正蒙》注。

第二節　太虛「宜以三層概之」

　　王植《正蒙初義》對於研究清初理學以及張載關學，都有重要價值。《正
蒙初義》對張載「太虛」概念作了三層區分，並且以此三層涵義貫穿《正蒙》
言「太虛」最集中的首尾兩篇。王植的太虛三層說，對我們深入理解張載宇宙
論哲學具有重要價值。

　　王植深知「太虛」概念在《正蒙》中的重要性。他指出：「『太虛』二字，
是看《正蒙》入手關頭，於此得解，以下迎刃而解矣。」〔註19〕又說：「朱子
於太極二五，謂「周子些子活計，盡在裏許」，竊於橫渠亦云。」〔註20〕不過，
王植同時認為張載的「太虛」不如周敦頤的「太極」用詞恰切。王植稱：「張
子言『太虛』，不若周子言『太極』之妙，故程、朱皆有所不滿。蓋太極，理
也；太虛，氣也。言『太極』則『太虛』在其中，而『太虛』固不足以包『太
極』也。」〔註21〕程朱對張載使用「太虛」皆有不滿。程子批評張載說：「子
厚以清虛一大明天道，是以器言，非形而上者。」朱子批評張載說：「《正蒙》
說道體處，如『太和』、『太虛』、『虛空』云者，止是說氣。說聚散處，其流乃
是個大輪迴。」王植以理氣論分析張載受批評的原因，認為周敦頤的太極指理，
而張載的太虛指氣，言理可以包含氣，而言氣不一定能包含理。當然，王植所
謂「太虛，氣也」，並非是說張載所言「太虛」只是指氣。我們下文分析他的
太虛三層說時自然明白。

　　在《臆說》中，王植把張載的「太虛」分為三層。他說：「竊意『太虛』
一而已矣，而各節所舉為言者不同，宜以三層概之。」〔註22〕對太虛的三層區
分，王植有系統的論述：

〔註19〕王植：《正蒙初義》臆說，文淵閣四庫全書第 697 冊，臺北：商務印書館，1983
　　　　年，第 418 頁。
〔註20〕王植：《正蒙初義》臆說，文淵閣四庫全書第 697 冊，臺北：商務印書館，1983
　　　　年，第 420 頁。
〔註21〕王植：《正蒙初義》臆說，文淵閣四庫全書第 697 冊，臺北：商務印書館，1983
　　　　年，第 418 頁。
〔註22〕王植：《正蒙初義》臆說，文淵閣四庫全書第 697 冊，臺北：商務印書館，1983
　　　　年，第 418 頁。

　　「太虛無形」，「塊然太虛」，此以渾然未形者言之，為天地萬物
之大母。在造化則本此以生天地，在天地則本此以生人物，乃「氣
之本體」。先儒謂「以清虛一大為萬物之原，恐未安」者，此也，此
第一層也。

　　「清通不可象」之神，「太虛為清，無礙故神」，與夫「升降飛
揚，未嘗止息」，此以流行遍滿者言之，周乎天地人物之先而貫乎其
內，乃氣之發用，即「太和」之謂也。言其清通則曰「太虛」，言其
流行則曰「太和」，異名而同實者也。此第二層也。於此層中析而言
之，有屬之天地者，乾坤、清濁是也，以理則言易簡，以氣則言浮
降；有屬之萬物者，品物流形是也，以氣則言散殊可象，以形則言
風雨雪霜、萬品山川。要之，皆在第二層中。

　　但既言「清」，即合下有一「濁」字作對。先儒謂「不知形上還
他是理，形下還他是氣」者，此也。至「萬物散而為太虛」，「散亦
吾體」，此又從既生人物之後而要其終。先儒謂「其流乃是大輪迴」
者，此也。此第三層也。〔註23〕

王植對「太虛」的三層區分，第一層是作為宇宙論哲學的超越本體，第二
層是氣化流行之道，第三層是萬物消散之後仍然歸為氣。太虛三層，雖然有區
分，但也相互關聯貫通。王植認為「性乃太虛第一層，神、化、命皆太虛之第
二層也。然性雖屬第一層，實貫乎第二、三層之中。」〔註24〕按照王植的理解，
「性雖屬第一層，實貫乎第二、三層之中」，也就是說作為超越本體的「性」，
參與了由氣聚成萬物和萬物復散為氣的過程。這樣看來，王植的三層區分，實
質上只有兩層，第一層是宇宙本體論，第二和第三層都是宇宙生成論。在《正
蒙初義》對每篇的注釋中，尤其在《太和篇》和《乾稱篇》，王植多次應用他
太虛三層說理論。下面，我們按照王植太虛三層的區分，分析他對太虛三個層
面的涵義理解。

一、氣之本體──太虛第一層涵義

　　王植「太虛」三層說對張載太虛的第一層理解，在宇宙本體論的層面把太

〔註23〕王植：《正蒙初義》臆說，文淵閣四庫全書第 697 冊，臺北：商務印書館，1983
　　　　年，第 418～419 頁。
〔註24〕王植：《正蒙初義》臆說，文淵閣四庫全書第 697 冊，臺北：商務印書館，1983
　　　　年，第 419 頁。

虛理解為內在於氣的超越存在者。在此一層，太虛不能等同於氣，也不能直接等同於理。他說：

> 「太虛無形」，「塊然太虛」，此以渾然未形者言之，為天地萬物之大母。在造化則本此以生天地，在天地則本此以生人物，乃「氣之本體」。先儒謂「以清虛一大為萬物之原，恐未安」者，此也，此第一層也。〔註25〕

「渾然未形者」和「大母」的描述，是宇宙生成論的用語。「渾然未形者」通常是指宇宙尚未開闢、萬物尚未生成時候的混沌狀態。「大母」的說法，則很容易聯繫到老子《道德經》「天下萬物生於有，有生於無」、「有名萬物之母」。但是，王植此處所要強調的是，內在於渾然未形者之中並主宰造化的「氣之本體」——太虛。

王植同時認為，「性」是太虛第一層，相當於程朱理氣論中之「理」，但也不能直接用「理」字代替。他說：「性乃太虛第一層，神、化、命皆太虛之第二層也。然性雖屬第一層，實貫乎第二、三層之中。」〔註26〕也就是說，「太虛」的第一層涵義相當於「性」，「性」是宇宙本體論的超越的本體。《太和篇》首章「太和所謂道，中涵浮沉、升降、動靜相感之性」，王植認為「太和即太虛之第二層，中涵之性，帶第一層言之。」「中涵句是太和上一層，未有此氣，先有此理也。」〔註27〕雖然可以用程朱理氣論之「理」來形容太虛第一層之「性」，王植認為太虛第一層並不能直接用「理」字來代替。他說：

> 太虛之義分三層足以貫之，而其立言不一，皆當隨文體認。細玩篇中之意，惟「由太虛有天之名，合虛與氣有性之名」，此若必以理言之，方可通。然亦張子所見，止至太虛而止，若遂以為生物之理之盡乎此也者，而實未盡也。故朱子雖亦以「理」字釋之，而亦謂其「生受辛苦，聖賢便不如此說」，蓋非「理」字不足為言，而直以「理」字代之，則不可也。若「太虛不能無氣，萬物不能不散而為太虛」，「氣之聚散於太虛」，「太虛為清」，「萬象為太虛中所

〔註25〕王植：《正蒙初義》臆說，文淵閣四庫全書第697冊，臺北：商務印書館，1983年，第418頁。

〔註26〕王植：《正蒙初義》臆說，文淵閣四庫全書第697冊，臺北：商務印書館，1983年，第419頁。

〔註27〕王植：《正蒙初義》卷一，文淵閣四庫全書第697冊，臺北：商務印書館，1983年，第426頁。

見之物」，此類如以「理」字訓之，則將謂「萬物散而為理」，「氣
之聚散於理」，「萬象為理中所見之物」，於說通乎？又如「太虛無
形」、「虛空即氣」、「虛能生氣」、「氣塊然太虛」、「太虛妙應之目」、
「氣本之虛則湛」，此等直以「氣」言似未盡，而亦何可直以「理」
字代之也？〔註28〕

張載「由太虛有天之名」中之「太虛」，即相當於程朱之「理」。「太虛無形」、
「虛空即氣」、「虛能生氣」、「氣塊然太虛」、「太虛妙應之目」、「氣本之虛則湛」
等處之「太虛」，也並非「氣」，同樣相當於「理」，但直接用「理」字代替也
不妥當。不過，太虛第一層之涵義，確實不能等同於「氣」，而大致相當於「理」。

在注釋《太和篇》「太虛無形，氣之本體，其聚其散，變化之客形耳」章
時，王植指出：「此節首句即太虛第一層正義也，聚散變化又言及第二層。」
「無形，即上中涵之性。」「張子言『性』與『神』處，俱以『性』屬第一層，
『神』屬第二層。」〔註29〕在注釋《太和篇》「氣塊然太虛」章時，他說：「『塊
然太虛』，即無形之本體也，為第一層。『塊然』，即指太虛而言，言氣之『塊
然』者，本『太虛無形』也。」〔註30〕在注釋《太和篇》「氣之聚散於太虛」
章時，他指出：「此『性』字指太虛之體言。」〔註31〕太虛是氣的本體，氣有
聚散變化，而無形的太虛本體沒有聚散變化。此無形之本體，又稱為「性」。
王植認為「性」與「神」相對，「神」指氣之變化運動的層面，而「性」指超
越而又內在於「氣」的「太虛」的永恆性和常在性。需要指出的是，王植以「性」
指稱張載太虛第一層的做法，並不合張載本意。〔註32〕張載說「合虛與氣有性
之名」，以太虛和氣二者來定位性，並非專以太虛為性。

張載《正蒙·太和篇》第十二章曰：「由太虛，有天之名；由氣化，有道
之名；合虛與氣，有性之名；合性與知覺，有心之名。」〔註33〕這是張載哲學

〔註28〕王植：《正蒙初義》卷一，文淵閣四庫全書第 697 冊，臺北：商務印書館，1983
年，第 429 頁。
〔註29〕王植：《正蒙初義》卷一，文淵閣四庫全書第 697 冊，臺北：商務印書館，1983
年，第 428～429 頁。
〔註30〕王植：《正蒙初義》卷一，文淵閣四庫全書第 697 冊，臺北：商務印書館，1983
年，第 435 頁。
〔註31〕王植：《正蒙初義》卷一，文淵閣四庫全書第 697 冊，臺北：商務印書館，1983
年，第 438 頁。
〔註32〕林樂昌：《正蒙合校集釋》，北京：中華書局，2012 年，第 3～4 頁。
〔註33〕張載：《張載集》，北京：中華書局，1978 年，第 9 頁。

體系的「四句綱領」，展示了張載哲學由上而下的四個基本概念天、道、性、心。〔註34〕王植注解此章說：「此節首句即太虛之第一層，而以為有天之名者。蓋造化之初，此太虛在造化上看，即生天地，則天地亦即此以生人物，其理一耳。次句即太虛之第二層，所以生人物之具也。」〔註35〕在張載的哲學體系中，「天」不是指自然性的蒼蒼之天，而是指作為最高範疇的宇宙本體。在這個意義上，太虛與天所指相同，都指稱宇宙的最高存在者。王植認為「由太虛有天之名」之「太虛」是第一層，是宇宙造化之初生天生地生人生物的本體，這是從創生的角度肯定了太虛是宇宙的最終根源。在朱熹理學中，理是生物之本，氣是「生物之具」。王植認為太虛第二層是生物之具，也就是氣。王植認為張載「太虛」第一層和第二層的關係，大致相當於朱熹宇宙論哲學中理與氣的關係。

　　在概括《乾稱篇》的內容時，王植指出此篇「與首篇相發明，亦當照太虛三層意。蓋言虛、言性，即太虛之本體也。」在注釋《乾稱篇》「凡可狀皆有也」章時，王植對「氣之性本虛而神，則神與性乃氣所固有」的解釋是：「『氣之性本虛』謂本乎太虛。即首篇所謂『太虛無形，氣之本體』者也，而『神』謂氣之流行者。『神妙不測』即首篇所謂『無礙故神』也。此句以第一層與第二層串言，下言『神』與『性』，蓋以第一層二層平舉也。舊說皆未分明，固有者自然而然也。有此氣即具此性與神，如人生而性者然，故曰『固有』。」〔註36〕在王植看來，「氣之性本虛」之「虛」即是「太虛」，此是太虛的第一層涵義，是指超越的存在者。與「太虛無形，氣之本體」之「太虛」指太虛第一層涵義相同。同時，「氣之性本虛而神」之中的「性」與「神」，「性」指第一層，就超越之本體而言；「神」指第二層，就氣之流行變化而言。「氣」固有「性」與「神」，即氣無法離開其超越之本體「性」（太虛），正如程朱理學所謂理氣不離一樣。氣本身具有活動性，在王植看來即所謂「神」。「性」與「神」二者，都與「氣」密切相關。

　　王植在體用論的結構中，以太虛或性為體，以神為用，區分太虛之第一層

〔註34〕林樂昌：《張載哲學化的經學思想體系》，載姜廣輝主編《中國經學思想史》第三卷第六十二章，北京：中國社會科學出版社，2010年，第536頁。

〔註35〕王植：《正蒙初義》卷一，文淵閣四庫全書第697冊，臺北：商務印書館，1983年，第441頁。

〔註36〕王植：《正蒙初義》卷十七，文淵閣四庫全書第697冊，臺北：商務印書館，1983年，第695～696頁。

與第二層。在注釋《乾稱篇》「大率天之為德，虛而善應」章時，他說：「『虛』即太虛無形之本體，體也；『善應』即絪縕相蕩之氣化，用也。由第一層及第二層，重在『神』。」〔註37〕在《乾稱篇》的「至誠天性也」章與「天包載萬物於內，所感所性」章，他分別說：「『性』與『命』對，則命者性之流行；『神』與『化』對，則化者神之發用。而性即神之體，命即化之原也。故性盡而神可窮，命行而化可知。細分之『性』為第一層，其神妙不測而流行變化者，皆在第二層內，不外上節一『神』字。」〔註38〕「『所感』言其用，『所性』言其體，亦以太虛之第一層，與第二層對舉也。」〔註39〕宋明理學言體用，體是指超越本體，用是發用流行。理氣觀與體用論結合時，理為體而氣為用。理言其超越本體，氣言其流行發用。王植把太虛之第一層和第二層，也區分為體用關係，用「性」與「神」、「性」與「命」、「所性」與「所感」這樣相對的概念來區分。作為超越本體的太虛第一層涵義，或者超越之「性」，都是體用結構中的超越之體。在氣化生物的大化流行過程中，「性」或者「太虛」本體都內在於「氣」之中，並為氣之主宰。

　　王植把張載太虛第一層涵義等同於「性」，此「性」不僅僅限制在人性論上講，而是指與「理」、「太虛」、「太極」等同一層次的宇宙論哲學最高範疇。張載也曾說：「性者，萬物之一源。」〔註40〕把「性」看作人與萬物共有的宇宙論本體。胡宏的哲學以「性」為超越的宇宙論本體。王植以「性」為太虛第一層的涵義，與胡宏之說相似，即「性是形而上的實體」〔註41〕。在太虛第一層與氣的關係，或者說「性」與「氣」的關係中，王植的態度是尊性貶氣。在注釋《乾稱篇》「性通極於無，氣其一物尔」章時，他說：

　　　　此與「至誠天性」節皆極精粹，與程、朱大同。然所云「無」
　　　者，亦本「太虛無形」言之，與無極太極之理，終覺小異。宋子銳
　　　臣云：「『通極於無』，猶首節『氣之性本虛』之意。」高《注》謂「通

〔註37〕王植：《正蒙初義》卷十七，文淵閣四庫全書第697冊，臺北：商務印書館，1983年，第707頁。

〔註38〕王植：《正蒙初義》卷十七，文淵閣四庫全書第697冊，臺北：商務印書館，1983年，第696頁。

〔註39〕王植：《正蒙初義》卷十七，文淵閣四庫全書第697冊，臺北：商務印書館，1983年，第697頁。

〔註40〕張載：《張載集》，北京：中華書局，1978年，第21頁。

〔註41〕蔡仁厚：《宋明理學·南宋篇》，長春：吉林出版集團有限責任公司，2009年，第30頁。

極」猶「究極」，未合。又云：張子言造化之氣，多於氣字中帶性言
之，如首節太和是也；言人身之氣，多於「氣」字上標「性」字，或
貶倒「氣」字，如《誠明篇》「氣質之性」及此節是也。在天無不實
之理，在人有不實之心，此與程、朱甚合。〔註42〕

王植認為，張載「性通極於無」與「至誠天性」的說法，與程朱大體相同。但
是，張載所謂「無」是指「太虛無形」之本體，與朱子所謂「太極」或「理」
稍有不同。張載在言氣化的過程中，都貫穿主宰氣化的超越之「性」在內，以
「性」為主。這種「性」與「氣」的關係落實在人身上時，則採取尊性貶氣的
態度。王植認為，就尊性貶氣而言，張載與程朱的態度一致。實際上，張載尊
性貶氣，正是其宇宙論哲學領域以「性」為超越本體並主宰氣的性氣關係在人
性論領域的落實。也即他認可張載貶低氣質之性，而以天地之性為人性的本
質。這說明，王植所謂的太虛第一層不可能是「氣」，他自己所使用的「性」
這一詞，具有和程朱理氣論之「理」相當的地位。如果太虛第一層也是氣，則
性本質上只是氣，那麼，「貶倒氣字」的尊性貶氣就無從說起。

　　總之，王植對張載太虛第一層涵義的界定是超越本體，大致相對於程朱理
氣觀之「理」。王植有時用「性」字來代替太虛第一層的說法，此所謂「性」，
類似於胡宏的宇宙論哲學，「性是形而上的實體」。王植對張載太虛第一層說法
落實到人性論領域，就是其尊性貶氣的人性論，即認可張載對氣質之性的貶低
和對天地之性的推崇。

二、氣化之道──太虛第二層涵義

　　王植所謂的太虛第二層涵義，是指氣化流行過程的氣化之道，包括太和、
道、神、化、命等範疇。王植說：

「清通不可象」之神，「太虛為清，無礙故神」，與夫「升降飛
揚，未嘗止息」，此以流行遍滿者言之，周乎天地人物之先而貫乎其
內，乃氣之發用，即「太和」之謂也。言其清通則曰「太虛」，言其
流行則曰「太和」，異名而同實者也。此第二層也。於此層中析而言
之，有屬之天地者，乾坤、清濁是也，以理則言易簡，以氣則言浮
降；有屬之萬物者，品物流形是也，以氣則言散殊可象，以形則言

〔註42〕王植：《正蒙初義》卷十七，文淵閣四庫全書第697冊，臺北：商務印書館，
　　　　1983年，第701頁。

風雨雪霜、萬品山川。要之，皆在第二層中。〔註43〕

王植認為，太虛第二層的涵義是以氣的「流行遍滿」而言，是指氣的發用。此一層面的「太虛」，與「太和」同意，都是就氣的流行而言。張載曾說：「由氣化有道之名」，王植注解時認為此句之意「即太虛之第二層，所以生人物之具也」〔註44〕。也就是說，在王植看來，太虛的第二層涵義就是氣化之道。

王植注解《正蒙·太和篇》「太和所謂道，中涵浮沉升降動靜相感之性」章，說：「此節大意，本《易》『太和』字，以氣化明道也。『太和』，即太虛之第二層。中涵之性，帶第一層言之。」〔註45〕王植認為，太虛的第二層涵義是氣化之道，也即太和。張載說「太和所謂道」，明確地認為太和是指道，也即氣化過程中所具有之道。王植指出張載是以「氣化明道」，頗得張載本意。清代一些注者沿用朱子《周易本義》之說，認為張載此處的太和也是指氣。兩相比較，王植的說法更具有合理性。王植說：「太和謂道，與『一陰一陽之謂道』，大意相似。亦精於狀道之詞，但只就氣言，而未及理之不離乎氣者，故朱子謂『與發而中節之和』無異。玩語意，正以太和為道，《補注》謂太和是氣，所以然者乃是道，未免多作斡旋矣。」〔註46〕吳訥《正蒙補注》認為太和是氣，氣之所以然者才是道，明顯是受程朱的影響。王植認為，太和本身就是道，不認可《補注》之說。

張載曾說：「天地之氣，雖聚散、攻取百途，然其有理也順而不妄。」〔註47〕氣聚散變化的過程中都有「理」存在。張載所謂「理」，與和他所說的「太和所謂道」之「道」一樣，都是指氣化過程中所遵循的規則。相對於太虛本體，理和道是次一級的概念。王植繼承了張載以氣之聚散變化而言「理」的思想。在注解《正蒙·太和篇》「太虛無形，氣之本體」章時，他說：「此節首句即太虛第一層正義也，聚散變化又言及第二層。」又說：「『變化』、『客形』，即上所謂浮沉、升降、動靜、絪縕、勝負、屈伸也。……蓋

〔註43〕王植：《正蒙初義》臆說，文淵閣四庫全書第 697 冊，臺北：商務印書館，1983年，第 418～419 頁。

〔註44〕王植：《正蒙初義》卷一，文淵閣四庫全書第 697 冊，臺北：商務印書館，1983年，第 441 頁。

〔註45〕王植：《正蒙初義》卷一，文淵閣四庫全書第 697 冊，臺北：商務印書館，1983年，第 426 頁。

〔註46〕王植：《正蒙初義》卷一，文淵閣四庫全書第 697 冊，臺北：商務印書館，1983年，第 427 頁。

〔註47〕張載：《張載集》，北京：中華書局，1978 年，第 7 頁。

虛靜之中事物之理無不具，必事物各盡其道，而後無形無感者，克全其體，此能一之義也。」〔註48〕王植認為，聚散變化是太虛的第二層涵義，浮沉、升降、動靜、絪縕、勝負、屈伸等等氣的變化，都包含在內。氣的聚散變化，必有其理，氣順理而行。氣的對反仇和等運行之理也屬第二層，王植認為：「反、仇、愛惡以下，皆在第二層內。」〔註49〕在注解《太和篇》「氣坱然太虛，升降飛揚，未嘗止息」章時，他說：「『升降飛揚，未嘗止息』，即太和之清通不可象者也，為第二層。浮清、降濁以下，以屬天地人物者言，即所謂『虛實動靜』、『陰陽剛柔』者也，皆在第二層內。」〔註50〕氣的升降飛揚，這些運動變化層面。在王植看來都屬太虛第二層。游氣紛擾也屬這一層面。王植說：「游氣成質，即所謂感遇聚散、流形融結者也；陰陽循環，即所謂升降飛揚、浮清降濁者也；皆在太虛第二層內。然游氣無時不成質，陰陽亦無時不流行，有體用而非二物。」〔註51〕游氣紛擾但最終按其秩序而生成萬物，陰陽二氣之流行看似紛擾，實際上是有規律可循的。這些規律，無論是稱為道、理，還是稱為太和，王植都歸之為太虛第二層。

　　王植認為太和為太虛第二層之涵義，又認為「神」即「太和」。他說：「物之濁而有跡者皆氣，氣中之清而無跡者為神。神即太和之謂也。」〔註52〕在注釋《太和篇》「知虛空即氣」章時，王植說：「『虛空』即太虛，虛空無形者，皆氣之充塞，故曰『虛空即氣』也。『隱』與『無』貼『虛』，屬第一層；『顯』與『有』貼『氣』，屬第二層。『性』以太虛之體言，即上節『可與言性』之性；『神』以太虛流行之妙言，即首節清通之神。性與命對，神與化對。『命』是性之流行，『化』是神之發用。以性與神對，則性屬第一層；神與命與化，皆在第二層內。」〔註53〕以有無隱顯而分太虛之第一層、第二層，隱與無屬第一

〔註48〕　王植：《正蒙初義》卷一，文淵閣四庫全書第 697 冊，臺北：商務印書館，1983年，第 428 頁。

〔註49〕　王植：《正蒙初義》卷一，文淵閣四庫全書第 697 冊，臺北：商務印書館，1983年，第 446 頁。

〔註50〕　王植：《正蒙初義》卷一，文淵閣四庫全書第 697 冊，臺北：商務印書館，1983年，第 435 頁。

〔註51〕　王植：《正蒙初義》卷一，文淵閣四庫全書第 697 冊，臺北：商務印書館，1983年，第 445 頁。

〔註52〕　王植：《正蒙初義》卷一，文淵閣四庫全書第 697 冊，臺北：商務印書館，1983年，第 427 頁。

〔註53〕　王植：《正蒙初義》卷一，文淵閣四庫全書第 697 冊，臺北：商務印書館，1983年，第 433 頁。

層，顯與有屬第二層。神是指太虛第二層的流行之妙而言。神、化、命三者，都是屬此層，都指氣之流行發用。即所謂「命是性之流行，化是神之發用」。張載說：「太虛為清，清則無礙，無礙故神。」王植注釋說：「此與下節，皆太虛之第二層也。前謂之『太和』者，以其氣之流行而統言之；此謂之『太虛』者，以其氣之清通而析言之；其實一也。此篇首節以『氣』與『神』對，次節以『本體』與『客形』對，『天地之氣』節以『聚』與『散』對，而此節尤為著明。蓋神無不在，而必屬之清者，猶性無不在，而於喜怒哀樂未發時，尤易見也。」〔註54〕具有秩序義的「神」無所不在，而於氣之清處更顯而易見。所以，王植把神與氣之清聯繫在一起，認為神是太虛之第二層涵義。

需要說明的是，王植把「神」歸結為太虛的第二層，與道、理、命、化一類概念等同，形容氣流行過程中的秩序義。這樣的理解與張載本人對神的理解不同。張載曾說：「鼓天下之動者存乎神。」〔註55〕「天下之動，神鼓之也，神則主乎動，故天下之動，皆神之為也。」〔註56〕「神者，太虛妙應之目。」〔註57〕在張載看來，「『神』與『太虛』指稱的應是同一個本體，只是在動靜不同側面上才有所區別，『神』偏就動態而言。」〔註58〕也就是說，按照張載對「神」的理解，是指超越的太虛本體。王植對「神」的理解則下降一個層面，在氣化之道的層面把「神」理解為氣化過程的秩序和規律。按照張載的本意，作為超越本體的「神」，雖然也會推動和主宰氣化流行的過程，並在此過程中顯現其秩序和規律的涵義。但是，作為內在於氣化過程的超越主宰，「神」本身是超越的本體，是高於「氣」而存在的本體。王植的理解，顯然與張載本意有別，而表現了他本人的獨特理解。

三、物散為氣——太虛第三層涵義

王植所謂的太虛第三層涵義，是指萬物毀壞後消散為氣。王植認為，「萬物散而為太虛」和「散亦吾體」，都屬太虛第三層。他注解《正蒙・太和篇》「太虛不能無氣，氣不能不聚而為萬物，萬物不能不散而為太虛」章說，「『物

〔註54〕王植：《正蒙初義》卷一，文淵閣四庫全書第 697 冊，臺北：商務印書館，1983 年，第 439 頁。

〔註55〕張載：《張載集》，北京：中華書局，1978 年，第 205 頁。

〔註56〕張載：《張載集》，北京：中華書局，1978 年，第 205 頁。

〔註57〕張載：《張載集》，北京：中華書局，1978 年，第 9 頁。

〔註58〕林樂昌：《張載哲學化的經學思想體系》，載姜廣輝主編《中國經學思想史》第三卷第六十二章，北京：中國社會科學出版社，2010 年，第 540 頁。

不能不散而為太虛」，即太虛之第三層也。」由氣聚合而成的萬物，最終又毀壞消散為氣。王植認為這是太虛的第三層涵義。王植注解《正蒙・太和篇》「聚亦吾體，散亦吾體。知死之不亡者，可與言性矣」章，他說：「『散亦吾體』，乃太虛第三層正義也。既以太虛立言，其歸結必至於此。正其立論不能無弊處。然所謂『死之不亡』即末篇『形潰反原』、『遊魂為變』意，正以此明輪迴之妄，非反拾其殘瀋也。宜善會之。」王植把「散亦吾體」，歸為太虛的第三層涵義。王植認為，張載言太虛「其立論不能無弊」，因為「先儒謂其流乃是大輪迴者，此也」。張載的宇宙論哲學，氣生成萬物，萬物毀壞後復歸為氣，一氣循環。程頤則主張「真元之氣」不斷產生出生成宇宙萬物的氣，反對「既反之氣復將為方伸之氣」的一氣循環，〔註59〕針對的就是張載。朱子接受程頤的說法，同樣對張載持批評態度。朱熹說：

> 《正蒙》說道體處，如「太和」、「太虛」、「虛空」云者，止是說氣。說聚散處，其流乃是個大輪迴。蓋其思慮考索所至，非性分自然之知。〔註60〕

> 橫渠闢釋氏輪迴之說。然其說聚散屈伸處，其弊卻是大輪迴。蓋釋氏是個個各自輪迴，橫渠是一發和了，依舊一大輪迴。呂與叔集中亦多有此意思。〔註61〕

王植認為，張載所謂的「死之不亡」，與《乾稱篇》「形潰反原」、「遊魂為變」同意，均指萬物毀壞後復歸為氣。所謂「不亡」，是指構成萬物的基質「氣」的不亡，並非如佛教所謂靈魂不滅，投胎轉世，在六道輪迴中輾轉之意。因此，王植並不認同朱熹把張載之說看作大輪迴的說法，而認為張載「正以此明輪迴之妄，非反拾其殘瀋也」。此外，王植注解《正蒙・乾稱篇》「《易》謂『原始反終故知死生之說』者」章，他說：「首篇云『太虛不能不聚而為萬物，萬物不能不散為太虛』，即此節之義疏。蓋太虛之第三層也，與程朱所言小異。玩下節『形潰反原』可見。」首先，所謂「首篇」是指《太和篇》。《太和篇》原文為「氣不能不聚而為萬物」，而王植引用為「太虛不能不聚而為萬物」。可見，王植認為能夠聚散的「太虛」是指氣。「萬物不能不散為

〔註59〕葛瑞漢：《中國的兩位哲學家：二程兄弟的新儒學》，鄭州：大象出版社，2004年，第87頁。
〔註60〕黎靖德：《朱子語類》卷九十九，北京：中華書局，1986年，第2533頁。
〔註61〕黎靖德：《朱子語類》卷九十九，北京：中華書局，1986年，第2537頁。

太虛」、「形潰反原」、「散亦吾體」，在王植看來，都是萬物散而重新歸為氣，
也即太虛第三層的涵義。

在王植看來，張載有時在一章之中就同時使用太虛的三層涵義。王植注解
《正蒙・乾稱篇》「太虛者，氣之體」章，他說：「太虛，體也。神，即太虛之
用也。其用隨氣所感而善應，體則湛然而至一。亦以第一層、第二層並舉也。
至『形潰反原』並及第三層矣。」〔註62〕王植認為，以太虛為本體，是在宇宙
本體論的層面講，是太虛第一層涵義。作為太虛之用的神，是指氣化感應生物
的過程，是太虛第二層涵義。形潰反原則指萬物散而為氣，是太虛第三層涵義。

王植注解《正蒙・太和篇》「知虛空即氣，則有無、隱顯、神化、性命，
通一無二」章，他說：「此總太虛三層之意而言，虛與氣之非二，蓋為虛無
之學者發也。」又說「『虛空』即太虛，虛空無形者，皆氣之充塞，故曰『虛
空即氣』也。『隱』與『無』貼『虛』，屬第一層；『顯』與『有』貼『氣』，
屬第二層。『性』以太虛之體言，即上節『可與言性』之性；『神』以太虛流
行之妙言，即首節清通之神。性與命對，神與化對。『命』是性之流行，『化』
是神之發用。以性與神對，則性屬第一層；神與命與化，皆在第二層內。觀
末篇各節自見。」〔註63〕王植認為「虛空」就是「太虛」，並把「虛空即氣」
解釋為虛空無形之中充滿了氣。太虛的第一層涵義，是處於「隱」和「無」
狀態的混沌之氣，太虛的第二層涵義，是處於「顯」和「有」層面的氣，即
氣聚為有形之物。

闢佛是張載哲學的主題之一。王植認為，張載的太虛三層說也正是從三個
層面對佛教的批判。他說：「張子見道，原從儒、釋異同處入手，故其言『太
虛』皆與釋氏對照。太虛第一層，無形之本體，所謂『天者，道所從出也』。
釋氏即以虛為道，故以心法起滅天地，所謂『不知道』者此也。第二層太虛之
清通而神，正於氣上見功用。而釋氏以天地人事為幻妄疣贅，所謂『不知天人』
者此也。第三層人物之散，仍歸太虛。而釋氏以為輪迴覆生，所謂不知鬼者此
也。竊謂張子闢二氏處，不但『妄意天性』數節，其言虛、言氣直與之對照到
底。原其以此立說者，正欲使吾道明而異說自息。謂《正蒙》為張子辟邪之書，

〔註62〕王植：《正蒙初義》卷十七，文淵閣四庫全書第 697 冊，臺北：商務印書館，
　　　　1983 年，第 709 頁。
〔註63〕王植：《正蒙初義》卷一，文淵閣四庫全書第 697 冊，臺北：商務印書館，1983
　　　　年，第 433 頁。

可也。」〔註64〕太虛三層說，第一層以太虛為超越本體，為超越之天。佛教則以世界為虛幻，認為一切皆是心之幻想，故而可謂之不知道。太虛第二層為氣化之道，人物皆由太虛本體所主宰的氣化過程而成，均是實在的存有之物。佛教卻認為天地人事都是不必要的疣贅之物，真可謂是既不知天，也不知人。太虛第三層是人死物散最終又回歸太虛，此種回歸只是「氣」的回歸，沒有不滅的靈魂存在。佛教卻認為人死之後靈魂不滅，靈魂投胎為另外一人。這就是佛教的不知鬼。王植太虛三層的區分，既有利於化解儒學內部對張載太虛的爭論，也能夠更清晰地說明張載從多角度對佛教的批判。

王植對張載「太虛」概念的三層區分，啟發我們在張載宇宙論哲學研究中要注意古人用語的多義性。以馮友蘭、牟宗三為代表的兩種對張載「太虛」的不同解釋，都只把「太虛」看作一個無層次區分的概念，試圖在張載的所有語境中取得連貫性的解釋。這兩種詮釋取向，都在不同程度上遭遇到了詮釋的困境。

馮友蘭把「太虛」解釋為「氣」，所以，他對張載的「合虛與氣有性之名」提出質疑。他說：「所謂合虛與氣者，豈非即等於謂『合氣與氣』乎？」〔註65〕實際上，張載的「太虛」在大多數語境下都是指與氣異質的超越存在者。這也就是王植所謂的「太虛」第一層涵義。「合虛與氣有性之名」的涵義，是指超越的太虛本體與形而下之氣，兩者共同生成現實人性。太虛是天地之性的根據，氣是氣質之性的來源。張載此語並沒有馮友蘭所質疑的「合氣與氣」的理論矛盾。

牟宗三把「太虛」理解為超越存在者，也即王植所謂的「太虛」第一層涵義。因為張載的文本中大多數情況下是在此這一超越層面上說的，所以牟宗三對張載的宇宙論哲學有較為準確的把握。但是，張載的「太虛」也正如王植所區分的，還有除過超越存在者這一層面之外的第二層、第三層。所以，當牟宗三把張載所有論述「太虛」的地方一以貫之地理解為超越存在的時候，他發現張載的論述中有「滯辭」。〔註66〕

〔註64〕王植：《正蒙初義》臆說，文淵閣四庫全書第 697 冊，臺北：商務印書館，1983 年，第 419 頁。

〔註65〕馮友蘭：《中國哲學史》（下）//《三松堂全集》（第三卷），鄭州：河南人民出版社，2001 年，第 294 頁。

〔註66〕牟宗三：《心體與性體》，上海：上海古籍出版社，1999 年，第 418 頁。

　　由於漢語語詞的多義性，以及中國古代哲人對概念界定的不明晰，導致我們現代哲學詮釋中的不少爭論。王植《正蒙初義》對張載「太虛」概念的三層區分，於無層次中分出層次，在每一個具體的語境中具體地理解張載的宇宙論哲學。這種詮釋的方法論，對於解決以馮友蘭、牟宗三為代表的對張載宇宙論哲學的兩種截然不同的定性，具有重要的啟發意義。

第三節　窮理盡性與存理過欲

一、「離氣以言性，與即氣以為性，皆不知性也」

　　心性論是宋明理學的主題之一。張載《正蒙》提出的天地之性與氣質之性二分的人性論等內容，豐富了理學的心性論。王植在注釋中，對張載的心性論思想既有繼承也有發展。

　　王植認為，人之性和人之心，其最終根源都在於天。在注釋「合虛與氣有性之名，合性與知覺有心之名」時，王植說：「心性以下，則以人之得於天者言。從虛說到氣，從虛與氣說到人之性與人之心。」〔註67〕以人之性與心得之於天，是理學家的共識。王植的注釋，是對這一共識的認可。在注釋「性其總，合兩也」章時，王植較為系統地闡述了他的人性論。他說：「性自是理之總名。合兩者，以虛與氣合而為言，首篇所謂『合虛與氣有性之名』是也。性以人之所具言，而云其總，乃是從上源處說；命以天之所賦言，而云其受，乃是從在人後說。故《補注》有『萬殊一本』之語。不可變者，盡性窮理之造其極，即所謂至於命者也。『天所』二句，見性命一理，天不已而不得不命之人，性有感而不得不通之物，皆自然而然，在天與在人一也。然聖人盡性至命，必自居於有憂，而不敢同於天之無憂者，蓋性命之賦於天，天所能也，盡性至命以合於天，非天所能也。相天之道存乎我，故有憂，以助化育所不及也。有憂以相天，兼盡性，盡人物之性方盡。」〔註68〕按照程朱理學的說法，理氣生成人物之後，在天之理即成為在人之性。王植認為張載的「合兩」是指合虛與氣，也即《太和篇》的「合虛與氣有性之名」。此處之「虛」，王植是在太虛第一層即太虛本體的層次上說。「合虛與氣」，

〔註67〕王植：《正蒙初義》卷一，文淵閣四庫全書第 697 冊，臺北：商務印書館，1983 年，第 441 頁。

〔註68〕王植：《正蒙初義》卷六，文淵閣四庫全書第 697 冊，臺北：商務印書館，1983 年，第 519 頁。

是指超越的太虛本體與陰陽之氣，二者通過感合，共同生成人與萬物。太虛本體之在人，即是人之性。人性的源頭是太虛本體，天所賦予人之性即是命。性命一理，從天賦予人的角度講，稱為命，從人性為人接受天之所賦來講稱為性，正如《中庸》所謂「天命之謂性」。從天之所賦的角度講，人人都具有同樣的善性。但是，人性的實現，則需要人作窮理盡性的工夫。

　　王植在注釋《誠明篇》「天所性者通極於道」章時認為，性命一理，「氣與遇不足言性命」。他說：「人皆言性命矣，亦知性命之理何如乎？夫性命皆出於天，天所性者，通極於道，蓋無不善也。氣之有明有昏，特稟之有差耳，何足以蔽吾性乎！天所命者，通極於性，蓋無不正也。遇之有吉有凶，特偶而所值耳，何足以戕吾命乎！此性命之本然也。而人或不免蔽吾性而戕吾命者，特以未之學耳。且性與命豈二物乎？專言性，則性純乎理，而通乎氣之外；專言命，則命有窮通禍福，而行乎氣之中。究其實，則氣本無內外可言，但因人之有形而分內外焉耳。性與命固無不一也。故思知人不可不知天，命之外無性也；盡其性，然後能至於命，性之外亦無命也。人奈何不學焉，以盡性命之理哉！」〔註69〕王植認為，性命皆出自於天。天所賦予人之性純善無惡。人的氣質有昏明，稟賦有剛毅柔弱之差別，但是氣質之不齊，不會影響到人的至善本性。天之所命都是正命，此正命與人之至善本性相通。人生中偶然遭遇的吉凶禍福，只能稱為「遇」，與天之正命不同。性命的本然狀態是，性命相通，性命一理。以理氣而言性命，性純是理而無氣，在人之性即是在天之理，命則與氣相關，命之窮通禍福與氣密切相關。只有通過修養以盡性至命，才能盡性命之理。儒家自孔子起對「命」就有深刻的思考，既有作為人倫價值的終極根據的「天命」，也有作為人無法主宰的外在盲目力量的「時命」。《論語‧為政》「五十而知天命」，是孔子意識到天所賦予自己的道德責任，即是天命。《論語‧憲問》「道之將行也與，命也；道之將廢也與，命也」，則是個人無法改變的外在客觀限制，即是時命。《周易‧說卦傳》「窮理盡性以至於命」，主張通過工夫修養以完成天所賦予的道德責任。漢儒則有正命、隨命、遭命三命之說，王充《論衡‧命義》引述了當時人對命的三種看法：「正命，謂本稟之自得吉也。性然骨善，故不假操行以求福而吉自至，故曰正命。隨命者，戮力操行而吉福至，縱情施欲而凶禍到，故曰隨命。遭命者，行善得惡，非所冀望，逢遭於外而得凶禍，

〔註69〕王植：《正蒙初義》卷六，文淵閣四庫全書第 697 冊，臺北：商務印書館，1983 年，第 516 頁。

故曰遭命。」〔註70〕這是漢儒的一般看法，人順應天之所賦的稟性而行，從而得到吉祥，這就是正命。為善而得福，為惡而得禍，這就是隨命。為善而得禍，這就是遭命。稍作延伸就會發現，漢儒所謂的正命其實是一種天生即得福的命定論，隨命是善惡各得其報的正義論，遭命是行善卻得惡的一種不正義。這樣的命運觀念，尤其是正命和遭命，對人努力向善並沒有激勵作用。相反，《論語》的「天命」說和《周易》窮理盡性至命說，對激勵個人的道德責任和自我修養，有正面價值。正是在這樣的背景下，宋儒張載對「命」與「遇」區分，超越了漢儒，復活了先秦原始儒學強調道德修養積極作用的儒家命論傳統。王植在注釋中所體現的命運觀念，繼承和強化了儒家重視自我道德責任和德性修養的命論傳統。王植說：「以性命對氣與遇，則性命皆屬理，而氣與遇不足言。」又說：「『天所命』、『命通氣外』二『命』字，以氣數言，不可作『天命謂性』之命。『至於命』命字，乃以理言。」〔註71〕他區分了「氣命」與「理命」，認為《中庸》「天命之謂性」與《易傳》「窮理盡性以至於命」二者言命，均是以理言的理命。與「遇」相對的「命」乃是儒家之正命。正命是天賦於人的本性，人可以通過「窮理」的修養工夫而完善自己的本性，即「盡性」，這樣也就完成了天所賦予自己的正命，即「至於命」。命與遇的區分，保證了命的至善性，以及賦予人正命的天的正義性。主宰者的至善與正義，是德福一致的保證。窮理的必要性，彰顯了作為道德主體的個人其修養的必要性。這激勵人們在「遇」的吉凶面前，義不容辭地承擔起自我負責的道德責任。王植引用了宋銳臣之言來說明問題，「修之吉，悖之凶，此常理也，即天命也。或修之未必吉，悖之未必凶，此遇之適然，不足以害其命之正也。」〔註72〕按照德福一致的常理，吉凶禍福與個人行為的善惡完全一致。為善不得福，為惡不得禍，只是暫時際遇的問題，並不妨害天之正命的永恆正義性。因此，道德君子只需專注於窮理修身的道德修養。

王植認為，「盡性」是《誠明篇》主旨。他說：「此篇凡三十六節。篇中言性，直言性體處少，言盡性處多。首言誠明，中兼言命，言至命，言窮理，言心，言氣質之性，言帝則，言天理，皆不外盡性之旨。末言順命，亦所以盡性

〔註70〕黃暉撰：《論衡校釋》，北京：中華書局，1990年，第49～50頁。
〔註71〕王植：《正蒙初義》卷六，文淵閣四庫全書第697冊，臺北：商務印書館，1983年，第516頁。
〔註72〕王植：《正蒙初義》卷六，文淵閣四庫全書第697冊，臺北：商務印書館，1983年，第516頁。

也。提一學字，是盡性之工夫。誠莊則學之要；和樂則學之道也。」〔註73〕盡性，就是把天所賦予人的至善本性完全實現出來。在王植看來，言誠明、言窮理、言至命等等，最終都歸結到盡性上。盡性與「學」緊密相聯，學是達到盡性的一種重要的修養工夫。王植注釋《誠明篇》「盡性，然後知生無所得，則死無所喪」章時說，「此節亦如孟子『大行不加』，『窮居不損』之意，人能盡性，則全受全歸。其生也，未嘗於本性之外有私得；其死也，未嘗於本性之中有缺失也。」〔註74〕孟子用「雖大行不加焉，雖窮居不損焉，分定故也」形容人人都具有性善的本性，認為人的本性不會因為際遇的亨通或者窮困而有所增損。王植藉此說明，只要人通過修養能夠盡性，就能夠把天所賦予的善性體現在自己身上。所謂「全受全歸」，經典來源於《大戴禮記・曾子大孝篇》所說的「父母全而生之，子全而歸之，可謂孝矣。」這與《論語・泰伯篇》曾子有疾章啟予手啟予足的諄諄告誡思想傾向一致，都是把珍惜生命作為孝敬父母繼承父母之志的一種表現。全生全歸的涵義，包涵了從珍惜父母所給予的肉體生命到繼承父母之志。王植用全生全歸，意在說明人的死生對人的本性沒有決定性的影響。道德修養的努力，可以讓人完善自己的道德本性。王植對全生全歸的使用，主要是精神層面的道德本性的完善，並非指肉體生命的完善無損。清代另一位《正蒙》注者王夫之，在其注釋中也多次使用「全生全歸」之說。他曾說：「全形以歸父母，全性以歸天地，而形色天性初不分離，全性乃所以全形。」〔註75〕王植全生全歸之說，與王夫之「全性以歸天地」的說法接近。

張載的人性論，區分了天地之性與氣質之性，明確了氣質對人性的重要作用。王植對此有所繼承，他認為「離氣以言性，與即氣以為性，皆不知性也」。他說：「人稟此理時，即已稟此不齊之氣。但言命者，或抽出上一截言之則為理，或抽出下一截言之則為氣數，猶形而後有氣質之性，而天地之性存焉。離氣以言性，與即氣以為性，皆不知性也。知此，則或言理，或言氣，或言理而忽及氣，或言氣而忽及理，皆有左右逢原而不相悖者。」〔註76〕王植用程朱的

〔註73〕 王植：《正蒙初義》卷六，文淵閣四庫全書第 697 冊，臺北：商務印書館，1983年，第 511 頁。

〔註74〕 王植：《正蒙初義》卷六，文淵閣四庫全書第 697 冊，臺北：商務印書館，1983年，第 514 頁。

〔註75〕 王夫之：《張子正蒙注》，長沙：嶽麓書社，2011 年，第 356 頁。

〔註76〕 王植：《正蒙初義》卷六，文淵閣四庫全書第 697 冊，臺北：商務印書館，1983年，第 519 頁。

理氣論來詮釋張載的人性論。人出生而獲得至善無惡的「理」之時，也獲得了善惡清濁不齊之「氣」。理為人之天地之性，氣為人之氣質。言人性不能不言人之氣質，但也不能只把氣質之性當作人性。

二、「充道心而遏人心者，惟恃乎學而已矣」

在修養工夫論上，王植主張「存理而遏欲」以及「充道心而遏人心」。在注釋《誠明篇》「上達反天理，下達徇人慾者歟」章時，他說：「此節大意，釋《論語》之意，見人當存理而遏欲也。大概亦因言性而及，天理即謂性，故曰『反』。」〔註77〕張載理欲觀是由人性論而來，在區分了天地之性和氣質之性後，張載把天地之性看作真正的人性，所以，主張通過變化氣質的工夫，從氣質之性返回到天地之性。王植認為，天理即是性，在人性論上主張返回到天地之性，故而在理欲觀上主張從人慾返回到天理。王植存理遏欲的理欲觀，與張載和程朱主張存天理滅人慾的觀點並無二致。

王植在注釋《中正篇》「天理一貫」章時說：「理欲不容並立。天理有一毫間斷，即人慾有一毫夾雜。故天理一貫，則無意必固我之鑿。下四句一反一正，申明其意。私有一則妄而不誠，私盡去則直養無害而無不誠也。誠即天理，直養無害即無鑿。上二句從理純說到無私，下四句從無私說到理純，意互相足。」〔註78〕天理與人慾相對，正是人的道德理性與感性私欲的對立。儒學所提倡的道德理想人格的完善，正是通過高揚人的道德理性並克制人的感性私欲這個持續不斷的工夫修養過程而實現的。理欲不兩立，作為人的道德理性的天理一有間斷，人的私欲就會立刻主宰人的行為。因此，需要道德理性一以貫之地主宰人的行為，也就必須抑制意必固我這樣的私心雜念。

王植認為，理欲問題與人的私心有關聯，私心即是欲。他說：「心存不必私心，如程子稱孔子無跡、顏子微有跡是也。然理欲幾微之間，少有未融，即私心猶存，顏子微有跡，終是三月不違，之後不無少間耳。」〔註79〕與孔子相比，顏子雖能三月不違仁，但終究仍有私心存於胸中未能融釋。因此，以理欲

〔註77〕王植：《正蒙初義》卷六，文淵閣四庫全書第 697 冊，臺北：商務印書館，1983年，第 518 頁。

〔註78〕王植：《正蒙初義》卷八，文淵閣四庫全書第 697 冊，臺北：商務印書館，1983年，第 550 頁。

〔註79〕王植：《正蒙初義》卷七，文淵閣四庫全書第 697 冊，臺北：商務印書館，1983年，第 539 頁。

之辨而言，顏子仍有人慾，其心不能完全純乎天理。

　　與理欲觀緊密相關的性情觀，也是理學的重要範疇。唐末李翱在《復性書》中認為「情有善有不善而性無不善」，把性看作至善的道德理性，把情看作導致邪妄的情感物慾，故而主張滅情復性。〔註80〕張載曾說：「孟子之言性情皆一也，亦觀其文勢如何。情未必惡，哀樂喜怒發而皆中節謂之和，不中節則為惡。」〔註81〕張載認為情未必惡，凡是發而中節之情必合乎性而為善，發而不中節之情方是惡。張載對性情的談論並不多。朱熹對性情關係則有深入的分析。朱熹認為心之未發為性，已發為情，「性是所稟之理，是道德原則」，「性是情的根據」，「性是心理活動的內在本質，則情是這種本質的外部表現，可以通過各種可見的外部情感把握在中而不可見的內部本質。」〔註82〕王植既主張「存理而遏欲」，也主張「以性節情，以理制欲」。他說：「吾儒以性為至實，性中萬理畢具，故能範圍天地之化。其於吾身，則以性節情，以理制欲，隨處盡道，以全其本然之體；其於天地萬物，則知明處當參贊位育，以盡其分所得為之事；皆所謂範圍天用也。」〔註83〕王植認為，人性中萬理具備。所以，他主張「以性節情，以理制欲」。性即是理，情卻未必都是欲，情有善有不善，不善之情才是欲。因此，所節之情是特指不善之情。克制不善的情感欲望，使行為符合道德理性的要求，這就是「全其本然之體」。王植把性情論與理欲論相結合，擴展了理欲觀的範圍。

　　宋明理學中，與天理人慾密切相關的是道心人心說。王植的道心人心觀念，繼承了張載、程朱之說。他說：「陽明陰濁，猶所謂人心道心者也。皆稟於天，故曰『莫非天』。『陽明勝』，即道心發見之時；『陰濁勝』，即人心滋長之時。是二者，人皆有之。所以充道心而遏人心者，惟恃乎學而已矣。」〔註84〕這是對《誠明篇》「莫非天也，陽明勝則德性用，陰濁勝則物慾行」章的注釋。王植把陽明和陰濁分別看作人心和道心，認為二者皆是人出生時得自於天的稟賦。陽明和陰濁相互爭勝，這也是道心和人心的爭鬥。道心是

〔註80〕蒙培元：《理學範疇系統》，北京：人民出版社，1989 年，第 252 頁。

〔註81〕張載：《張載集》，北京：中華書局，1978 年，第 323～324 頁。

〔註82〕陳來：《朱子哲學研究》，上海：華東師範大學出版社，2000 年，第 209 頁。

〔註83〕王植：《正蒙初義》卷七，文淵閣四庫全書第 697 冊，臺北：商務印書館，1983 年，第 541 頁。

〔註84〕王植：《正蒙初義》卷六，文淵閣四庫全書第 697 冊，臺北：商務印書館，1983 年，第 529 頁。

指人內心善的道德意識，人心是指人因感性肉身而有的物質欲求。要達到「充道心而遏人心」的目的，讓自己善良的道德意識作人生命的主人翁，人必須通過「學」這一途徑才能實現。這裡所謂的「學」，包含了道德知識的學習和道德學問踐履，不僅僅是指道德知識的學習。

第四節 「吾黨解書必以考亭為不易」──尊朱的注釋取向

王植《正蒙初義》表現出強烈的尊朱取向，主要表現在以下幾個方面。

第一，在注釋中，王植指出《正蒙》的章節被《近思錄》的引用情況。這表明，王植把朱子節選《正蒙》部分章節入《近思錄》，看作是朱子對張載《正蒙》這些章節的表彰和認同。在《序論》中，王植引用元儒黃瑞節之說：「朱子掇取周子、張子、程子之書，為《近思錄》，凡六百一十二條。自《正蒙》來者，二十六條。又於《正蒙》中，表章《西銘》，自為一書。」〔註85〕按照陳榮捷的統計，《近思錄》引用《正蒙》共二十八條。〔註86〕黃瑞節未統計《西銘》，故二者統計結果相差一條，不必細究。《正蒙》十七篇，王植在每篇篇名之下均有按語，他都明確寫出篇內被《近思錄》所引的章節。具體介紹如下：《太和篇第一》，「篇內『块然太虛』一節，『鬼神者，二氣之良能也』一句，『游氣紛擾』一節，朱子俱入《近思錄》『道體』條。」《天道篇第三》，「內『天體物不遺』一節，朱子入《近思錄·道體》。」《神化篇第四》，「內『精義入神，事豫吾內』一節，朱子入《近思錄·論學》。」《動物篇第五》，「首節『物之初生』以下八句，朱子入《近思錄·道體》。」《誠明篇第六》，「內『性者，萬物之一源』一節，入《近思錄·道體》。『上達反天理』一節，『形而後有氣質之性』一節，『德不勝氣』以下九句，『莫非天也』一節，俱入《論學》。『湛一，氣之本』一節，『纖惡必除』一節，俱入《克治》。」《大心篇第七》，「首節入《近思錄·論學》，『釋氏妄意天性』節入《辨別異端》。」《中正篇第八》，「內『仲尼絕四』三句，『意有思也』一節，俱入《近思錄·論學》。『惡不仁，故不善未嘗不知』一節，『責己者，當知天下國家無皆非之理』一節，俱入《克

〔註85〕 王植：《正蒙初義》序論，文淵閣四庫全書第697冊，臺北：商務印書館，1983年，第417頁。

〔註86〕 陳榮捷：《朱學論集》，上海：華東師範大學出版社，2007年，第85頁。

治》。『學者捨理義』一節入《戒警》。」《至當篇第九》,「內『恭敬撙節』二節,朱子《近思錄》入《教學》,『知崇天也』二節入《論學》。」《三十篇第十一》,「內『困之進人也』五句,朱子採入《近思錄·論學》。」《有德篇第十二》,「內『言有教』節入《近思錄·論學》。」《有司篇第十三》,「內『道千乘之國』節入《近思錄·治體》。」《大易篇第十四》,「首節入《近思錄·辨別異端》。」《乾稱篇第十七》,「內『浮屠明鬼』一節《近思錄》入《辨別異端》,《東銘》一節入《論學》。」按王植統計,共二十七章被朱子選入《近思錄》。《正蒙初義》未收《西銘》,因此也未將《西銘》統計在內。王植如此做的目的,是要說明《正蒙》這些被朱熹選入《近思錄》的章節,其義理精深,得到了朱熹的認可,提示讀者特別注意。

第二,在注釋中,王植指出《正蒙》的章節被朱熹《四書章句集注》的引用情況,以朱子的權威來增重《正蒙》的分量。《太和篇》「由太虛有天之名」章,王植在注釋中指出,「此節,《孟子》『盡其心者』章,朱《注》採入。」〔註87〕朱熹在《四書章句集注》中注釋《孟子·盡心上》首章時,引用了張載這四句話和程子的說法。〔註88〕《神化篇》「大可為也」章,「首三句,《孟子》『大而化之』節,朱《注》採入。」《誠明篇》「心能盡性」章,「《論語》朱《注》採入。」「形而後有氣質之性」章,「此節《孟子》「性無善無不善也」章朱《注》採入。」由於《正蒙》的《中正篇》、《至當篇》、《作者篇》、《三十篇》、《有德篇》、《有司篇》等篇集中詮釋《論語》、《孟子》,王植在此六篇中有二十一章提及朱注,其中絕大多數是說張載對《論語》、《孟子》的注釋被朱子採納入《四書章句集注》中。這種指明《正蒙》章節被「朱《注》採入」的方式,是王植以朱熹的權威來增加這些章節的分量。

第三,王植在少數章節的注釋中,指出了《正蒙》對《四書》的解釋與朱熹的解釋有異,並提出「吾黨解書必以考亭為不易」的尊朱主張。王植在一些注釋中指出張載之說與朱熹有異,在一些注釋中指出朱子雖然採納了張載之說,但並不十分贊成。雖然這樣的例子只有極少的幾例,但也說明了王植在張載與朱熹的說法有異時他明顯的尊朱立場。例如,《誠明篇》「以生為性」章,「此以生與死對,故以晝夜為說,與朱《注》作『知覺運動』者異。」《三十

〔註87〕王植:《正蒙初義》卷一,文淵閣四庫全書第 697 冊,臺北:商務印書館,1983 年,第 441 頁。
〔註88〕朱熹:《四書章句集注》,北京:中華書局,1983 年,第 349 頁。

篇》「富而可求也」章,「『求之有可致之道』亦與朱《注》所謂『不可妄求』者異。」《三十篇》「與與如也」章,「『不忘向君』,朱《注》亦採入而不甚然其說。『與與』兼『在廟』、『翼如』作兩解,皆與今說異。惟所謂『紓君敬』者,則朱子用之。」〔註89〕《有德篇》「人道知所先後」章,「此節《論語》朱《注》採入,而不甚然其說。蓋合二節為一章,不如各為一章之為愈也。」在這四章的注解中,王植表現出明確的尊朱貶張取向。王植的尊朱取向,他在注釋中有明確的說明。在注釋《王禘篇》『下而飲』者,不勝者自下堂而受飲也,『其爭也』,爭為謙讓而已」章時,王植說:「此節大意,解『下而飲』二句之義也。朱《注》據《儀禮》大射之文,此則因文立訓而已,故吾黨解書必以考亭為不易。」〔註90〕考亭,朱子之號。王植認為張載對《論語》此章的解釋只是因文立訓,而朱子是根據《儀禮》的文獻記載,因此主張認同朱子之說。我們當然可以對比一下張載和朱熹的解釋。朱熹《四書章句集注》對《論語·八佾篇》「子曰君子無所爭必也射乎」章的注釋是:「揖讓而升者,大射之禮,耦進三揖而後升堂也。下而飲,謂射畢揖降,以俟眾耦皆降,勝者乃揖不勝者升,取觶立飲也。言君子與人爭,惟於射而後有爭。然其爭也,雍容揖遜乃如此,則其爭也君子,而非小人之爭矣。」〔註91〕朱熹的解釋有文獻依據,細密連貫。更重要的是,清代科舉考試最重要的第一場四書,注釋以朱子《四書章句集注》為準。在這種背景下,王植「吾黨解書必以考亭為不易」的尊朱立場,就更容易理解了。

當然,王植在尊朱的前提下,對張載學說與程朱學說的各自獨立性以及《正蒙》中「太虛」等範疇的獨特性,也有清醒的認識。例如,王植認為,張載易學與程朱易學均有不同。王植說:「程子之說《易》以理,朱子之說《易》以數,張子亦以理說《易》而與程子又有不同者。參而考之,義固各有當也。讀者不得執一以廢一。」〔註92〕對於《正蒙》,王植認為「《正蒙》十七篇……考其所言,有與周、程同者,有與周、程異者。不同不足見本原之合,若盡同

〔註89〕 王植:《正蒙初義》卷十一,文淵閣四庫全書第 697 冊,臺北:商務印書館,1983 年,第 601 頁。

〔註90〕 王植:《正蒙初義》卷十六,文淵閣四庫全書第 697 冊,臺北:商務印書館,1983 年,第 692 頁。

〔註91〕 朱熹:《四書章句集注》,北京:中華書局,1983 年,第 63 頁。

〔註92〕 王植:《正蒙初義》卷十四,文淵閣四庫全書第 697 冊,臺北:商務印書館,1983 年,第 622 頁。

又何以見各得之妙？學者但當以張子之說還張子，若執程、周緒論以合之，反多輊轇，滋為擾耳。」〔註93〕對於《正蒙》的「太虛」範疇，王植雖然認為「張子言『太虛』，不若周子言『太極』之妙，故程朱皆有所不滿。」〔註94〕但是，正如前面第二節所分析的，王植把「太虛」分成三層，並用三層說貫穿分析了《正蒙》首尾兩篇。總之，在尊朱的前提下，王植對張載及其《正蒙》都有深入的思考，「太虛」三層說就是他對理解《正蒙》最重要的新貢獻。

〔註93〕王植：《正蒙初義》臆說，文淵閣四庫全書第 697 冊，臺北：商務印書館，1983 年，第 418 頁。
〔註94〕王植：《正蒙初義》臆說，文淵閣四庫全書第 697 冊，臺北：商務印書館，1983 年，第 418 頁。

第八章 《正蒙》清代注的地位、特點與價值

第一節 清代是《正蒙》注的總結期

清代是《正蒙》注總結期，具體表現在注本數量多、集注體例多兩個方面。

第一，《正蒙》清代注的注本數量多。

《正蒙》從宋代至清代有不少注本，尤其以明代和清代為盛，「明代是《正蒙》注解史的繁盛期」〔註1〕，清代是《正蒙》注的總結期。從《正蒙》歷代注的數量看，宋代有四家注，元代有兩家注，明代有二十六家注，清代有十六家注。僅從數量看，相比明代，清代注要少於明代。不過，明代注現存者有九家，清代注現存者則有十一家。

《正蒙》清代注現存的十一家為：王夫之《張子正蒙注》、冉覲祖《正蒙補訓》、李光地《注解正蒙》、張伯行《正蒙》注、張棠、周芳《張子正蒙》、華希閔《正蒙輯釋》、王植《正蒙初義》、李文炤《正蒙集解》、楊方達《正蒙集說》、李元春《正蒙釋要》、方潛《正蒙分目解按》。散佚的五注為：胡宗緒《正蒙解》、湯儼《正蒙注解》、劉繩武《正蒙管見》、朱久括《正蒙句解》、吳士品《正蒙集注》。以上《正蒙》清代注，我們在前面的章節已經作了概述或

〔註1〕 邱忠堂：《正蒙明代三家注研究》，西安：陝西師範大學博士學位論文，2013年6月，第107頁。

個案研究。

第二，《正蒙》清代注的集注體例多。

《正蒙》清代注中集注體例多，對前代的《正蒙》注的成果作了初步的彙集和總結。冉覲祖的《正蒙補訓》、楊方達的《正蒙集說》，尤其是王植的《正蒙初義》，對前代的《正蒙》注釋成果多有吸收。

宋元明三代的《正蒙》注本，大都以單注的形式存在。當然，也有部分以集注體例出現的。明末的《新刊性理大全》中，同時收錄了無名氏的《正蒙集釋》、吳訥的《正蒙補注》和余本的《正蒙集解》。明末高攀龍的《正蒙注》和徐必達的《正蒙發明》以合刊本《正蒙釋》的形式呈現。不過，這畢竟是少數。相比之下，《正蒙》清代注以集注體例呈現的要更多。

冉覲祖的《正蒙補訓》提及吳訥的《正蒙補注》，並對其注釋有所批評。張伯行的《正蒙》注，也引用了朱熹、高攀龍、徐必達的注，其中所引高攀龍注的最多。華希閔《正蒙輯釋》是在保留了高攀龍和徐必達注基礎上的注釋，同時呈現了三個人對《正蒙》的注釋。楊方達《正蒙集說》則化用了劉璣、高攀龍、徐必達、李光地四家注的內容，雖有抄襲之嫌，但確實是集諸家之長為我所用的「集說」體例。李元春《正蒙釋要》雖然簡單，卻也引用了劉繩武《正蒙管見》，方潛《正蒙分目解按》引用了李光地的《注解正蒙》，二者均為集注體例。筆者雖未見到李文炤的《正蒙集解》，但根據他的《近思錄集解》推斷，肯定是集合了朱子等注為一體的集注體。

王植《正蒙初義》彙集《正蒙》明清九家注，乃是《正蒙》注在古代的集大成之作。〔註2〕《正蒙初義》所彙集的九家注包括：明代《性理大全》所收三注，即無名氏《正蒙集釋》、余本《正蒙集解》、吳訥《正蒙補注》；明末高攀龍《正蒙集注》、徐必達《正蒙發明》；清代冉覲祖《正蒙補訓》、李光地《注解正蒙》、華希閔的《正蒙輯釋》以及張伯行《正蒙》注。同時，王植以按語的形式吸收了趙彤元、宋銳臣二人的觀點，並通過按語評鑒所收九家注的優劣，自成一家之言，其按語自然成為了《正蒙》王植注。王植《正蒙初義》是

〔註2〕業師林樂昌《正蒙合校集釋》所收歷代注達到二十餘種，遠勝過《正蒙初義》，可謂是真正的《正蒙》注集大成之作。《正蒙初義》只是《正蒙》注在「古代」的「集大成」之作。有學者指出，《正蒙初義》只是「古代搜羅最富的《正蒙》集釋類著作」，而林樂昌《正蒙合校集釋》是「迄今搜輯《正蒙》注本最豐贍的集釋著作」。參閱朱承：《古代經典著作集釋體式的傳承創新——評林樂昌〈正蒙合校集釋〉》，《中共寧波市委黨校學報》2013年第4期。

《正蒙》清代注「集注」體例的集中表現。〔註3〕

　　當然，《正蒙》清代注也有其缺點和侷限性。從現存的十一種《正蒙》清代注看，注者總體上有一種把張載的「太虛」理解為「氣」的「氣學化」思潮。華希閔的注區分了「太虛本體」與「氣」之別，王植注把「太虛」分為三層，二者都對張載的「太虛」作了超越本體的理解。然而，這樣的注釋畢竟是少數。冉覲祖、張棠、周芳、李光地、張伯行、楊方達、王夫之等在其《正蒙》注中，都把「太虛」理解成為「氣」。這種「氣學化」的思潮，與當時的學術氛圍密切相關。「明中期以來的在『理』的理解方面的『去實體化』的轉向」〔註4〕，使王夫之等哲學家傾向於把程朱理學的「理」理解成「氣」之條理。宋明理學對「理」的超越性理解，在這些哲學家的哲學體系中被解構。張載的「太虛」被王夫之等解讀為「氣」，就是在這個思想的大背景下發生的。

第二節　《正蒙》清代注的特點

　　《正蒙》清代注的最大特點是以朱子學為標準詮釋和評價張載哲學，也就是說，「以朱解張」是《正蒙》清代注的最顯著的特點。

　　首先，不少注者認為《正蒙》是對周敦頤學說的發展。

　　從道統譜系上，《正蒙》清代注者大都把張載看作是程朱理學的附庸。追溯這種看法形成的根源，則在以朱子為主導所編的《近思錄》形成的周張二程的北宋四子道統，以及朱子《伊洛淵源錄》以周程為主的道統構建。《正蒙》清代注者大都認為張載《正蒙》受到周敦頤的影響，這種觀點來源於朱子的道統觀，但是實際上不符合史實。即使「希橫渠之正學」的王夫之，也認為張載深受周敦頤的影響，《正蒙》是「即《太極圖說》之旨而發其所函之蘊」〔註5〕。

　　其次，不少注者以朱熹理氣關係詮釋太虛與氣的關係。

　　「太虛」和「太和」是張載宇宙論哲學的兩個重要範疇。按照張載的本意，太虛是指超越的宇宙本體，太和是指道。朱熹認為，張載的太虛雖然是說理，

〔註3〕　需要說明的是，筆者未納入研究範圍的黃宗羲《宋元學案》、孫奇逢《理學宗傳》以及諸多《近思錄》清代注等等，其中所收錄的張載《正蒙》，都精選了歷代《正蒙》注的內容附錄於所收《正蒙》原文之下。這也是一種集注體例。

〔註4〕　陳來：《詮釋與重建：王船山的哲學精神》，北京：北京大學出版社，2004年，第419頁。

〔註5〕　王夫之：《張子正蒙注》，長沙：嶽麓書社，2011年，第15頁。

但是卻雜氣作一處，而且他還認為張載的太和、太虛「止是說氣」。朱熹在《周易本義》中認為，太和是「陰陽會和沖和之氣」。朱子對太虛和太和的理解，對《正蒙》清代注者影響極大。

就對「太和」的解釋而言，《正蒙·太和篇》首章言「太和所謂道」，明確地是以太和指道。《正蒙》清代注者受到朱熹的影響，卻認為太和是指氣。冉覲祖說：「此節全於二氣絪縕處見太和，故兩提絪縕字……絪縕，是氣之凝結鼓蕩處。」〔註6〕張伯行說：「《易》曰：保合太和。太和本屬氣，分繼言所謂道，道即理也。似言氣中之理。」〔註7〕張棠、周芳說：「野馬，見《莊子》，喻太和之往來不息也。絪縕，見《大易》，言太和之交密無間也。」〔註8〕華希閔說：「太和是氣，而曰所謂道者，欲人就氣認理，非以氣為理也。」〔註9〕楊方達說：「太和者，陰陽會和沖和之氣也。張子狀道之體，以為道理悉從氣上流行出來，故指太和以明道，欲人即氣見道爾。」〔註10〕以上這些《正蒙》清代注者，都是清初的程朱學者。他們受朱熹的影響，把張載的太和解釋為氣。他們的注釋顯現出鮮明的朱子學特色。

就對「太虛」的解釋而言，張載在《正蒙》中所謂「太虛」是指氣的超越本體。朱熹曾說：「《正蒙》說道體處，如『太和』、『太虛』、『虛空』云者，止是說氣。」〔註11〕他把太虛理解為氣，並認可程頤對張載「橫渠之言誠有過者，乃在《正蒙》」〔註12〕的批評。《正蒙》清代注者受朱子的影響，認為張載所謂「太虛」是指氣。《正蒙·太和篇》曰：「氣之聚散於太虛，猶冰凝釋於水，知太虛即氣，則無無。」〔註13〕有學者指出，「張載喜用冰水之喻以明氣與太虛本體之關係。湯用彤云：『此類譬喻不可拘泥，因水為一物而本體則非物也。《老子》八章水幾於道，王注曰道無水有，故曰幾也。此言深可玩味。』」〔註14〕湯氏以《老子》之『道』言本體，而張載則以『太虛』

〔註6〕林樂昌：《正蒙合校集釋》，北京：中華書局，2012年，第12頁。
〔註7〕張伯行編釋：《張橫渠集》卷二，福州正誼堂書院本。
〔註8〕林樂昌：《正蒙合校集釋》，北京：中華書局，2012年，第12頁。
〔註9〕華希閔：《正蒙輯釋》卷一，康熙四十七年刻本。
〔註10〕楊方達：《正蒙集說》卷一，復初堂藏板本。
〔註11〕黎靖德：《朱子語類》卷九十九，北京：中華書局，1986年，第2533頁。
〔註12〕黎靖德：《朱子語類》卷九十九，北京：中華書局，1986年，第2533頁。
〔註13〕張載：《張載集》，北京：中華書局，1978年，第8頁。
〔註14〕湯用彤：《王弼大衍義略釋》，載《魏晉玄學論稿》，北京：人民出版社1957年版，第69頁。按：此為原引者注。

言本體。」〔註15〕也就是說，不能嚴格地把太虛與氣的關係，對應於水與冰的關係。《正蒙》清代注者則把此比喻理解為，太虛就是氣，認同朱熹的太虛「止是說氣」的觀點。冉覲祖說：「『氣聚散於太虛』，為聚為散，皆太虛也。『猶冰凝釋於水』，或凝或釋，皆水也。」〔註16〕李光地說：「凝而成冰，釋而為水，不可以水為無也；聚而成氣，散而歸虛，不可以虛為無也。所以然者，以虛之與氣，水之與冰，本為一體而非二物也。」〔註17〕張棠、周芳說：「知水之即冰，則知太虛之即氣。冰釋為水，水非無也；氣散為虛，虛亦非無也。」〔註18〕王植說：「夫氣與虛豈二物乎？氣之聚而有形，散而無形，皆太虛所為，虛與氣非有二也。猶冰之凝而為冰，釋而為水，皆不外於水，水與冰非有二也。」〔註19〕《正蒙》清代注者大都認同朱熹的看法，把張載的「太虛」詮釋為「氣」，體現出他們「尊朱」的詮釋取向。

由於《正蒙》清代注者把張載的超越的形上「太虛」詮釋為形下之「氣」，使得張載的宇宙論哲學失去了超越的面向。不過，清代注者們又大都用朱子的理氣關係，來詮釋張載的太虛與氣的關係。張載在《正蒙·太和篇》中說：「由太虛有天之名，由氣化有道之名，合虛與氣有性之名，合性與知覺有心之名」。〔註20〕由此，他構建了天道性心的哲學體系。冉覲祖、張伯行、張棠、周芳、華希閔等注者，卻用朱熹理氣論的模式來注解。冉覲祖說：「此舉天、道、性、心之名，不外乎理氣二者而已。」「太虛屬理，氣化屬氣」、「天者，虛空之理也，非以茫茫太虛為天……太虛之理為主宰，故謂之道。理附於氣，氣以載理……氣以成形而理亦附焉，性雖合虛與氣，而以太虛之理為主。」〔註21〕張伯行說：「蓋以其自然者謂之天，以其粲然者謂之道，以理之託氣而附著者謂之性，以理之託氣而運行者謂之心。」〔註22〕張棠、周芳說：「積氣為天而太虛為氣之本體，所謂虛空即氣也……氣以成形而太虛之理亦

〔註15〕林樂昌：《正蒙合校集釋》，北京：中華書局，2012年，第54頁。

〔註16〕林樂昌：《正蒙合校集釋》，北京：中華書局，2012年，第52頁。

〔註17〕李光地：《注解正蒙》卷上，文淵閣四庫全書本第697冊，臺北：商務印書館，1983年。

〔註18〕林樂昌：《正蒙合校集釋》，北京：中華書局，2012年，第53頁。

〔註19〕王植：《正蒙初義》卷一，文淵閣四庫全書本第697冊，臺北：商務印書館，1983年。

〔註20〕張載：《張載集》，北京：中華書局，1978年，第9頁。

〔註21〕林樂昌：《正蒙合校集釋》，北京：中華書局，2012年，第64頁。

〔註22〕張伯行編釋：《張橫渠集》卷二，福州正誼堂書院本。

賦焉，所謂天命之謂性也。」〔註23〕華希閔說：「朱子之論備矣。曰有天之名云云，見得只是一理，分而言之則有是名耳。重太虛，上太虛即無極而太極也。氣化即陰陽也。」〔註24〕在張載此四句話所建構的天道性心哲學體系中，天和太虛異名而同指，都是宇宙論哲學中的最高哲學範疇。張載哲學中的道，是指氣在太虛的推動下運行的規律和軌跡，是次一級的哲學範疇。張載哲學中的「道」與「理」是同一層次的範疇。〔註25〕「天」則是高居「道」與「理」之上的最高範疇。因此，冉覲祖等人用朱子的理氣觀來詮釋張載的天、道、性、心體系並不合適。冉覲祖、張棠、周芳等人「氣以成形而理亦賦焉」的說法，也來自於朱熹《中庸章句》中解釋「天命之謂性」時的原話。朱熹說：「天以陰陽五行化生萬物，氣以成形，而理亦賦焉，猶命令也。」〔註26〕也就是說，冉覲祖等注者不僅用朱熹的理氣關係來詮釋張載的虛氣關係，而且在注釋中不時地引用朱熹的其他思想來詮釋張載。這樣，以朱熹詮釋張載的取向，就十分明顯了。

再次，許多注者以朱熹及其後學對四書五經的注解，對張載注解進行糾偏。

《正蒙》有不少內容是針對四書五經的評論。在科舉的清代，朱熹《四書章句集注》對四書的注釋仍然是科舉考試的標準。所以，《正蒙》清代注者在注釋中大量地指出了張載對四書的解釋與朱熹《四書章句集注》的不同。這樣做的目的，是要提醒參加科舉的士人以朱熹為標準。因此，《正蒙》清代注表現出以朱熹糾偏張載、尊朱貶張的特點。

張棠、周芳在注釋中多處指出張載解釋四書與朱熹不同，這是用朱子的權威批判張載。張載把《論語》的「君子不重則不威，學則不固」之「不固」解釋為「不拘固」。朱熹《四書章句集注》對「學則不固」解釋說：「固，堅固也。輕乎外者，必不能堅乎內，故不厚重則無威儀，而所學亦不堅固也。」〔註27〕朱熹把「固」解釋為「堅固」，明顯地與張載解釋為「拘固」不同。張棠、周芳指出張載的解釋「與朱子說異」，其潛臺詞是，對四書的這些解釋應該以朱熹的理解為準。

〔註23〕林樂昌：《正蒙合校集釋》，北京：中華書局，2012年，第65頁。

〔註24〕華希閔：《正蒙輯釋》卷一，康熙四十七年刻本。

〔註25〕林樂昌：《張載理觀探微》，《哲學研究》2005年第8期。

〔註26〕朱熹：《四書章句集注》，北京：中華書局，1983年，第17頁。

〔註27〕朱熹：《四書章句集注》，北京：中華書局，1983年，第50頁。

張載《正蒙·參兩篇》末章為「陽陷於陰為水，附於陰為火。」〔註28〕張棠、周芳注曰：「此申上節之意而見離之為卦，是陽麗於陰而非陰麗於陽也。說與程子、《本義》不同。」〔註29〕張棠、周芳認為，張載之說與程頤《程氏易傳》和朱子《周易本義》均不同，以此來表明對程朱的認可。

王植在《正蒙初義》每篇解題中，指出《正蒙》的章節被《近思錄》的引用情況。這是強調朱子對張載《正蒙》這些章節的表彰和認同。同樣，在注釋中，王植不時地指出《正蒙》被朱子《四書章句集注》引用的情況，也是以朱子對《正蒙》部分章節的引用來增重張載的價值。

王植對《正蒙·樂器篇》的題解是：「此篇凡三十七節，內釋《詩》者二十五章，釋《書》者七章，多用《序》、《說》，與朱蔡《傳》、《注》有迥不同者，當以張子之意自存一家之言。」〔註30〕王植認為張載解釋《詩經》、《尚書》，與後來朱熹的《詩集傳》和蔡沈《書集傳》的部分解釋迥然不同，應該以張載之說自成一家之言看待。他承認張載與朱熹及其門人的不同。王植對《正蒙·王禘篇》的題解是：「此篇凡二十三節。所論祫、禘、烝、嘗之制，有考據未深者，余亦多有出入，當分別讀之。」〔註31〕這裡指出了張載對儒家禮制的理解考據不精。在《王禘篇》內，王植提出了「吾黨解書必以考亭為不易」〔註32〕的主張。

張伯行在《正蒙·樂器篇》「禮矯實求稱」章作注釋說：「自此以下，所解經義多有出入，姑存其文可也。」〔註33〕從他在注釋中對朱熹注文的引用和推崇看，張伯行所參考的標準正是朱子的解釋。張載對經義的解釋與其後學朱子的解釋有出入，卻要對張載的解釋「姑存其文」。張伯行注釋中對朱熹的推崇由此可見一斑。

總之，張棠、周芳、張伯行、王植等注釋中，多處體現出以朱熹《四書章句集注》、《周易本義》、《詩集傳》等對四書五經的解釋，來反襯張載對四書五經一些解釋的不恰當。從而，體現出鮮明的以朱熹糾偏張載的尊朱貶張傾向。

〔註28〕張載：《張載集》，北京：中華書局，1978年，第13頁。

〔註29〕參見林樂昌：《正蒙合校集釋》，北京：中華書局，2012年，第164頁。

〔註30〕王植：《正蒙初義》卷十五，文淵閣四庫全書本第697冊，臺北：商務印書館，1983年。

〔註31〕王植：《正蒙初義》卷十六，文淵閣四庫全書本第697冊，臺北：商務印書館，1983年。

〔註32〕王植：《正蒙初義》卷十六，文淵閣四庫全書本第697冊，臺北：商務印書館，1983年，第692頁。

〔註33〕張伯行編釋：《張橫渠集》卷四，福州正誼堂書院本。

第三節 《正蒙》清代注的價值

清代是《正蒙》注解史的總結期。《正蒙》清代注是《正蒙》注解史在古代階段的高峰。從《正蒙》注的數量看，宋元兩代分別是四家注和兩家注，明代是二十六家注，清代是十六家注，明代現存九家注，清代注則有十一家注。從數量上看，清代和明代是《正蒙》注解史的兩座高峰。從影響力上看，王夫之《張子正蒙注》、李光地《注解正蒙》、王植《正蒙初義》等《正蒙》清代注的影響較之前的注本影響更大。

《正蒙》注在清代的繁盛，是清代理學發展的縮影。張載、二程等北宋五子創立的理學，作為儒學發展史上的一種新形態，經過朱熹等理學家努力，最終成為宋元明清各個朝代的思想主流。王陽明心學在明代中後期雖曾一度與程朱理學抗衡，但隨著明朝的滅亡，陽明心學式微，程朱理學又迅速成為思想界的主流。張載的《正蒙》歷來受到程朱理學家的推崇。在清初程朱理學振興的背景下，《正蒙》和《太極圖說》、《通書》、《近思錄》等理學經典，通過注釋、刊刻等形式受到重視。

《正蒙》清代十六家注，尤其是現存的十一家注，占到歷朝所有二十三種存世《正蒙》注的近一半。李光地、王植、王夫之等數種現存的《正蒙》注，在歷史上有著較大的影響。作為康熙朝的理學名臣的李光地，其《注解正蒙》被收入《四庫全書》。王植的《正蒙初義》收錄了明清九家《正蒙》注，是《正蒙》注在古代的集大成。和李光地注一樣，王植注也被收入《四庫全書》。明末清初三大儒之一的王夫之，其《張子正蒙注》在歷史上也有著重大的影響。這些《正蒙》注的傳播，增重了張載《正蒙》的影響力。

現存的《正蒙》清代十一家注，為準確理解《正蒙》提供了更多的文獻。二十世紀以來，在對張載的現代學術研究中存在著許多爭論，例如張載的宇宙論哲學。現存的《正蒙》清代注所作的注釋，能夠為現代學術研究提供更多的參照系。

《正蒙》是張載最重要的哲學著作，也是理學的重要經典之一。經典的活力，就在於其能夠被歷代注釋者通過詮釋以應對其時代問題。諸多《正蒙》清代注的出現，說明《正蒙》在當時仍然有著巨大的現實影響力。這些注本的出現，既增加了《正蒙》的分量，又因為依附經典而行而成就了《張子正蒙注》等新經典。中國文化的巨大生命力，就是通過這樣的詮釋方式，在繼承中創新，古老而恒新。

參考文獻

一、古籍

（一）基本文獻

1. 張載，張載集〔M〕，北京：中華書局，1978。
2. 李光地，注解正蒙〔M〕，四庫全書本。
3. 張伯行編，張橫渠先生文集〔M〕，正誼堂全書本。
4. 張伯行，濂洛關閩書〔M〕，正誼堂全書本。
5. 華希閔，正蒙輯釋〔M〕，康熙四十七年（1708）刻本。
6. 王植，正蒙初義〔M〕，四庫全書本。
7. 王夫之，張子正蒙注〔M〕，長沙：嶽麓書社：2011。
8. 冉覲祖，正蒙補訓〔M〕，清康熙四十一年（1702）刻本。
9. 張棠、周芳，張子正蒙〔M〕，寶翰堂藏板本。
10. 楊方達，正蒙集說〔M〕，續修四庫全書本。
11. 李元春，張子正蒙釋要〔M〕，關中道脈四種書，道光十二年（1832）刊本。
12. 方潛，正蒙分目解按〔M〕，清光緒十五年（1889）方敦吉濟南毋不敬齋全書本。
13. 李文炤，正蒙集解〔M〕，四為堂藏板本。

（二）相關古籍

1. 李學勤等點校：十三經注疏〔M〕，北京：北京大學出版社，1999。

2. 周敦頤，周敦頤集〔M〕，北京：中華書局，2009。

3. 程顥，程頤，二程集〔M〕，北京：中華書局，2004。

4. 朱熹，四書章句集注〔M〕，北京：中華書局，1983。

5. 朱熹，周易本義〔M〕，北京：中華書局，2009。

6. 黎靖德，朱子語類〔M〕，北京：中華書局，1986。

7. 朱熹，朱熹集〔M〕，成都：四川教育出版社，1996。

8. 陸九淵，陸九淵集〔M〕，北京：中華書局，1980。

9. 胡宏，胡宏集〔M〕，北京：中華書局，1987。

10. 李心傳，道命錄〔M〕，知不足齋叢書本。

11. 宋濂等撰，元史〔M〕，北京：中華書局，1976。

12. 王陽明，王陽明全集〔M〕，上海：上海古籍出版社，2011。

13. 馮從吾，關學編〔M〕，北京：中華書局，1987。

14. 高攀龍，高子遺書〔M〕，四庫全書本。

15. 邵經邦，弘簡錄〔M〕，清康熙刻本。

16. 黃宗羲著，全祖望補修，宋元學案〔M〕，北京：中華書局，1986。

17. 王夫之著，船山全書〔M〕，長沙：嶽麓書社，2011。

18. 李光地，榕村全集〔M〕，乾隆元年刻本。

19. 張伯行，正誼堂文集〔M〕，正誼堂刻本。

20. 張伯行，正誼堂續集〔M〕，上海：上海商務印書館，民國二十五年本。

21. 陸隴其，三魚堂文集·三魚堂外集〔M〕，康熙四十年琴川書屋刻本，《清代詩文集彙編》第 117 冊，上海：上海古籍出版社，2010。

22. 張棠，賦清草堂詩鈔〔M〕，四庫全書本。

23. 華希閔，延綠閣集〔M〕，雍正十一年刻本。

24. 王植，崇雅堂稿〔M〕，乾隆二十四年刻本。

25. 王植，朱子注釋濂關三書〔M〕，續修四庫全書子部 2，濟南：齊魯書社，1999。

26. 楊方達，易學圖說會通〔M〕，乾隆刻本。

27. 方潛，毋不敬齋全書〔M〕，光緒十五年方敦吉濟南刻本。

28. 羅澤南，羅澤南集〔M〕，長沙：嶽麓書社，2010。

29. 唐鑒，國朝學案小識〔M〕，//唐鑒集〔M〕，長沙：嶽麓書社，2010。

30. 李元春，時齋文集初刻〔M〕，《清代詩文集彙編》第 496 冊。

31. 李元春，桐閣散存〔M〕，《清代詩文集彙編》第 496 冊。

32. 張師軾，張師載，張清恪公年譜〔M〕，乾隆四年正誼堂刻本。

33. 徐世昌撰，陳祖武點校，清儒學案〔M〕，石家莊：河北人民出版社，2008。

34. 楊向奎著，清儒學案新編〔M〕，濟南：齊魯書社，1994。

35. 中國第一歷史檔案館整理，康熙起居注〔M〕，北京：中華書局，1984。

36. 趙爾巽等撰，清史稿〔M〕，北京：中華書局，1996。

37. 王鍾翰點校，清史列傳〔M〕，北京：中華書局，1987。

38. 永瑢等編撰：四庫全書總目〔M〕，北京：中華書局，1965。

39. 張伯行，困知錄集粹〔M〕，同治重刻正誼堂刻本。

40. 李光地，榕村語錄‧榕村續語錄〔M〕，北京：中華書局，1995。

41. 李光地，榕村全書〔M〕，福州：福建人民出版社，2013。

42. 李光地，榕村集〔M〕，文淵閣四庫全書本。

43. 李文炤，李文炤集〔M〕，長沙：嶽麓書社，2012。

44. 聖祖仁皇帝實錄〔M〕，臺北：華文書局，1969。

45. 李清植，李文貞公年譜〔M〕，清道光乙酉刻本。

46. 吳振棫，養吉齋叢錄〔M〕，光緒刻本。

47. 繆沅，余園詩抄〔M〕，乾隆十年葆素堂刻本，《清代詩文集彙編》第 227 冊。

48. 胡宗緒，環隅集〔M〕，乾隆萬卷樓刻本，《清代詩文集彙編》第 226 冊。

49. 包發鸞，南豐縣志〔M〕，民國十三年鉛印本。

50. 邵子彝，建昌府志〔M〕，清同治十一年刻本。

51. 曾國藩，江西通志〔M〕，光緒七年刻本。

52. 李元春，朝邑縣志〔M〕，清咸豐元年刻本。

53. 樊增祥，富平縣志稿〔M〕，清光緒十七年刊本。

54. 何紹基，重修安徽通志〔M〕，清光緒四年刻本。

55. 吳肅公，街南文集〔M〕，貞隱堂藏板本。

56. 張燾，宣城縣志〔M〕，嘉慶刊本。

57. 洪亮吉，寧國府志〔M〕，嘉慶二十年刊本。

58. 謝庭薰，婁縣志〔M〕，乾隆五十三年刊本。

59. 金鉷，廣西通志〔M〕，文淵閣四庫全書本。

60. 劉大觀，玉磬山房詩集〔M〕，清道光刻本。

61. 王其淦，武進陽湖縣志〔M〕，光緒刊本。

62. 裴大中，無錫金匱縣志〔M〕，光緒七年刊本。

63. 馬其昶，桐城耆舊傳〔M〕，宣統三年合肥刻本。

64. 邵之棠輯，皇朝經世文統編〔M〕，臺北：文海出版社，1973。

65. 顧棟高，萬卷樓剩稿〔M〕，《清代詩文集彙編》第 245 冊，上海：上海古籍出版社，2010。

66. 昭槤，嘯亭雜錄〔M〕，北京：中華書局，1980。

二、研究專著

1. 張岱年，張載——十一世紀中國唯物主義哲學家〔M〕，武漢：湖北人民出版社，1956。

2. 侯外廬，中國思想通史（第五卷）〔M〕，北京：人民出版社，1956。

3. 嵇文甫，王船山學術論叢〔M〕，北京：生活・讀書・新知三聯書店，1978。

4. 姜國柱，張載的哲學思想〔M〕，瀋陽：遼寧人民出版社，1982。

5. 張岱年，中國哲學大綱〔M〕，北京：中國社會科學出版社，1982。

6. 陳鼓應注譯，莊子今注今譯〔M〕，北京：中華書局，1983。

7. 曾昭旭，王船山哲學〔M〕，臺北：遠景出版事業公司，1983。

8. 陳俊民，張載哲學思想及其關學學派〔M〕，北京：人民出版社，1986。

9. 黃秀璣，張載〔M〕，臺北：東大圖書公司，1987。

10. 程宜山，張載哲學的系統分析〔M〕，上海：學林出版社，1989。

11. 蒙培元，理學範疇系統〔M〕，北京：人民出版社，1989。

12. 朱建民，張載的思想〔M〕，臺北：文津出版社，1989。

13. 黃暉，論衡校釋〔M〕，北京：中華書局，1990。

14. 喻博文，正蒙注譯〔M〕，蘭州：蘭州大學出版社，1990。

15. 龔傑，張載評傳〔M〕，南京：南京大學出版社，1996。

16. 梁啟超，中國近三百年學術史〔M〕，北京：東方出版社，1996。

17. 蕭萐父、許蘇民，明清啟蒙學術流變〔M〕，瀋陽：遼寧教育出版社，1996。

18. 張岱年，中國哲學史史料學〔M〕，張岱年全集第四卷〔C〕，石家莊：河北人民出版社，1996。

19. 張岱年，中國古典哲學範疇概念要論〔M〕，張岱年全集第四卷〔C〕，石家莊：河北人民出版社，1996。

20. 侯外廬，宋明理學史〔M〕，北京：人民出版社，1997。

21. 錢穆，中國近三百年學術史〔M〕，北京：商務印書館，1997。

22. 馮友蘭，中國哲學史新編（下卷）〔M〕，北京：人民出版社，1999。

23. 盧廣森，盧連章主編，洛學及其中州後學〔M〕，開封：河南大學出版社，1999。

24. 陳來，朱子哲學研究〔M〕，上海：華東師範大學出版社，2000。

25. 丁為祥，虛氣相即——張載哲學體系及其定位〔M〕，北京：人民出版社，2000。

26. 牟宗三，心體與性體〔M〕，上海：上海古籍出版社，2000。

27. 馮友蘭，中國哲學史（下）〔M〕，《三松堂全集》（第三卷）〔C〕，鄭州：河南人民出版社，2001。

28. 束景南，朱熹年譜長編〔M〕，上海：華東師範大學出版社，2001。

29. 張立文，正學與開新——王船山哲學思想〔M〕，北京：人民出版社，2001。

30. 芬格萊特，孔子：即凡而聖〔M〕，南京：江蘇人民出版社，2002。

31. 劉家駒，儒家思想與康熙大帝〔M〕，臺北：學生書局，2002。

32. 劉天澤，胡大濬，馬天祥等主編，十三經辭典・論語卷・孝經卷〔M〕，西安：陝西人民出版社，2002。

33. 劉學林，周淑萍主編，十三經辭典・孟子卷〔M〕，西安：陝西人民出版社，2002。

34. 蕭萐父、許蘇民，王夫之評傳〔M〕，南京：南京大學出版社，2002。

35. 張立文，宋明理學研究〔M〕，北京：人民出版社，2002。

36. 陳來，詮釋與重建：王船山的哲學精神〔M〕，北京：北京大學出版社，2004。

37. 陳來，宋明理學〔M〕，上海：華東師範大學出版社，2004。

38. 葛瑞漢，中國的兩位哲學家：二程兄弟的新儒學〔M〕，鄭州：大象出版社，2004。

39. 胡元玲，張載易學與道學〔M〕，臺北：學生書局，2004。

40. 彭林，中國古代禮儀文明〔M〕，北京：中華書局，2004。

41. 錢穆，中國學術思想史論叢〔M〕，合肥：安徽教育出版社，2004。

42. 王汎森，晚明清初思想十論〔M〕，上海：復旦大學出版社，2004。

43. 張舜徽，清人文集別錄〔M〕，武漢：華中師範大學出版社，2004。

44. 陳榮捷，王陽明傳習錄詳注集評〔M〕，上海：華東師範大學出版社，2006。

45. 唐君毅，中國哲學原論·原教篇〔M〕，北京：中國社會科學出版社，2006。

46. 陳榮捷，朱學論集〔M〕，上海：華東師範大學出版社，2007。

47. 陳榮捷，朱子新探索〔M〕，上海：華東師範大學出版社，2007。

48. 陳榮捷：近思錄詳注集評〔M〕，上海：華東師範大學出版社，2007。

49. 陳政揚，張載思想的哲學詮釋〔M〕，臺北：文史哲出版社，2007。

50. 龔書鐸主編，史革新著，清代理學史（上）〔M〕，廣州：廣東教育出版社，2007。

51. 龔書鐸主編，李帆著，清代理學史（中）〔M〕，廣州：廣東教育出版社，2007。

52. 龔書鐸主編，張昭軍著，清代理學史（下）〔M〕，廣州：廣東教育出版社，2007。

53. 史革新，晚清理學研究〔M〕，北京：商務印書館，2007。

54. 周熾成，復性收攝——高攀龍思想研究〔M〕，北京：人民出版社，2007。

55. 方克立、陳代湘主編，湘學史〔M〕，長沙：湖南人民出版社，2008。

56. 楊立華，氣本與神化：張載哲學述論〔M〕，北京：北京大學出版社，2008。

57. 劉榮賢，王船山張子正蒙注研究〔M〕，臺北：花木蘭文化出版社，2008。

58. 婁繼周，一代名儒冉覲祖〔M〕，北京：中國文史出版社，2008。

59. 冉守嶺，巨儒冉覲祖〔M〕，北京：中國文聯出版社，2008。

60. 向世陵，理氣心性之間——宋明理學的分系與四系〔M〕，北京：人民出版社，2008。

61. 楊菁，清初理學思想研究〔M〕，臺北：里仁書局，2008。

62. 蔡仁厚，宋明理學·南宋篇〔M〕，長春：吉林出版集團有限責任公司，2009。

63. 馮契，中國古代哲學的邏輯發展〔M〕，上海：東方出版中心，2009。

64. 郭齊勇，中國儒學之精神〔M〕，上海：復旦大學出版社，2009。

65. 陸寶千，清代思想史〔M〕，上海：華東師範大學出版社，2009。

66. 錢穆，中國學術史論叢（八）〔M〕，北京：三聯書店，2009。

67. 王煒編校，清實錄科舉史料彙編〔M〕，武漢：武漢大學出版社，2009。

68. 楊國榮，孟子的哲學思想〔M〕，上海：華東師範大學出版社，2009。

69. 楊聯陞，中國文化中「報」、「保」、「包」之意義〔M〕，貴陽：貴州人民出版社，2009。

70. 艾爾曼，經學·科舉·文化史：艾爾曼自選集〔M〕，北京：中華書局，2010。

71. 葛艾儒，張載的思想（1070～1077）〔M〕，上海：上海古籍出版社，2010。

72. 黃進興，李紱與清代陸王學派〔M〕，南京：江蘇教育出版社，2010。

73. 李蕉，張載政治思想述論〔M〕，北京：中華書局，2011。

74. 史革新，清代以來的學術與思想論集〔M〕，北京：社會科學文獻出版社，2011。

75. 田浩，朱熹的思維世界〔M〕，南京：江蘇人民出版社，2011。

76. 艾爾曼，從理學到樸學〔M〕，南京：江蘇人民出版社，2012。

77. 程水龍，近思錄集校集注集評〔M〕，上海：上海古籍出版社，2012。

78. 丁為祥，學術性格與思想譜系——朱子的哲學視野及其歷史影響的發生學考察〔M〕，北京：人民出版社，2012。

79. 李曉春，張載哲學與中國古代思維方式研究〔M〕，北京：中華書局，2012。

80. 林樂昌，正蒙合校集釋〔M〕，北京：中華書局，2012。

81. 林樂昌，張載理學與文獻探研〔M〕，北京：人民出版社，2016。

82. 林樂昌主編，關學源流〔M〕，西安：陝西師範大學出版總社，2020。

三、期刊論文

1. 張豈之，論王夫之的張子正蒙注〔A〕，王船山學術討論集，湖南湖北兩省哲學社會科學界合編，北京：中華書局，1965。

2. 張岱年：關於張載的思想和著作〔A〕，張載集，北京：中華書局，1978。

3. 馮友蘭，張載的哲學思想及其在道學中的地位〔A〕，中國哲學第5輯，北京：三聯書店，1981。

4. 陳俊民，張載《正蒙》邏輯範疇結構論〔J〕，陝西師大學報（哲學社會科學版）1984第3期。

5. 康中乾：論張載「氣」範疇的邏輯矛盾〔J〕，人文雜誌1992年第2期。

6. 劉學智：橫渠易說與張載的天人合一思想〔J〕，陝西師大學報（哲學社會科學版）1992年第4期。

7. 李秉乾：李光地著作簡目〔J〕，福建論壇（文史哲版）1992年第5期。

8. 王興國，「希張橫渠之正學」——王夫之是如何推崇張載的〔J〕，船山學刊1999第2期。

9. 林樂昌：張載佚書《孟子說》輯考〔J〕，中國哲學史 2003 年第 4 期。

10. 林樂昌：張載「心統性情」說的基本意涵和歷史定位〔J〕，哲學研究 2003 年第 12 期。

11. 潘志鋒，王船山道統論與張伯行道統論之簡要比較〔J〕，高校理論戰線 2003 年第 9 期。

12. 林樂昌：20 世紀張載哲學研究的主要趨向反思〔J〕，哲學研究 2004 年第 12 期。

13. 林樂昌：張載成性論及其哲理基礎研究〔J〕，中國哲學史 2005 年第 1 期。

14. 劉學智，關學及二十世紀大陸關學研究的辨析與前瞻〔J〕，中國哲學史 2005 年第 4 期。

15. 丁為祥，張載「太虛」三解〔J〕，孔子研究 2005 年第 4 期。

16. 林樂昌，許衡對張載人性論的承接和詮釋〔J〕，孔子研究 2006 年第 6 期。

17. 張亨，張載「太虛即氣」疏釋〔A〕，思文之際論集，北京：新星出版社，2006 年。

18. 林樂昌，張載禮學論綱〔J〕，哲學研究 2007 年第 12 期。

19. 林樂昌，張載兩層結構的宇宙論哲學探微〔J〕，中國哲學史 2008 年第 4 期。

20. 劉學智，張載「和」論探微〔J〕，中國哲學史 2008 年第 2 期。

21. 楊朝亮，李紱學術思想淵源探析〔J〕，清史論叢 2008 年號，北京：中國廣播電視出版社，2008 年。

22. 呂妙芬，西銘為孝經之正傳？——論晚明仁孝關係的新意涵〔J〕，中國文哲研究集刊第 33 期，2008 年 9 月。

23. 林樂昌，「為天地立心」——張載「四為句」新釋〔J〕，哲學研究 2009 年第 3 期。

24. 丁為祥，宋明理學對自然秩序與道德價值的思考——以張載為中心〔J〕，文史哲 2009 年第 2 期。

25. 林樂昌，張載哲學化的經學思想體系〔A〕，姜廣輝主編中國經學思想史第三卷上冊第六十二章，北京：中國社會科學出版社，2010 年。

26. 林樂昌，通行本《正蒙》校勘辨誤〔J〕，中國哲學史 2010 年第 4 期。

27. 張金蘭，朱熹與張載《正蒙》〔J〕，中國哲學史 2010 年第 1 期。

28. 呂妙芬，明清之際的關學與張載思想的復興：地域與跨地域因素的省思

〔J〕，劉笑敢主編：中國哲學與中國文化第七輯（明清儒學研究）〔M〕，桂林：廣西師範大學出版社，2010 年。

29. 許寧、朱曉紅，「物與」之道：張載關學的生態哲學意蘊〔J〕，陝西師範大學學報（哲學社會科學版），2010 年第 2 期。

30. 陳政揚，論王植對明清《正蒙》注之反思——以「太虛」之三層義為中心〔J〕，臺大文史哲學報第 75 期，2011 年 11 月。

31. 劉笑敢，天人合一：學術、學說和信仰——再論中國哲學之身份及研究取向的不同〔J〕，南京大學學報（哲學·人文科學·社會科學版）2011 年第 6 期。

32. 林樂昌，論張載對道家思想資源的借鑒和融通〔J〕，哲學研究 2013 年第 2 期。

33. 魏濤，清代《正蒙》詮釋發微〔J〕，河北師範大學學報（哲學社會科學版）2013 年第 2 期。

34. 李兵，清代兩湖南北分闈再探〔J〕，歷史檔案 2013 年第 1 期。

35. 林樂昌，論「關學」概念的結構特徵與方法意義〔J〕，中國哲學史 2013 年第 1 期。

36. 朱承，古代經典著作集釋體式的傳承創新——評林樂昌《正蒙合校集釋》〔J〕，中共寧波市委黨校學報 2013 年第 4 期。

四、學位論文

（一）碩士論文

1. 李燕，張伯行的理學傳播活動研究〔D〕，華東師範大學碩士學位論文，2005。

2. 陳衛斌，天人相繼——王夫之《張子正蒙注》研究〔D〕，陝西師範大學碩士學位論文，2008。

3. 許立莉，張載與王夫之人性論思想比較研究〔D〕，中國科學技術大學碩士學位論文，2009。

4. 程分隊，清初理學名臣張伯行研究〔D〕，河南大學碩士學位論文，2010。

5. 張延青，清初河南儒學家冉覲祖研究〔D〕，河南大學碩士學位論文，2010。

6. 楊旭，李文炤禮學思想研究〔D〕，湘潭大學碩士學位論文，2010。

（二）博士論文

1. 肖發榮，論朱熹對張載思想的繼承和發展〔D〕陝西師範大學博士學位論文，2007。

2. 張金蘭，關洛學派關係研究〔D〕陝西師範大學博士學位論文，2010。

3. 米文科，王船山《張子正蒙注》哲學思想研究〔D〕，陝西師範大學博士學位論文，2011。

4. 王勝軍，清初廟堂理學研究〔D〕，湖南大學博士學位論文，2011。

5. 邱忠堂，正蒙明代三家注研究〔D〕，陝西師範大學博士學位論文，2013。

五、外文文獻

1. Kasoff, Ira Ethan. The Thought of Chang Tsai (1020~1077). Cambridge: Cambridge University Press, 1984.

2. Ong Chang Woei. Men of Letters Within the Passes——Guanzhong Literati in Chinese History, 907~1911. Harvard University Asia Center, 2008.

3. Jung-Yeup Kim. Zhang Zai's Philosophy of Qi : a practical understanding. Lexington Books, Lanham . Boulder . New York . London, 2016.

附　錄

《正蒙》清代注簡表（存世十一種，散佚五種）

《正蒙》存世注本十一種

	注本名	注　者	現存版本
1	《張子正蒙注》	王夫之	康熙二十九年（1690）本
2	《正蒙補訓》	冉覲祖	康熙四十一年（1702）刻本
3	《注解正蒙》	李光地	文淵閣《四庫全書》本
4	《正蒙注》	張伯行	同治八年《正誼堂全書》本
5	《正蒙注》	張棠、周芳	康熙四十六年（1707）寶翰堂藏板本
6	《正蒙輯釋》	華希閔	康熙四十七年（1708）刻本
7	《正蒙集解》	李文炤	四為堂藏板本
8	《正蒙初義》	王植	文淵閣《四庫全書》本
9	《正蒙集說》	楊方達	復初堂刻本
10	《張子正蒙釋要》	李元春	道光十二年（1832）刻本。
11	《正蒙分目解按》	方潛	光緒十五年（1889）《毋不敬齋全書》本

《正蒙》散佚注本五種

	注本名	注 者
1	《正蒙解》	胡宗緒
2	《正蒙注解》	湯儼
3	《正蒙管見》	劉繩武
4	《正蒙句解》	朱久括
5	《正蒙集注》	吳士品

後　記

（一）

2004 年 9 月，父親帶我到陝師大長安校區報到，我有幸成為陝師大政經院哲學系第一屆本科生。此後，我在 2008 年 9 月考取中哲專業碩士，在 2010 年 6 月獲得碩博連讀資格。從弱冠之歲到而立之年，一路走來到而今，我已經在這個熟悉的校園裏學習生活了十個寒暑。我人生最美好的青春年華，在歷史的記憶中將永遠與陝師大相聯，有過歡樂，有過淚水，更多的則是平淡而充實的讀書學習。想到不久之後將要離開這裡熟悉的一草一木，難免有種淡淡的憂傷縈繞心頭。

回首十年的師大生涯，我要向教誨、引導、支持、鼓勵、陪伴我的師友親朋，表達我最衷心的感謝。

博士論文的完成，我首先要感謝我的導師林樂昌先生。林老師從論文的選題、篇章的安排、語句的琢磨，都給予了精心的安排和指導。碩士期間，在林老師指導下，我參加了他主持的國家社科項目，先後錄入了熊剛大的《正蒙句解》、華希閔的《正蒙輯釋》、羅澤南的《西銘講義》等文字，對《正蒙》注有了初步的瞭解。2011 年 1 月 12 日，林老師找我和忠堂師兄談話，討論我們博士論文的選題，商定忠堂和我分別研究明代、清代《正蒙》注。此後，在資料搜集、論文思路確定等方面給予了很多的具體指導和幫助。在論文寫作過程中，林老師審閱了我陸續送去的每一章的初稿，大到章節的刪補，小到字句的斟酌，他都給予了精心的指導。他每次退回給我的修改稿，總是用紅筆寫滿了各種修改意見。而且，有的篇章的修改還不止一稿。可以說，本書的任何一點

可取的成就，無不凝聚著林老師的心血。當然，論文肯定還有許多瑕疵差繆之處，這些都由我本人負責。

我還要特別提到林老師開設的一門對我影響很大的課程，《中國哲學文獻學》。通過這門課程，我深刻地瞭解到中國傳統的文獻學方法，也可以運用到中國哲學史的研究中去。本書資料搜集過程中，我運用了在哲學文獻學課程中學習到的「以目求書」的目錄學方法，使得論文的資料更加充實。紮實的文獻基礎，是中國哲學研究的起點。哲學的思辨，建立在對古典哲學文獻正讀正解的基礎之上。本書在林老師的影響下，文獻資料比較充分。論文哲學思辨的不足，既與我生性駑鈍有關，又說明了我的努力還不夠。

我要感謝中國哲學專業的其他老師們，作為一個學術團隊，老師們在課程開設、日常交流、論文開題報告、預答辯等環節，給予我教誨和指導；在生活學習就業方面，給予我鼓勵和幫助。老師們通過言傳身教，既傳授了我中國哲學知識，又教誨我如何為人處世。劉學智老師融匯儒釋道三教，注重學術思想編年，主編關學文庫，生活態度也具有三教的睿智。丁為祥老師立足儒家，深耕張載、朱熹、王陽明、熊十力，對西方思想和中國古人都抱有開放的心態，有著深切的儒者情懷，古道熱腸。康中乾老師精通魏晉玄學，醉心於有無之辯，借鑒海德格爾，中西貫通，有道家與世不爭的風骨。孫萌老師長於清代哲學，對我論文的寫作多有教誨，為人樸實，在生活中也給我許多幫助。許寧老師精通現代新儒學，又教授我們佛教經典，生活中也體現出儒者的生活風趣和修辭的典雅。曹樹明老師專長僧肇和中國哲學史史料學史的研究，待人熱情。老師們傳授的知識，我或未能全部領會。老師們言傳身教樹立的人格標杆，我會仰止行止，終身勉焉。

我要感謝哲學系馬哲、西哲、倫理學等專業為我授課的老師們。他們讓我的哲學視野更為開闊。他們是講授馬克思主義哲學的武天林老師、袁祖社老師、肖世英老師、雷龍乾老師，講授西方哲學的金延老師、宋寬鋒老師、趙衛國老師、黃瑞成老師，講授倫理學的李健老師……在本科階段，我也選修過政經院其他專業和學校其他學科一些老師的課程，不一一致謝。

我要感謝政經院從事行政、學生管理的老師們。學院的領導、本科輔導員、研究生輔導員、研究生秘書、辦公室工作人員等等，在日常管理、博士論文創新基金申報和報銷、論文送審等方面，給予了熱情的幫助。

獨學而無友，則孤陋而寡聞。在博士論文的寫作和十年來的大學生涯中，

有許多同學和朋友需要感謝。感謝邱忠堂師兄，由於論文選題的關聯性，我們曾多次共同商討張載與《正蒙》注相關的問題。他的明代《正蒙》注研究博士論文的完成，為我提供了重要參考。感謝鄧國元、羅高強。三年的博士學習生活，他們是我最重要的夥伴，國元的渾厚和紮實的陽明學知識，高強的辯才和西哲思辨，都對我幫助很大。我生病住院時他們給我送飯，我鬱悶時他們帶我去爬山，和他們一起探討、爭論學術問題，一起吃飯，一起打乒乓球，我的博士生生涯更加充實。感謝眾多的師兄師姐、師弟師妹們，在論文思路、論文資料搜集、課題項目申報、《正蒙》《論語》《孟子》《禮記》等讀書會、日常生活等等方面，提供了巨大的幫助。感謝我的研究生和本科同學在學習和生活方面的幫助。

家是生活的港灣。我們從這裡出來，永遠有父母家人的牽掛和默默奉獻。十年的大學生涯，我那關中農村的家為我付出了沉痛的代價，豈一個謝字能夠報答。母親在 2014 年 2 月 3 日（農曆正月初四）病逝，未能看到我博士畢業。孟子三樂已失其首，每每念及，只有唏噓悵然。感謝家鄉的親戚朋友多年來對我和家裏的幫助，面對不幸時，使我們不至於太無助。感謝妻子多年來的陪伴，也感謝岳父母對我們的包容、對我們生活上的幫助和支持。

學海無涯。十年哲學學習生涯即將結束，但研究之路只是剛剛開了個頭。這本還有許多缺陷的博士論文，是我為這十年的哲學學習生涯交上的一份答卷。我自己也不感到滿意。古語云：知恥而後勇。我希望自己以後拿起這本論文時，不忘時時提醒自己以此為鑒。在本論文外審時所填寫的自評表中，我自己對博士論文的不足之處是這樣寫的：

> 第一，由於條件限制，未能找到尚存世的李文炤《正蒙集解》，將來會在閱讀此書後補入相關內容。第二，本書本著詳人所略，略人所詳的態度，對研究較多的王夫之《張子正蒙注》未作個案研究，雖然在個別注本研究中與王注作了比較，但內容仍然偏少。將來會補入《張子正蒙注》，並與其他注本作比較。第三，本書梳理文獻較多，而哲學思辨和哲學分析方面比較薄弱，貫穿論文的問題意識較弱，將來修改時會在哲學思辨方面加強。第四，本書著重於研究《正蒙》清代注對張載宇宙論哲學、人性論哲學、修養工夫論等方面的詮釋，對於清代人繼承和發揮張載的教育哲學、德性論、倫理學、禮學、政治哲學等方面的內容未作研究，在將來會擴展研究範圍，

讓研究內容更加豐富。第五，宋明理學發展到清代，有其發展的規律，《正蒙》清代注作為宋明理學在清代的一種表現形式，作為張載哲學在清代的影響，其所反映的宋明理學的發展趨勢與發展規律，以及其與清代氣學、乾嘉漢學的關係，這些課題都是與《正蒙》清代注密切相關的。限於筆者的哲學學養較淺，未能作更深入的探討，將來會沿著現有的研究繼續深入下去。

該自評表只送出兩份，看過自評表的兩位外審專家都認為，我對自己論文的不足之處的認識是恰切的。學生生涯結束以後，在今後的工作學習中，我會繼續努力，以期彌補博士論文的這些缺陷和不足。

張瑞元

2014 年 5 月 18 日於陝師大博士樓 916 室

（二）

　　感謝我的導師林樂昌先生推薦我的博士論文在花木蘭文化事業有限公司出版，也感謝花木蘭文化事業有限公司的精心編輯。本書是我 2014 年 5 月在陝西師範大學哲學系答辯通過的博士學位論文《〈正蒙〉清代注研究》，答辯通過至今已有八年時間。八年來，我對王夫之《張子正蒙注》、李文炤《正蒙集解》以及部分《西銘》注等博士論文中未涉及或未展開探究的內容做了進一步的深入研究。八年前完成的這本博士學位論文是我自己學術研究道路上的一個階段性成果，我敝帚自珍，不願意做大的改動，只修改了部分錯別字，內容一仍其舊。我在第二章整體性地研究了《正蒙》清代注的學術背景，在第三章對《正蒙》清代注作了鳥瞰式的概覽，但是，真正深入全面研究的是李光地、張伯行、華希閔、王植等四家注本。因此，現在正式出版時易名為《〈正蒙〉清代四家注研究》，我覺得更為恰切。學海無涯，本書中的觀點難免有偏。請學界同仁不吝批評指正。我的電子郵箱地址是：zhangruiyuan2012@163.com。歡迎大家隨時賜教。

張瑞元

2022 年 6 月 21 日補記於古城西安